MINERVA現代経済学叢書⑫

世界経済危機における日系企業
――多様化する状況への新たな戦略――

山﨑勇治/嶋田 巧編著

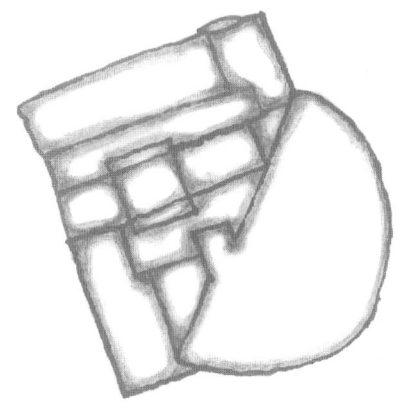

ミネルヴァ書房

はしがき

　本書は1930年代の大恐慌に匹敵する世界規模の金融・経済危機に帰結したグローバル化を背景とした日本経済の変容と日本企業の新たな対応や動向に焦点をすえたものである。メッセージ性の強い論稿からごく実証的な分析まで多様なアプローチがなされているが，総じて新自由主義的なグローバル化の現状に──とらえ方や濃淡に相違はあっても──批判的な視点を有するものである。多くの分野にわたる多面的な分析を含む本書が，現代の日本経済と日系企業の新たな展開の深い理解に多少とも役立てば幸いである。

　以下，本書の内容を簡単に示しておこう。「第Ⅰ部　日本経済の変容：流通・中小企業・労働」「第Ⅱ部　日本の貿易と日系企業の海外展開」「第Ⅲ部　金融危機後の世界」の全3部から成り，「戦後の世界景気循環と日本」と題する序章をおいている。それは戦後の世界景気循環の中に1973〜75年恐慌と，今次の恐慌を位置づけつつ，大恐慌と対比してその特質を論じた論稿である。破局的ではなかったとしても，なぜ古典的な様相の恐慌が生じたかを問うべきとして，金融恐慌としての面を重視するあまり過剰生産恐慌としての基本的性格を見失うべきでないとされている。

　第Ⅰ部はグローバル化のもとでの日本経済の変容や企業の対応などを，流通・中小企業・労働の3分野について論じた4つの章からなる。

　第1章「流通システムの変化と総合商社」は，グローバル化によってビジネスの再構築を促された総合商社の変貌と新たな戦略の特徴を，バリューチェーンの構築や資源・インフラ・建設などへの投資拡大による流通への直接介入として整理して論じたものである。続く第2章「賃金デフレと主流派マクロ経済政策の破綻」は，1990年代後半以降の日本における物価水準の下落の主因が，単位労働コストの継続的な下落による，つまり賃金デフレであることを論証することで，デフレ対策における主流派経済学の無力と破綻を明快に論じている。

第3章「中小製造業の競争力を支える人材の職種」では，大阪府での調査をもとに中小企業の競争力を担う人材の職種の業態別分析や，人材の確保・育成面での課題，さらに業態別に特に必要とされる人材の職種を明らかにしている。第4章は「東京電力福島原発事故の歴史的背景」と題して，地球温暖化のCO_2説に国際的な権威づけをもたらしたサッチャーによる，意図的な「詐欺」のプロセスを跡づけ，さらに米国，特にレーガンとの関係も含めて中曽根が果たした役割を軸に，戦後日本における原子力の開発・利用のプロセスを明確にしたものである。

　第II部では，最初の3章で貿易を軸に現代世界経済のコンテキストを示した。第5章の「多国間通商協定GATTの構想と誕生プロセス」は，戦後の世界経済の枠組みを規定してきたGATTが，従来の理解とは異なり，多国間通商協定として暫定的な形における「特異な施行」として成立したプロセスを実証した論考である。続く第6章「貿易協定の半世紀とその変化」は，主として国境的障壁の自由化を推進してきたGATTを超える現代の貿易協定の特徴を明らかにしている。そして様々な貿易協定の重層化の中で「埋め込まれた自由主義」が「解除」される世界的傾向とそれをめぐる利害対立の複雑さを論じている。第7章「世界経済危機前後の日本貿易」は，2007～2011年の日本貿易の動向を，輸出・輸入の両面について主要国・地域別に分析し，また主要な商品の変化についても具体的に明らかにしたもので，今後の展望についても言及している。

　第8章から第12章までは日系企業の海外活動に焦点をすえた論考である。第8章「日系縫製産業の東アジア生産ネットワーク」は，海外で全量生産する小島衣料や逆に国内でのみ生産する岩手モリヤを含めて縫製3社の動向を分析しながら，海外生産の要因が労働コストだけでないことや国内での「適正価格」の販売に向けた構造的課題の改革の問題にも迫っている。第9章「タイにおける日系中小製造業のグローバル事業展開」は，タイの外資導入政策の発展を跡づけたのち，外資の受け皿としての工業団地へ進出した日系企業の事業展開の多様な特徴を明らかにしたものである。第10章「韓国の対日貿易赤字と日系企業の進出」は，韓国の対日赤字の主因が大企業による部品・素材の輸入，つま

り一方的依存にあることを実証的に明らかにしつつ，その対策として国内企業の育成と特に日系企業の誘致について論じたものである。さらに第11章「日本にとってのアフリカ，CFA フラン諸国」は，ユーロとリンクしたアフリカ CFA 諸国と日本との貿易・投資関係について，1990年代以降の動向を実証的に分析，概観したものである。「成長の弧」と呼ばれる西アフリカであるが，日本にとっては石油資源の獲得を別とすれば，その重要性は低下している。第12章「世界の水ビジネスと日本企業」は，政府の新成長戦略の一つとしての水ビジネスへの支援の特徴・動向とそのもとでの日系企業の事業展開について概観し，さらに「経済財」に還元できない水にかかわるビジネスの問題点を論じたものである。

金融危機後の世界と題する第Ⅲ部は，第13章「イギリス金融危機と BOE の信用秩序維持政策」と第14章「人民元『国際化』の現状と限界」の２章からなる。

第13章は，金融危機に対するイギリスの信用秩序維持政策の展開を，流動性供給と国債管理を中心に跡づけたものである。さらに銀行監督制度の刷新の内容を整理し，バブル防止の視点に立つ信用秩序の維持のために，資産価格の変動に直接関連した金融政策の運営の重要性を指摘している。最後に不動産バブル・投機をめぐり，その背後にある土地の商品化というより根源的な問題にも言及している。第14章では，金融危機後急速に進んできた人民元の「国際化」の内外環境を明らかにし，さらに三つの局面（工程）に即してその経過と現状を整理・概括している。その上で香港人民元建オフショア市場を取り上げ，人民元建為替取引が厳しく規制されている中での「国際化」の矛盾・限界について論じつつ，他方で今後のいっそうの開放・自由化のもとでの米ドルに代わる国際通貨としての可能性・展望にも言及している。

なお本書は内田勝敏先生（同志社大学名誉教授）の米寿を記念して，先生が40年余り主宰されてきた同志社大学世界経済研究会のメンバーによって発刊されるものである。その意味で1994年の古稀記念論文集『国際化のなかの日本経済』に続く書物であるが，編者の怠慢により発刊が大幅に遅れたことをおわび

申し上げたい。

　1994年に同志社大学を定年退職された先生は，その後東海学園大学の創設に参画，学長補佐もされた。この間2001年には勲三等旭日中綬章を受賞された。また研究と教育に専念されつつ，日本EU学会理事長など学会活動にも多大な貢献をなされた。2007年3月に東海学園大学を退職されたが，現在も学会・研究会などに熱心に参加され，今なお旺盛な探究心をもって研究を進められている。本書においても序章で健筆をふるっていただいた。

　末尾ながら60年余りをともに歩まれてきた雅子夫人ともども今後のご健勝を切に祈念したい。

2012年8月10日

山﨑勇治・嶋田　巧

世界経済危機における日系企業
―― 多様化する状況への新たな戦略 ――

目　次

はしがき

序　章　戦後の世界景気循環と日本 …………………………………内田勝敏… *1*
　　　　　──1973年と2008年の恐慌──
　　1　戦後2つの恐慌 ……………………………………………………………… *1*
　　2　戦後の世界景気循環 ……………………………………………………… *2*
　　3　1973〜75年恐慌 …………………………………………………………… *9*
　　4　2008年恐慌 ………………………………………………………………… *11*
　　5　戦後の恐慌の特徴 ………………………………………………………… *12*

第Ⅰ部　日本経済の変容：流通・中小企業・労働

第1章　流通システムの変化と総合商社 ………………………近藤和明… *19*
　　1　総合商社の位置づけ ……………………………………………………… *19*
　　2　流通システムの変化と総合商社機能 ………………………………… *21*
　　3　総合商社におけるビジネスの再構築 ………………………………… *24*

第2章　賃金デフレと主流派マクロ経済政策の破綻 ………田淵太一… *30*
　　1　デフレの真因を見誤った量的緩和政策 ……………………………… *30*
　　2　日本のデフレーションの経験 ………………………………………… *30*
　　3　ケインズの予見 …………………………………………………………… *37*
　　4　主流派マクロ経済政策の破綻 ………………………………………… *38*

第3章　中小製造業の競争力を支える人材の職種 …………須永　努… *43*
　　　　　──大阪府内企業の業態別分析より──
　　1　国内中小製造企業の競争力確保への取り組み ……………………… *43*
　　2　製造業の業態と重視される職種 ……………………………………… *47*
　　3　企業競争力確保の方向と人材の確保・育成面の課題 ……………… *51*
　　4　業態別にみた企業競争力を支える人材の職種の特徴 ……………… *56*

目　次

第**4**章　東京電力福島原発事故の歴史的背景 …………………山﨑勇治…*61*
　　　　── サッチャーの「地球温暖化CO_2説」を中心に ──
　　1　東京電力福島原発事故の背景 ……………………………………………*61*
　　2　サッチャーの炭鉱ストライキから得た教訓：原発の必然性の
　　　　根拠づくり ………………………………………………………………*61*
　　3　サッチャー首相の証言：自叙伝『回顧録』から ……………………*69*
　　4　サッチャー，レーガン，中曽根の原発促進 …………………………*71*
　　5　日本の原発政策と東京電力福島第二原発事故 ………………………*73*
　　6　サッチャー，レーガン，中曽根と福島原発事故 ……………………*75*

第Ⅱ部　日本の貿易と日系企業の海外展開

第**5**章　多国間通商協定GATTの構想と誕生プロセス…山本和人…*81*
　　1　戦後貿易システム形成を巡る研究の現段階 …………………………*81*
　　2　戦時米英貿易交渉：GATTの起点 ……………………………………*82*
　　3　戦後貿易システムの構築：ファースト・トラックとしての
　　　　GATT文書の作成・実施に向けて ……………………………………*88*
　　4　多国間通商協定GATTの船出：その意義と限界 ……………………*100*

第**6**章　貿易協定の半世紀とその変化 ………………………………柴田茂紀…*104*
　　1　貿易協定の変化 …………………………………………………………*104*
　　2　貿易協定の重層化と相互作用 …………………………………………*108*
　　3　「躓きの石」と「埋め込まれた自由主義」……………………………*111*
　　4　「埋め込みの解除」の先にあるもの ……………………………………*113*

第**7**章　世界経済危機前後の日本貿易 ………………………………保田明子…*118*
　　1　2007年の日本貿易：世界経済危機の序章 ……………………………*118*
　　2　2008年の日本貿易：世界経済危機の影響① …………………………*120*
　　3　2009年の日本貿易：世界経済危機の影響② …………………………*122*

4　2010年の日本貿易：世界経済危機からの回復 …………… *126*
　　　5　2011年の日本貿易と今後 …………………………………… *128*

第8章　日系縫製産業の東アジア生産ネットワーク…佐々木純一郎… *130*
　　　1　日本から中国へ，そして中国から東アジア全体へ ………… *130*
　　　2　チャイナ・ドリームの成功例：株式会社小島衣料 ………… *131*
　　　3　縫製工場のブランド化を目指す国内生産：
　　　　　岩手モリヤ株式会社 ………………………………………… *134*
　　　4　メード・イン・ジャパンとメード・バイ・ジャパンの
　　　　　組み合わせ：株式会社奥田縫製 …………………………… *139*
　　　5　東アジアの中における日系縫製産業 ……………………… *142*

第9章　タイにおける日系中小製造業のグローバル事業展開
　　　　　…………………………………………………………前田啓一… *145*
　　　1　輸出型経済発展を実現するタイ …………………………… *145*
　　　2　外資導入政策の発展 ………………………………………… *145*
　　　3　工業団地の整備 ……………………………………………… *146*
　　　4　日系中小企業の進出事例とその受け皿整備 ……………… *149*

第10章　韓国の対日貿易赤字と日系企業の進出 ………… 遠藤敏幸… *159*
　　　1　問題の所在 …………………………………………………… *159*
　　　2　韓国の対日貿易赤字の実情 ………………………………… *159*
　　　3　なぜ対日貿易赤字が問題なのか …………………………… *162*
　　　4　対日貿易赤字と日系企業の誘致 …………………………… *166*

第11章　日本にとってのアフリカ，CFAフラン諸国
　　　　　——1990年以降の日本とCFAフラン諸国の経済関係——
　　　　　…………………………………………………………木村公一… *170*
　　　1　CFAフラン諸国の特徴 ……………………………………… *170*

2　日本とCFAフラン諸国の貿易関係 …………………………… *172*
  3　CFAフラン諸国への直接投資 ………………………………… *179*
  4　日本にとってのアフリカ，CFAフラン諸国 ………………… *184*

第12章　世界の水ビジネスと日本企業 ……………………山本勝也… *187*
  1　世界の水ビジネスの現状と国際社会の動き ………………… *187*
  2　日本の戦略と日本企業の展開 ………………………………… *190*
  3　水ビジネスにみる問題点 ……………………………………… *196*

第Ⅲ部　金融危機後の世界

第13章　イギリス金融危機とBOEの信用秩序維持政策
　　　　　…………………………………………………松浦一悦… *203*
  1　イギリス金融危機の発生 ……………………………………… *203*
  2　BOEの信用秩序維持政策 …………………………………… *204*
  3　信用秩序政策の評価と帰結 …………………………………… *212*
  4　金融政策とバブル ……………………………………………… *215*

第14章　人民元「国際化」の現状と限界 …………………鳥谷一生… *219*
  1　世界金融危機と人民元「国際化」の始動 …………………… *219*
  2　人民元「国際化」の対外・対内環境と政策経過 …………… *220*
  3　人民元建香港オフショア市場の意義と限界 ………………… *230*
  4　人民元「国際化」の限界と展望 ……………………………… *234*

索　引…… *241*

序　章

戦後の世界景気循環と日本
——1973年と2008年の恐慌——

内田勝敏

1　戦後2つの恐慌

　2008年のリーマン・ブラザーズの破たんに始まった金融危機は世界的に連鎖した。もともとアメリカにおけるサブプライム・ローンといわれる低所得層への抵当貸付から金融危機が始まった。それが世界金融危機に発展したのである。その大きなショックから，A. グリーンスパンはこれを，「100年に1度の危機」，と表現した。誇張した発言なのか，責任逃れのいいわけなのか。とにかく社会科学的理論からは縁遠い表現である。しかしながら，これが2008年の金融恐慌の大きさと特異さを表していることは否定できない。

　さらに，2008年の恐慌を金融恐慌としてのみ理解する論調が目立つ。確かにH. ミンスキーは，金融システムに特有の投機的利用，その結果起こる脆弱性をもとに，3段階の金融不安定性仮説を示した[1]。これによって金融恐慌が独立して現れる，というのである。

　しかし，金融のみがブームを謳歌したり，自己崩壊することはあり得ない。金融資本の自律化，異常な肥大化に幻惑されているのである。

　金融恐慌が産業にどうはねかえるか。もともと現実の産業資本の過剰蓄積による過剰生産が，景気循環と恐慌の原理である。歴史的に金融恐慌と過剰生産との関わり方に大きな変転がみられるのである。

　そもそも恐慌は，景気の循環過程における，実体経済の急速な縮小である。典型的には過剰生産の現象形態としての過剰生産恐慌である。生産の拡大と消費の限界の矛盾であり，資本主義固有の矛盾である。マサチューセッツ工科大学のL. サローは「資本主義には景気後退がつきものだ。第二次世界大戦以降，

景気後退は何回あったか。答えは12回」と述べている。
　ところで，戦後の世界景気循環の中で，恐慌と認識され，1929年恐慌と対比されるのは，1973年恐慌と2008年恐慌である。これらは，1929年恐慌との類似性からみれば古典的恐慌といえる。
　1973年恐慌は，戦後の高度経済成長の帰結としての過剰生産恐慌である。国際的には，IMF体制の崩壊に伴う過剰ドルの累積による通貨の過剰供給がある。その点で古典的恐慌とは諸条件が異なる。さらに，2008年恐慌はこの諸条件のもとで金融がひとり歩きした恐慌として特異な現象形態を示した。戦後の世界景気循環を回顧しながら2つの恐慌の特性を検討したい。

2　戦後の世界景気循環

　戦後の世界経済における景気循環過程を簡単にふりかえってみよう。

（1）　1950年代，60年代：景気の上昇局面

　1950年代，60年代についてみれば，アメリカ，ヨーロッパおよび日本を中心とした大多数の先進国において，高度経済成長の上昇局面が続いた。
　図序-1で，先進国工業生産指数の対前年比伸び率をみると，1954年と59年に軽微な不況局面がみられるものの，74年までは大きな景気の落ち込みはみられない。
　試みに日本経済についてみれば，1956年から73年までの18年間に，平均9％強の高度経済成長が続いたのである。
　ところで，1970年代に入って，さしもの長く続いた高度経済成長も，終焉をむかえた。第二次世界大戦後，世界経済の構図の基盤であったIMF体制が崩壊したのである。71年のニクソン・ショックによる金・ドル交換停止，73年の変動為替相場制への移行がそれである。そして，73年秋に起こった第1次石油危機を契機として高度経済成長は終焉したのである。石油価格の高騰により，石油輸入国である先進国は，インフレーションと景気後退に見舞われた。いわゆるスタグフレーションである。輸入コスト・プッシュによるインフレーショ

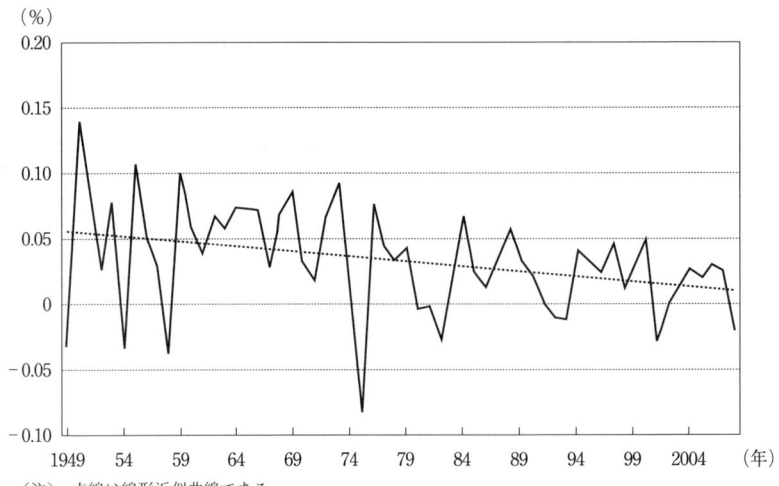

図序-1 先進国工業生産指数対前年比伸び率

(注) 点線は線形近似曲線である。
(出所) IMF, "International Financial Statistics," database, 松本朗「物価変動からみた2008年経済恐慌」『経済理論』第47巻第1号，2010年，29頁。

ンと物価高騰による消費減退が景気後退を引き起こした。この景気後退は戦後最大の不況となって現れた。

　さて，1973年からの不況は石油危機を発端とし，激しいインフレーションを伴うものであった。その後，いったん景気は回復したものの，79〜80年の第2次石油危機によって再び停滞期に入る。

（2）1970年代，1980年代：高度経済成長の終焉

　世界経済は1970年代の前半期をさかいとして，70年代，80年代と，いわゆる低成長時代と表現されている時期が続くのである。けだし，73〜75年の不況局面は，第1次石油危機をひきがねとするものではあるが，それをきっかけとして，世界経済の基調と構造が大きく変化した。それが，その後の景気後退期を規定することとなっているからである。

　ところで1980年代をみてみよう。84年にアメリカではレーガン政権が成立した。R. W. レーガンは大胆に規制の撤廃と財政支出の削減を実施した。あたかもIT革命を伴う技術革新が進み，レーガノミックスと呼ばれる時代に入る。

低成長時代の中での景気回復となるのである。

図序-1の先進国の工業生産指数の対前年比伸び率をみても，1984年から89年まで高い伸び率を示している。

（3） 1990年代：日本における魔の1997年

1990年に入って不況が始まる。この不況は冷戦の終焉をきっかけとして世界的な広がりをもつ不況として現れた。まず，世界経済をリードしたアメリカが90年に不況となり，ついで東西ドイツの統一が巨額の財政赤字と失業を生んで，それが足かせとなってドイツが不況に突入した。また，バブルが崩壊し，不動産融資をはじめとする不良債権の発生に見舞われた日本が，不況におちいった。

具体的に図序-2によって日本，アメリカ，ドイツの実質GDP伸び率をみてみよう。まず，アメリカが不況に入る。1991年の実質GDP伸び率がマイナス1.0％となった。続いて93年にその後を追うかたちでドイツがマイナス1.0％，日本がゼロ成長となった。冷戦不況と呼ばれるように，国外的，国際政治的要因による世界的広がりをもつ不況として現れたのである。

ところで，図序-3によってOECD，アメリカおよび日本の実質経済成長の伸び率をみると，1994年以降に，アメリカは，3.5～4.0％に回復した。日本は95年以降に回復過程に入る。この好況局面の中で，アメリカおよびOECD加盟国合計でみた実質経済成長率は，2000年までほぼ3～4％の高さを続けている。

ところが，日本の成長率のみは，1997年以降アメリカとOECD平均を大きく下回り続ける。97年にはゼロ成長となり98年にはマイナス2.0％にまで落ちた。97年4～6月期から99年1～3月期までに，実質GDPは，3.4％収縮している。[3]

このもとで，日本企業の不良債務が膨らみ，設備と雇用の過剰が発生した。1997年11月の三洋証券のデフォルト，北海道拓殖銀行の破たん，山一証券の自主廃業，さらに98年10月に日本長期信用銀行，12月には日本債権信用銀行の倒産となった。すなわち，いわゆる「魔の1997年」の日本経済の転落を象徴する出来事が起こったのである。

序　章　戦後の世界景気循環と日本

図序-2　日米独の実質GDP伸び率

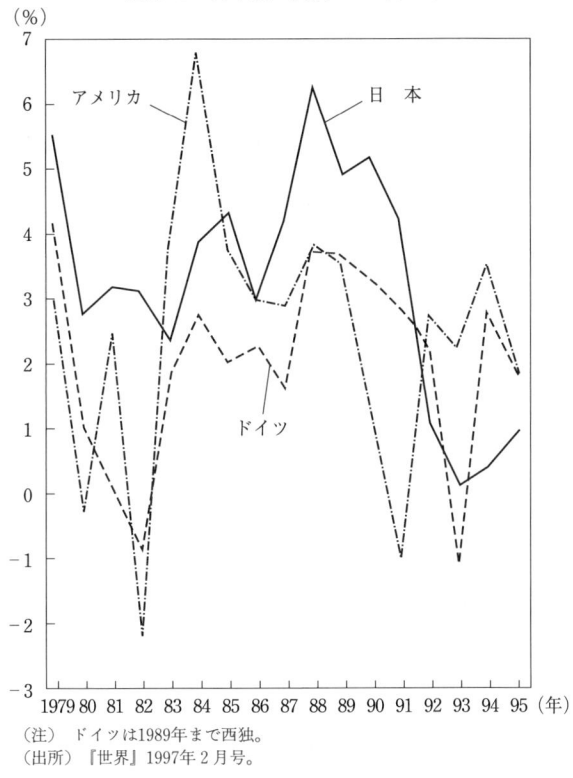

(注)　ドイツは1989年まで西独。
(出所)　『世界』1997年2月号。

図序-3　OECD加盟国合計，アメリカ，日本の実質成長率

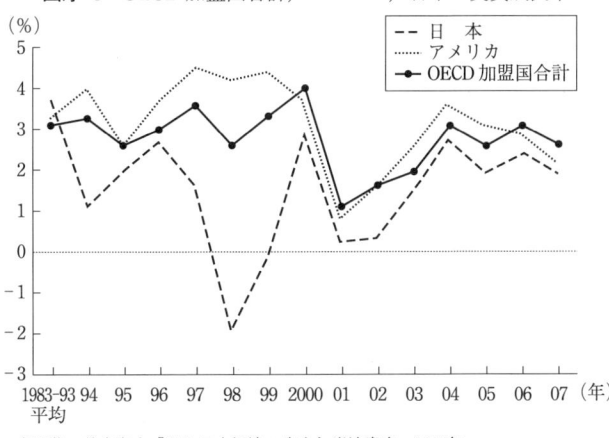

(出所)　鈴木淑夫『円と日本経済の実力』岩波書店，2005年。

ともあれ，1990年代のアメリカと西欧の好況局面の中にあって，日本のみは特異な不況局面を経験したのである。

（4） 2000年代：グレート・リセッションへ

2000年代についてみてみよう。

2000年には世界的なITバブルが起こった。図序-3によれば経済成長率はアメリカが，1999年に3％を超え，2000年には3.5％となっている。OECD加盟国の合計でみても，2000年の成長率は4.0％と高い。日本も2000年には2.6％の成長率となった。

ところが，2001年にはITバブルの崩壊によって，アメリカが0.8％，OECD合計が1.0％，日本は0.2％と同時不況の様相を呈した。

この不況は2004年には回復し，2007年まで続く。経済成長率はアメリカが3.5→2.0％，OECDが2.5→3.0％，そして日本が2.0→2.5％の水準となったのである。

ところで，この安定した成長が，2007年からグレート・リセッションと呼ばれる大不況に突入するのである。

2008年の経済恐慌の発端は，いうまでもなく，2007年から顕在化したアメリカのサブプライム・ローン問題である。返済することができない低所得の人びとが住宅ローンで家を買った。それがひろがり，続くかぎりでは住宅バブルとなる。しかし，バブルは必ず崩壊する。債務者の支払延滞や破たんが始まると，サブプライム・ローン問題が顕在化する。しかも，その背景には，リスク分散のためのローンの住宅抵当証券化がある。さらに，住宅抵当証券から複雑な派生証券がつくられた。これが金融機関や個人投資家に販売されたのである。投資家がデフォルトのリスクを認識し始めると，金融市場に危機をもたらす。

「金融危機は，保護を政府に求めない自立的な組織こそがリスクに対処することができるといったイデオロギーから生みだされたものである。政府からの規制を受けない金融組織ほどリスク対応力が強いというイデオロギーは，1980年代から危機が発生する2008年まで，世界の，とくに米国の金融政策決定に巨大な影響力を発揮してきた」(4)。金融資本主義といわれるゆえんである。

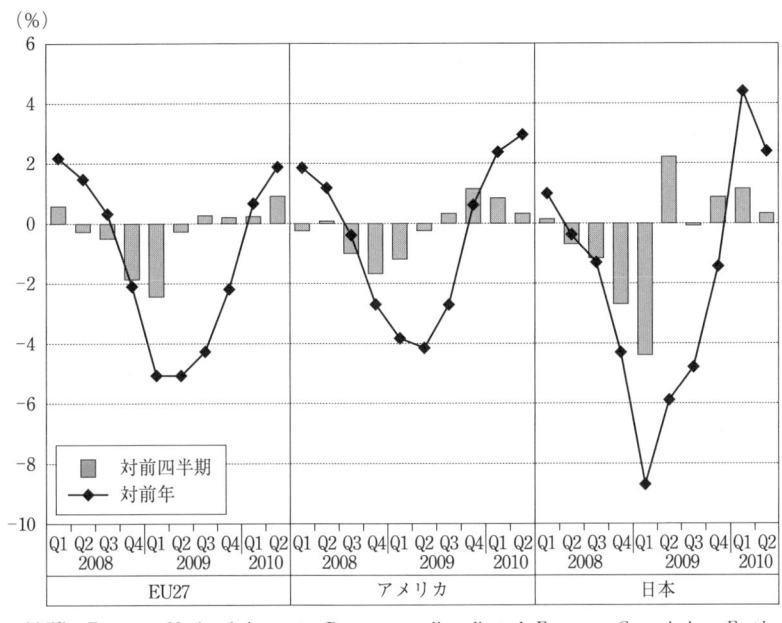

図序-4　EU，アメリカ，および日本の四半期別 GDP 変化率（2008～2010年）

（出所）　Eurostat, National Accounts. Data seasonally adjusted, European Commission, *Employment in Europe*, 2010.

　このイデオロギーを具体的に示すのはいうまでもなく，アメリカにおける一連の金融規制の緩和である。クリントン政権下で銀行と証券会社の兼業をみとめるべく，グラス・スティーガル法（the Glass-Steagall Act of, 1933）の分離条項が廃止されたのである。また，1934年証券取引法（the Securities Exchange Act of, 1934），および1935年銀行法（the Banking Act of, 1935）の法律規制が撤廃された。これらの規制が撤廃された80年代以後，銀行の倒産が多くなり，金融システムが崩壊していったのである。

　この背景のもとで，不動産バブルがアメリカで1990年代半ばから始まった。2000年になって，サブプライム・ローンがひろがっていった。少し遅れて，不動産バブルがイギリス，スペインでも始まった。

　続く信用不安の衝撃は2008年9月のリーマン・ブラザーズと AIG 保険の破たんであることはいうまでもない。しかし，アメリカではローン返済の停滞は2006年10月頃から増え始めていた。12月から中小の住宅ローン会社の破たんが

始まっていたのである。

　さらに，2010年になると危機はソブリン・リスクへと展開する。景気対策として，財政支出を増大した結果，財政状況が悪化したからである。ギリシャ，アイルランド，スペイン，イタリアなどにみられるように，巨額の財政赤字は国債の弁済が問題となるほどとなった。支払不履行の危険を示しているのである。

　もともと「短期の流動性を借りて，それをより長期の資産に転換し，その資産をできるかぎり証券化して流動化の度合いを高める」という手法を用いた異状な金融状況が極度に肥大したあげくの果ての破たんである。金融崩壊のもとで，実物経済がどのように変動したか。景気変動のテーマはここにある。

　図序-4をみてみよう。これは2008年から2010年までについて，EU，アメリカおよび日本の経済成長率を四半期別にみたものである。これを，対前年の変化率でみてみよう。EUは，2008年第3四半期からマイナス成長となり，第4四半期にマイナス2.0％，2009年第1四半期と第2四半期には最低のマイナス5.0％に落ちこんだ。アメリカは，2008年第3四半期にマイナス成長となり，2009年第2四半期にマイナス4.0％に落ちこんだ。日本は，2008年第2四半期にマイナス成長となり，2009年第1四半期にマイナス8.6％と大きく低下した。

　ところで，このグレート・リセッションは，各国とも巨額の財政支出と積極的な金融緩和策によって，2009年末にはゼロ成長から脱して景気が回復局面に転換しつつある。GDP成長率が不況の始まる前のピークに戻る時期を図序-4でみてみよう。EUは不況の始まる前の成長率2.0％に戻るのは2010年第2四半期，アメリカは不況の始まる前の2.0％に戻るのは2010年第1四半期，そして日本は不況の始まる前の1.0％に戻るのは2010年第1四半期である。

　不況のボトムから回復までに要した期間は，3年とながい。また，EU，アメリカ，そして日本の同時不況が明確に読み取れる。

　ところで，この景気回復は，30年にわたる中国の2桁の経済成長やその他新興国の経済の回復にけん引された面も否定できない。

　しかし，アメリカの場合をみても，住宅バブル期の過剰債務が積み上がっており，住宅価格の下落は家計部門を圧迫している。失業率も依然として高く，

雇用の回復は遅れている。さらに，デフレの懸念が強まっている。リーマン・ショックの爪あとは依然として大きいのである。

3　1973～75年恐慌

　戦後の世界景気循環をふりかえってみると2つの画期が指摘できる。1つは，1973～75年の不況局面であり，2つは2008～2010年のそれである。
　その特徴は第一に実体経済の急激な収縮である。これはGDPの縮小で看取できる。第二に，世界同時不況である。第三に，世界同時不況を引き起こすほどの過剰生産である。
　最初に，1973～75年の不況についての論調をみてみよう。
　篠原三代平は，国民所得統計を用いて，戦後の実質GNPの成長率の循環を日本について描いている。年々の成長率に7ヶ年平均を加え，長期の景気の波の姿を浮きぼりにしているのである。それによると，戦後の景気の波は，50～60年周期の「コンドラチェフ」の波ではなく，短い長波の「クズネッツ・サイクル」を指している[6]。
　同一の手法をOECDのHistorical Statistics, National Accountsのデータに適用して，欧米の場合を戦後の40数ヶ国についてみれば，「戦後の景気循環の第二の山がやはり1970年前後となり，第三の山が1990年に近い時期になっていることから，日本と共通の結果が得られた」[7]と篠原は述べている。こうして，「1970年ごろまでは世界経済がともに戦前を超えるテンポの技術革新の時代のなかにあり，その世界的な活況の波にのって日本が輸出主導型から国内投資主導型に成長した」[8]と判断している。その意味で，70年は世界的活況の転換点なのである。
　また，宮崎義一は，『世界経済をどうみるか』(1991年)という著書の中で1973年不況，1980年代不況を取り上げ，それらを世界同時不況と規定して，その特徴を明らかにしている[9]。
　さらに木下悦二は，「レーガン時代の世界経済の一考察」の中で，1974年を「本格的な過剰生産恐慌がはじまった時期である」[10]と規定し，それを戦後の世

界経済の画期としているのである。

以上の論調では、1973～75年不況が、戦後の世界景気循環の画期として捉えられている。それは戦後初めての経済恐慌として1929年世界恐慌との対比で論ぜられているのである。

宮崎義一は、「現代資本主義において、1930年代の世界恐慌に匹敵しうるような世界不況が現実に発生している」と指摘している。[11]

また、R. レイヤードは、P. テミンの『大恐慌の教訓』の序文で、1975年恐慌とその後の不況について次のように述べている。[12]「ヨーロッパは現在、失業率が10％を超えており、1930年代以来、最悪の不況下にある。債務の泥沼に落ちこんだ第三世界の国ぐには、さらに悪い状態におかれている。その結果、1970年代、80年代の世界経済は、戦後のいかなる時期よりも成長率を低めたのである。何故こうなったのだろうか。こうした状況にたいして何ができるのだろうか。これらの問いに光をあてる自然な方法は、1930年代の大恐慌を振りかえることであろう。何がその原因で、何がその終焉をもたらしたのか」と。

さて、1973年を転換点とする低成長過程に起こった不況が、果たして1929年の世界大恐慌に匹敵し得るものかどうか。いわゆる大恐慌が、資本主義史上にみられた恐慌の中で最大のものであるだけに、それとの対比で、73～75年の不況を検討してみる必要がある。

類似点をみてみよう。第一に1929年の世界恐慌は、宮崎義一が指敵するように、アメリカの国内要因による国内の過剰生産恐慌である。[13]1929年10月24日のニューヨーク株式取引所における株価の大暴落がその発生の日である。株価は、29年から33年までの間に85％低落した。しかも、29年後半からすでに工業生産・実質国民所得の低下、失業率の悪化が始まっていたのである。アメリカにおいて30年から経済成長率はマイナスをつづけ、33年までの4年間の平均でマイナス16％となった。失業率は1932年に25％となった。

これに対して、1973～75年のアメリカの実質GDPは73～74年にマイナス0.5％、74～75年にマイナス0.2％となった。株価をみれば、68年から82年までに、実質で65％低下している。失業率についてみれば、82年7月に公的失業率は9.5％であるが、大恐慌当時と同じ失業統計のとり方を用いれば、15％に相

当する。以上の事実は，サローが，82年の International Conference of Economics & Management の総括講演において，「今日のアメリカ経済は，大恐慌の当時といくつかの点で類似しています」と述べた8つの類似点のうちから取り上げたものである。

第二の類似点は，世界同時不況である。1929年恐慌の場合，もともとアメリカに始まったそれが，ドイツ，イギリス，日本，そしてフランスへと伝播して世界恐慌にまで拡大した。一方，1973年不況は先進国全てに対して石油危機という国外的要因を原因とする不況が一斉に襲いかかったものといえる。1973年後半期から75年後半期に至る景気の谷が先進国についてほぼ同時に看取されるのである。

4　2008年恐慌

2008年の不況はどうであったか。すでに述べたように，この不況はアメリカで2007年から起こった住宅価格の下落とサブプライム・ローンの破たんから起こった。1929年恐慌もその遠因はフロリダの土地投機であった。28年に地価は10分の1に下がった。金融手法は革新するが，住宅バブルや土地バブルは必ず崩壊する。繁栄が続く，というのは幻想にすぎないのである。

さて，アメリカを震源地とした金融危機が実体経済にどのような影響を及ぼしたか。まず実質経済成長率は，2007～2008年に，アメリカはマイナス2.6％，日本はマイナス5.2％であった。1929～30年恐慌の場合には，アメリカがマイナス49.7％，日本がマイナス18.3％であった。2008年，世界の株式時価総額は，30兆ドルが吹きとび，1年で半減した。アメリカでは40％の下落であった。これに対して1929年恐慌の場合，2年9ヶ月で90％下落した。

これらの事実から，2008年の不況は，「1929年の大恐慌に匹敵する危機」といわれた。ブッシュ政権の財務長官だった H. ポールソンは，「米国と世界にとって，大恐慌以来もっとも過酷な金融危機だったのは間違いない」といっている。また，榊原英資は，「深さ，長さでみると，100年に1度，または1～2度の景気後退だろうと思う」と述べている。

5 戦後の恐慌の特徴

　1973年と2008年の戦後恐慌が1929年恐慌との類似性を強調するに足る経済の実態を示していることは事実である。しかし，それらが大恐慌のように破局的な段階に至っていないことも事実である。このことを実質GDP指数の変化でみてみよう。**表序-1**がそれである。

　GDP指数の変化は，1930年代が工業国16ヶ国，70年代と80年代がOECD，90年代と2000年代がアメリカについてみたものである。

　まず，1929～32年には実質GDPは約6分の1の低下をみせている。その後，34年から徐々に回復過程に入り，36年に至ってようやく29年水準への回復がみられた。

　ところが，1973～80年には，OECDの実質GDPの低下はみられない。74, 75年には停滞してはいるが76年からは徐々に景気回復局面に入って，80年まで続いているのである。また，1980～89年についてみれば，同じくOECDの実質GDPは，1981～83年に低下した後，84年には80年の水準に回復し，その後は景気の回復局面に入っている。1990年代については，アメリカは91年に低下したものの，92年以降は回復局面に入っている。2000年代については，アメリカではいずれの年も2000年基準までに低下した年はない。

　ともあれ，先進国の実質GDP指数でみた不況の深さと長さは，1930年代が最も深く，かつ長いことはいうまでもない。深さからいえば，32年に実質GDPが17ポイントの大きい低下を示している。不況の長さからいえば，36年に至ってようやく29年水準にかえったほどの長期のものであった。

　それに対して戦後の不況についてみれば，1980年代においては81～83年に，そして90年代においては91年に，それぞれ基準年以下に低下したのみである。1970年代と2000年代は，いずれも基準年を下回った年はみられない。要するに，戦後の不況の様相は，大恐慌のように破局的な段階に至っていない。なぜだろうか。1929年恐慌と戦後のそれとの相異点をみてみなければならない。

　ハーバード大学のR. クーパーは次のように述べている。[18]「現在（2009年）は，

表序-1　各年代の実質 GDP 指数

1930年代		1973～80年		1980～89年		1990～99年		2000～2009年	
年	工業国16ヶ国のGDP指数	年	OECDのGDP指数	年	OECDのGDP指数	年	アメリカのGDP指数	年	アメリカのGDP指数
1929	100	1973	100	1980	100	1990	100	2000	100
1930	94	1974	101	1981	97	1991	99	2001	100
1931	89	1975	101	1982	96	1992	103	2002	102
1932	83	1976	105	1983	97	1993	105	2003	104
1933	84	1977	109	1984	100	1994	110	2004	108
1934	89	1978	114	1985	103	1995	113	2005	112
1935	94	1979	117	1986	105	1996	117	2006	115
1936	102	1980	119	1987	107	1997	122	2007	117
1937	109			1988	111	1998	127	2008	119
1938	110			1989	115	1999	133	2009	116

（出所）　1930年代および1973～80年は，S. A. B. Page, "The Revival of Protectionism and 1st Consequences for Europe," *Midland Bank Review*, Winter, 1983, p. 11. 1990～99年および2000～2009年は，経済産業省『通商白書　2011』2011年。

1930年代の大恐慌以来の最悪の景気後退を迎えている。ただ，30年代とは状況が異なり，現代は3つの点で有利な状態にある」。「第一点は，現在の金融経済システムは金本位制ではなく，中央銀行の活動が束縛されないということだ。第二点目は政府部門の公的支出が大きくなり，マクロ経済の安定要因になっている。第三点は世界経済の仕組みへの理解がより深まり，経済財政政策の道具だてもそろっていることだ」と。

確かにこれらの相異点は，戦後の恐慌の発現形態が1929年の大恐慌とくらべて破局的なものとならなかった原因と考えられる。しかし，管理通貨制のもとにあって，国家の経済への介入による道具だてがそろっているにもかかわらず，どうして古典的な様相の恐慌が発生しているのか，という点が問題なのである。

この点について，松本朗は，次の3点を挙げている。[19] 第一は，資本主義国の経済の停滞，すなわち利潤率の傾向的低下と投資機会の減少，その結果起こる企業の合理化による家計所得の減少，そして消費の縮小である。第二は，金融資本の自律化と投機的運動の激化である。特に，2008年恐慌では金融が独自の動きをみせた。[20] 第三は，こうした事態を支えている国際的な枠組みがある。それはIMF体制崩壊後のドルを基軸通貨とする国際通貨制度である。基軸通貨

国アメリカの経常収支赤字の累積と金融市場の拡大の中で，各国はドルを支える国際協調政策をとらざるを得なかったのである。

さらに次の点をつけ加えることが重要である。戦後の世界景気循環の中で，1973年恐慌は戦後の本格的な過剰生産恐慌が始まった時期である。これをきっかけとして戦後20年間の高度経済成長期が終焉し，その後，先進資本主義国の経済が長期停滞を続けることになるのである。その基底には，73年恐慌を画期とする過剰生産がある。IMF体制が崩壊した後もドルを基軸通貨とする国際通貨体制が続く。各国はドルに対する為替相場の安定策から逃れられないのである。

2008年恐慌はこの延長線上にある。アメリカにおける住宅価格の急激な下落のもとに金融面で信用収縮が起こった。しかし本質的にはこれは，GMやクライスラーの破たんにみるように過剰生産恐慌である。クーパーは，「経済財政政策の道具だてがそろっている」にもかかわらず，「なぜ，今（2008年）こうした経済の混乱状況に陥ったのか」と問うている。この問いに対する答えには，戦後の景気循環の諸過程と1973年および2008年恐慌についての本質的な理解が必要なのである。

特に2008年恐慌の場合には，金融資本の自立化がすすんだ。恐慌も金融恐慌として現れた。リーマン・ブラザーズのような証券会社であり，投資銀行でもある金融資本の破たんをきっかけとして，世界的な金融危機がひき起こされた。様々な金融手法を用いて投機的な運動が行われた結果起こったのである。しかし，2008年恐慌を，異常に肥大化し，投機化して金融を収縮させた金融恐慌としてのみ捉えるのは，誤りであるといわざるを得ない。

注
(1) ハイマン・ミンスキーは，金融の脆弱性，特に「借りた資金による投資の危険性」を3段階に分けた。第一段階は，堅実なヘッジファイナンス，第二段階は，投機的なファイナンス，第三段階は，本来なら成り立たず結果的に詐欺になりやすいファイナンスである（赤木昭夫「失われるか世界の10年」『世界』814号，2011年3月号，110-111頁）。
(2) 『日済経済新聞』2010年8月1日。
(3) 鈴木淑夫『円と日本経済の実力』岩波書店，2008年，14頁。
(4) 本山美彦『金融危機後の世界経済を見通すための経済学』作品社，2009年，29頁。

(5) 本山，2009，21頁。
(6) 篠原三代平『戦後50年の景気循環』日本経済新聞社，1994年，16-17頁。
(7) 篠原，1994，19-20頁。
(8) 篠原，1994，20頁。
(9) 宮崎義一『世界経済をどうみるか』岩波書店，1991年，14-20頁。
(10) 木下悦二「レーガン時代の世界経済についての一考察」『経済研究』第40巻第2号，1989年。
(11) 宮崎，1991，5頁。
(12) Temin, Peter, *Lessons From The Great Depression*, Masachusetts: Institute of Technology, 1989. (猪木武徳・山本貫之・鳩澤歩訳『大恐慌の教訓』東洋経済新報社，1994年)。
(13) 宮崎，1991，19-20頁。
(14) 宮崎，1991，18-19頁, Kindleberger, Charles P., *The World in Depression, 1929-1939*, 2nd, Berkeley: University of California Press, 1896. (石崎昭彦・木村一朗訳『大不況下の世界，1929-1939』東京大学出版会，1982年)。
(15) 『日本経済新聞』2008年12月18日。
(16) 『朝日新聞』2010年11月7日。
(17) 『日本経済新聞』2009年6月20日。
(18) 『日本経済新聞』2009年6月20日。
(19) 松本朗「物価変動の変容からみた2008年経済恐慌」『経済理論』第47巻第1号，2010年，34頁。
(20) この点を「世界経済の金融化」現象として，その背景にある要因を明らかにしたのはロナルド・ドーアである（R. ドーア『金融が乗っ取る世界経済』中央公論新社，2011年，203-224頁)。

第Ⅰ部

日本経済の変容：流通・中小企業・労働

第1章
流通システムの変化と総合商社

近藤和明

1 総合商社の位置づけ

　戦後の日本経済の発展にとって，総合商社が果たしてきた役割は極めて大きい。加工貿易立国を推し進めるわが国において，総合商社は海外からの原材料調達と海外への製品販売に先導的役割を果たしてきた。また，資金不足にあえぐ多くの中小企業に対して信用補完し，中小企業の発展にも寄与してきた。しかしその一方で，総合商社は，多方面から絶えずその成長に関する危惧と疑念が提起されてきた。

　総合商社の持続的成長に対する疑念と危機感は，1960年代初期の「商社斜陽論」，70年代後半から80年代の「商社冬の時代論」，90年代の「商社危機論」等々に示されている。こうした総合商社の危機が強く主張された時期は，いずれも日本経済が大きな変革を余儀なくされた時期であり，その変革の方向性から総合商社の経営基盤の脆弱化が指摘されたのである。「商社斜陽論」が主張された60年代は，第1次流通革命期にあたり，わが国独特の流通システムといわれる流通機構が形成された時期である。一方では，大量生産体制の基盤を確立した寡占メーカーは，大量生産された商品を大量に流通させる全国的販売チャネルを形成していった。他方，新しい小売技術を導入したスーパー・マーケットが，多店舗化を通じて急速に成長していた。第1次流通革命論は，こうした急成長を遂げつつあった寡占メーカーと大規模スーパーが直接結びつくことによって，仲介流通業者を排除し，大量生産＝大量流通＝大量消費を実現することを目的に主張された考え方であった。「総合商社斜陽論」もまた，大規模寡占メーカーの成長による販売チャネルの形成によって，総合商社のコミッシ

表1-1 卸売業・各種商品卸売業年間販売額の推移

	卸売業	各種商品卸売業	構成比
1991年	573,165	94,347	16.5
1994年	514,317	87,149	16.9
1997年	479,813	66,968	14.0
1999年	495,452	58,609	11.8
2002年	413,355	45,104	10.9
2004年	405,497	46,210	11.4
2007年	413,532	46,827	11.3

（出所）経済産業省経済産業統計局調査統計部『平成19年　商業統計表』（産業編〔都道府県表〕），経済産業統計協会，2009年。

ョン・マーチャントとしての経営基盤が脆弱化するとみられたのである。[2]

　1973年における石油危機後，これまで高度成長を支えてきた重厚長大型産業の多くが原材料価格の高騰から構造不況業種へと転落していった。原材料供給において素材型産業と深く関わっていた総合商社はその影響を受けるとともに，流通コスト削減から輸出取引においても加工型産業を中心に商社離れが進んでいった。まさに「商社冬の時代」の到来であった。その後，89年のバブル崩壊と規制緩和の流れは，日本経済のデフレ不況に加えて，日本企業の海外進出と現地生産化を積極化させ，貿易取引の商社離れを一段と推し進めた。

　表1-1は，『平成19年　商業統計表』（産業編〔都道府県表〕）から，各種商品卸売業（総合商社）の販売額の推移をみたものである。卸売業の販売額は，1990年代以降低下傾向を示しており，同様に各種商品卸売業の販売額も低下している。さらに，各種商品卸売業の構成比も，90年代に大きく低下した。輸出入を含む総合商社の国内取引比重の低下は，「商社斜陽」を彷彿とさせるものである。こうした中総合商社各社は，口銭取引から資源開発・インフラ整備などの各種プロジェクトや投資を柱とする事業投資型のビジネスへ，大きくシフトしていった。

　2000年代に入ると，総合商社の収益が急速に回復に転じる。総合商社が出資参画する海外の資源開発は，2000年代半ばからの資源価格の急騰により，利益が急拡大したのである。現在，海外，特に中国をはじめとする新興国の資源・エネルギー需要が急増，価格が上昇傾向にあり，総合商社の位置づけの必要性

は再び急速に高まりつつある。

　総合商社は，早くから経営の国際展開を進めてきた。その基礎にあるのは取扱商品の「総合」化や流通機能の「総合」化であり，取引・情報のグローバルネットワークである。このような総合商社の「総合」化が，他産業・他業態にない総合商社ならではの機能を生み出す基盤となってきた。しかし，総合商社は，この半世紀，日本における国際化の進展と産業構造の変化との中で絶えず新たな危機に直面し，そうした危機を商社機能の高度化によって克服するというプロセスを繰り返してきた。今日における総合商社の資源開発投資への傾斜は，その一つの対応の姿でもある。

2　流通システムの変化と総合商社機能

(1)　規制緩和と流通システムの変容

　現在，わが国の流通システムは，急激な変革期にある。この変革をもたらしている要因を考察すると，グローバリゼーションが生み出す影響が極めて大きい。わが国の流通業も海外進出や商品調達を通して海外との連携を強める一方，海外資本の参入や商品・サービスの対日流入も活発化している。そのことが日本の流通システムを変革させる大きな要因となっている。その直接的契機としては，これまでのわが国の流通システムを規定してきた流通制度が，規制緩和を通じて市場競争原理に基づく経済運営を目指す方向へ転換されたことが大きく影響している。

　流通システム変革への動きは，まず消費不況と規制緩和下で競争激化にさらされた小売サイドから積極化している。いわゆるディマンドチェーン・マネジメントの動きである。

　ディマンドチェーン・マネジメントとは，消費（購入）から生産までをジャストイン・タイムで（必要なものを，必要な時に，必要な場所に，必要な量だけ）調達・配送できる管理システムの形成である[3]。すなわち，販売時点情報の把握とともに，受発注業務の簡素化，物流時間の短縮，在庫および運送コストの削減を図ることを目的としている。現在，大規模小売業者によって進められてい

る一つの動きは，購買力を背景に仕入れと物流コストの削減を目的とした一括納入の要求である。これは，それに対応できない納入業者を選別の対象とする。こうした小売業者による納入業者の選別化の動きが積極化している。

　他方，小売業主導のマーチャンダイジングと商品調達物流変革の動きは，メーカー段階においても大きな対応の変化を促している。小売業の要求に対応するメーカー段階における供給システム再編の動きは，いわゆるサプライチェーン・マネジメントといわれるものである。サプライチェーン・マネジメントとは，「供給連鎖」と訳され，「ロジスティクスにおいては，調達から生産，販売を通してモノの流れを一本の線として管理する。この供給の線においてその中にある在庫の最適な配分を考えていく。このような供給線において物理的な商品の流れを科学的に管理する」ことである[4]。

　こうした新しい経営手法の発展は，流通業の取引機能や集中在庫機能の基盤を脆弱化し，そうした結果が，流通業，特に卸売業の店舗数の減少等に影響しているものと思われる。ちなみに，流通経路の多段階性を示すといわれる卸売業総販売額と小売業の総販売額の比率（いわゆるW／R比率）をみると，1991年の4.00から2007年には3.04にまで急激に低下している。このことは，中間業者排除の傾向が進みつつあることを示している。そしてさらに，中間業者排除の傾向が，総合商社のこれまでの伝統的なコミッション・マーチャントとしての経営を難しくしている要因でもある。

（2）　総合商社の機能変化

　総合商社の基本的な商取引は，メーカーと小売業の取引仲介によって手数料，マージンを得ることである。流通業者の機能には，商取引機能と物流機能という基本的な機能があるが，総合商社は，流通企業として生産者と小売業者間を結びつける結節点の役割を果たすことによって，流通コストの削減に寄与してきた。総合商社の介在余地は，このコスト削減が総合商社に支払う手数料・マージンを上回ることによる。しかし，製販配の一貫した垂直的流通システムの形成が進んでくると，仲介流通業者排除の動きが活発化してくるのである。

　表1-2は，総合商社大手5社の売上高と収益の推移をみたものである。大手

第 1 章　流通システムの変化と総合商社

表1-2　新基準に基づく収益と従来基準の「売上高」比較

(単位：億円)

		2002年度	2004年度	2006年度	2008年度	2010年度
三菱商事	収益	33,212	41,459	50,868	61,464	52,069
	売上高	133,287	171,327	205,163	223,891	192,334
	収益／売上高	25%	24%	25%	27%	27%
三井物産	収益	27,779	34,946	47,936	55,352	46,794
	売上高	114,666	135,839	152,716	153,479	99,425
	収益／売上高	24%	26%	31%	36%	47%
丸　紅	収益	26,812	30,356	36,589	40,023	36,838
	売上高	87,933	79,363	95,549	104,621	90,205
	収益／売上高	30%	38%	38%	38%	41%
住友商事	収益	15,383	20,493	30,772	35,116	31,020
	売上高	92,296	98,986	105,283	107,500	83,504
	収益／売上高	17%	21%	29%	33%	37%
伊藤忠	収益	16,817	19,906	26,460	34,191	36,497
	売上高	104,464	95,626	115,568	120,651	113,926
	収益／売上高	16%	21%	23%	28%	32%

(出所)　各社「有価証券報告書」より作成。

　5社では，アメリカの会計基準を2002年度以降相次いで採用し，従来の売上高から従来代行売上げとして計上してきた仲介手数料取引における商品代金相当額の計上を取りやめ，収益として計上することになった。したがって，従来の売上高と新基準の収益との差は，総合商社の代行取引における商品代金相当額を示すとみてよいであろう。表1-2にみられるように，大手5社とも，売上高に占める収益の比重が高まり，手数料ベースでの取引比率が大幅に低下している状況がみて取れる。

　他方，輸出入取引においても，仲介流通業者排除の傾向がみられる。これまで恒常的な円高に悩まされてきた日本企業は，国際競争力を維持する上から，労働コストや原材料コストが低い発展途上国へ工場を移転し，生産機能の海外移転を進めてきた。また，貿易摩擦への対応から，海外市場の確保のため欧米先進国での生産の現地化も進めた。これまで日本への原材料の輸入や製品の輸出など海外取引に深く関わってきた総合商社は，生産機能の海外移転によって国内の主要な取引を喪失することになった。さらには，マーケティング戦略上，製品や価格の差別化を必要とする小売業における商品調達においても，製造小売業態の成長やプライベート・ブランドの開発等，海外製造業者との垂直連携

が定着しつつある。こうした動きが,海外取引における仲介流通業者の排除に結びついている。このように,国内・海外市場ともに総合商社の従来の商取引機能の縮小化がみられる。

　また,総合商社の金融機能にも大きな変化が現れている。総合商社は,国内取引において資金力の乏しい中小企業を中心に取引面への与信で商権を維持・拡大してきた。商社金融は,取引先にとって資金繰りやリスク回避に大きなメリットとなり,商社にとっても流通口銭の獲得や取引量の増大に結びつく。商社金融には,売掛金や受取手形等の営業与信と営業外与信としての貸付金や債務保証などがあるが,1980年頃には総合商社の与信額総計は,都市銀行一行の貸出総額をも凌駕していた。ところが,産業の成熟化に伴う資金過剰,資金調達の多様化などによって,大企業だけではなく,中小企業の資金調達を容易にし,商社金融の力を著しく低下させることになった。[6]

　さらに,日本経済のグローバル化は,総合商社の情報機能の重要性も低下させている。日本経済のグローバル化は,企業の海外進出を促進し,海外営業拠点を拡大することとなった。この海外営業拠点は,海外市場や海外商品の開拓などに関わる取引の情報収集の役割を果たすようになる。このため個別企業の特定分野に関する情報においては,海外情報を総合商社に依存する必要性が相対的に少なくなってきたのである。こうした企業の商社情報に対する依存度の低下も,総合商社が国際取引から排除される傾向が強くなる要因となっている。[7]

　このように,日本経済の国際化・グローバル化の進展は,わが国の経済システムに大きな変容を迫り,総合商社の流通業者としての様々な機能の必要性を低下させ,その対応を迫ることとなったのである。

3　総合商社におけるビジネスの再構築

(1)　総合商社の流通戦略

　垂直的チェーン・システム構築の目的は,流通チャネルの統合的管理による効率的運営とコスト削減にある。このために必要とされるのは,企業間で一貫したマーケティングが遂行できるチャネル支配力である。最近における流通再

編の象徴ともいうべきセブン＆アイ・ホールディングスやイオン・グループといった巨大流通グループ成立の背後には，巨大なバイイング・パワーを背景に，生産から販売までを自社の計画した一貫したマーチャンダイジングを可能とする，チャネル支配力の強化を求める動きが存在している。小売業界では，このような巨大流通グループが誕生すると同時に，各業態においても規模の利益を求めM&Aによる業界再編の動きが相次いでいる。

　業界再編による巨大小売企業の成立は，納入業者の選別と集中などのディマンド圧力となって卸売業界の再編を加速した。卸売業界でも，M&A（企業の合併・買収）や提携で商品供給力や情報・物流機能を高める動きが鮮明となっている。巨大化する小売企業のマーチャンダイジングの要求に対処し，価格面等取引条件で対抗するためには，大規模化による自らの商品調達力と販売力を強化する必要があるためである。

　こうした卸売業界の再編成に関して，総合商社は積極的・直接的に関与している。特に，食品卸売業界では，総合商社主導の業界再編成が相次いでみられる。食品卸では，2005年には明治屋の卸部門が三菱商事の傘下に入り，2011年には三菱商事系4社が経営統合して三菱食品が誕生した。国分は三井食品と業務提携し，伊藤忠商事は2006年に日本アクセスを完全子会社化し，伊藤忠食品とで巨大な食品流通グループを形成している。(8)

　他方で，総合商社は，小売部門へも急速に接近している。2000年代に入ると，三菱商事はローソン，イオンの筆頭株主となり，以前からファミリーマートに資本参加していた伊藤忠商事は2009年にユニーと資本提携，三井物産はセブン＆アイ・ホールディングスに資本参加，丸紅はダイエーに出資するなど，総合商社の小売事業への参画が強まっている。

　寡占メーカーや大規模小売企業による川上，川下双方の企業による垂直的統合が進められていく一方，総合商社もまた，従来のコミッション・マーチャントを超えて卸再編に乗り出すと同時に小売企業との関係強化を図っている。この直接関与の目的は，総合商社自らが単なる仲介取引業務から積極的に新しい生産→流通→消費という流通サイクルに介在し，総合商社主導による垂直的チェーン・システムの形成を企図しているのである。

E. M. ポーターは,「連結関係は, 会社の価値連鎖の内部だけにあるのではなく, 自社の価値連鎖と, 供給業者や流通チャネルの価値連鎖との間にもある。この連鎖を私は〈垂直連結〉と呼ぶが, 価値連鎖（Value Chain）内部の連結とよく似ている。供給業者や流通チャネルの活動のやり方によって, 会社の活動のコストや成果が変わるのである」と指摘している。すなわち, 総合商社の流通戦略は, この生産から消費に至る取引連鎖によるバリューチェーン（垂直的価値連鎖）の形成に他ならない。

こうした総合商社のバリューチェーンの構築は, たんに国内だけでなく, 国際的なバリューチェーンの形成を企図したものでもある。三菱食品は, 今後の積極的なアジア展開を目指している。国分はサントリーと香港のワイン輸入会社に出資し, 青島にも現地卸と合弁卸を設立した。日本アクセスはすでに伊藤忠傘下の現地卸, 上海中金を通じ中国の小売業向けに日本メーカーの食品を拡大する方針である。

総合商社自体, 新しい国際ビジネスを積極化している。中国では, スーパー・マーケットや, コンビニエンスストアといった業態が, 旧来の小売業態に変わって急速に比重を伸ばしているが, 物流インフラ設備や加工配送センターなど, 全国的な物流網の構築が相対的に遅れている。近年, 中国市場への日系小売企業の積極的な参入が続いているが, 日系小売企業の中国進出には, 多様な品揃え等商品調達面における課題も多い。こうした課題に対応し, 伊藤忠は, すでに山東省に食品加工工場を運営し, さらに食品事業を営む台湾系総合食品小売業の頂新と包括提携を結び, 2009年には頂新グループに出資している。また, 日本の食品メーカーとの間でも複数の合弁事業を行っている。

中国に限らず新興国を中心にした消費者市場においては, 経済発展に伴って徐々に消費の多様化が進みつつある。本来ならば品揃えに多くの取引先を必要とするが, 総合商社によって商品調達を集約化できれば, 小売業にとっても経営的メリットが大きい。こうした事情は, 製造業の海外進出においても同様である。製造拠点の海外移転は, 現地でどの程度原料・部品が調達できるのか, 現地市場での販売網をどのようにつくるのかなど, 多くの課題をクリアしなければならない。しかし, 途上国の一部ではこうした周辺的産業が十分発達して

いないケースも多く，総合商社のもつ高度化された調達機能の果たす役割は大きい。さらに，総合商社は，日本や第三国向けの販売にも関与している。[11]

このように，総合商社の海外事業は，川上の開発から川下の販売までの一貫したバリューチェーンを築くものであり，総合力をもつ総合商社ならではの取り組みといえる。総合商社の「総合」機能は，国内取引にではなくグローバル市場においてこそ，その重要性を増しつつあるといっても過言ではない。

（2） 間接関与から直接関与へ

総合商社は，戦後の早い時期からすでに事業投資を行っているが，それは基本的に卸売業としての商取引の拡大・強化を目的とするものであった。ところが，近年の総合商社は，流通部門に限らず成長の見込まれる分野に積極的に投資をして投資収益を得るだけではなく，商社が自ら事業の主体者として事業経営に直接関与するといった投資が急増している。また，総合商社は，海外の資源・エネルギー開発に参画し，開発に必要な資機材を調達し，インフラ整備を行って輸送体制を確保すると同時に，マーケティング活動を通して製品をグローバルに販売するといった新しい流通を創出している。

例えば，電力事業や水事業などがその好事例といえよう。発電所を所有・運営し，売電する事業は，安定した収益を生むビジネスである。丸紅は，2008年にオーストラリアの電力事業会社ゲイル社（独立発電事業者）を買収，最近では，台湾やシンガポールなどで次々と案件を獲得している。「上下水道」などの水分野でも，総合商社の事業参入が目立っている。経済成長が続くアジアなどの新興国で水の使用量が増え，大きなビジネスチャンスが期待されている。早急な社会インフラ整備の必要性に迫られた新興国では，上下水道処理場を建設するための資金調達から，設計・建設，完成後の施設操業まで，一括して民間企業に委託するケースも多い。これはBOTと呼ばれる民活形態であり，三菱商事や三井物産，丸紅などの総合商社は，このBOT案件獲得にも積極的に動いている。[12]

このように総合商社の商取引機能にも，構造的な変化が起こりつつある。事業の仲介としての伝統的なコミッション取引の割合が減少し，事業主体として

表 1-3　総合商社の資産構成

(単位：億円)

	流動資産	有形固定資産	関連会社への投資・長期債権,その他の投資	資産合計
2002年度	147,979 (52.3%)	39,531 (14.0%)	54,026 (19.1%)	283,100
2004年度	169,247 (54.7%)	40,663 (13.1%)	64,796 (20.9%)	309,568
2006年度	184,678 (53.4%)	48,724 (14.1%)	96,568 (27.9%)	345,773
2008年度	188,629 (52.1%)	82,297 (22.7%)	82,279 (22.7%)	361,998
2010年度	192,740 (51.4%)	80,596 (21.4%)	95,048 (25.3%)	375,288

(出所)　総合商社大手5社「有価証券報告書」より作成。

直接関与し,新しい流通を創出する事業活動が中心となってきた。

表1-3は,総合商社の資産構成をみたものである。総資産に占める流動資産の割合が低下し,有形固定資産および,関連会社等への投資・長期債権の比率が上昇する傾向がみられる。これは,総合商社の流通市場への直接関与を表しているとみることができる。

総合商社は,これまで総合性という特質によって産業構造の変化に迅速に適応してきた。これが,コミッション・マーチャントとしての総合商社の従来型の成長戦略であった。ところが,企業各社による独自の海外ネットワークの構築,海外への生産・販売拠点の移転,海外製造業者との垂直連携といったグローバル化の進展は,国内・海外市場ともに総合商社の従来のコミッション・マーチャントとしての商取引機能の縮小化をもたらしている。

こうした中にあって,総合商社は,資源・エネルギー開発やインフラ建設への投資を拡大している。総合商社の投資会社化がいわれているが,総合商社の投資は,投資会社や金融機関の投資とは異なり,長期的な投資が主体であって,投資収益を得るだけではなく総合商社の「総合」的機能を生かし投資先の業務改善や成長を促すとともに,投資先との間に商取引を形成することを目的にしている。つまり,総合商社の投資は,投資先の成長に伴う付加価値を生み出す源泉となっているのである。

生産は集中化を，消費は分散・多様化を基本的な原理としている。こうした生産と消費の間に存在する懸隔を橋渡しするのが流通機能であれば，総合商社の投資拡大による流通への直接介入は，「総合」的な流通機能のグローバルな創造と高度化といえよう。いわば，総合商社は，手数料取引に従事する単純な仲介業者から，リスクを負い流通市場に直接関与する本来的流通機能を果たす流通資本へ変容しつつあることを示すものといえる。

注
(1)　林周二『流通革命』中央公論社，1962年。
(2)　御園生等「総合商社は，斜陽であるか」『エコノミスト』第39巻第21号，毎日新聞社，1961年。
(3)　田島義博・原田英生編著『ゼミナール流通入門』日本経済新聞社，1997年，224頁。
(4)　宮下正房・田中信哉『物流の知識』日本経済新聞社，1995年，86頁。
(5)　丸紅経済研究所『総合商社の動向とからくりがよ～くわかる本』第2版，秀和システム，2010年，42-43頁。
(6)　蘇我信孝「総合商社の新業態」山中豊国編『日本の商社』大月書店，1996年，74-75頁。
(7)　蘇我，1996，75頁。
(8)　日本経済新聞社編『日経業界地図　2012年版』日本経済新聞出版社，2011年，166頁。
(9)　ポーター，M. E./土岐坤・中辻萬治・小野寺武夫訳『競争優位の戦略』ダイアモンド社，1985年，64-65頁。
(10)　日本経済新聞社編，2011，166頁。
(11)　丸紅経済研究所，2010，106-107頁。
(12)　「総合商社のポスト資源」『週刊東洋経済』第6189号，2009年，100-105頁。
(13)　孟子敏「総合商社におけるコア機能の構造変化によるビジネスモデルの再構築」『イノベーション・マネジメント』（法政大学イノベーション・マネジメント研究センター紀要）第5号，2011年，130-132頁。

第2章

賃金デフレと主流派マクロ経済政策の破綻

田淵太一

1 デフレの真因を見誤った量的緩和政策

　米国FRBはリーマン・ブラザーズ破綻以来，空前の規模の量的緩和を実施してきた。この政策は，株価を引き上げる以外の効果はないとする批判にさらされながら，今後も継続される見込みである。

　量的緩和がデフレーション対策として効果がないことは，この10年間の日本の経験から明らかである。日本銀行はデフレ不況の深刻化に直面して，2001年3月に量的緩和政策の実施に踏み切り，2006年3月までこれを継続したが，その間もデフレーションは進行した。

　本章では，まず日本のデフレーションの経験を振り返って，量的緩和がデフレ対策として無効であることを確認する。さらに，実物的側面，とりわけ労使間の交渉力の不均衡から生じる単位労働コストの低下がデフレの真因であることを明らかにし，この事実がJ. M. ケインズの予見通りであったことを示す。最後に，マネタリズムを起点とする主流派マクロ経済学に基づいて実施されている米国の大規模な量的緩和政策が，金融危機を再燃させかねない危険性をもっていることを論じる。

2 日本のデフレーションの経験

　日本経済が持続的なデフレーションに陥って久しい。結論をいえば，日本のデフレの正体は賃金デフレであり，1990年代半ば以降の単位労働コストの継続的低下が，物価水準の持続的下落の主要な原因となっている。

第2章 賃金デフレと主流派マクロ経済政策の破綻

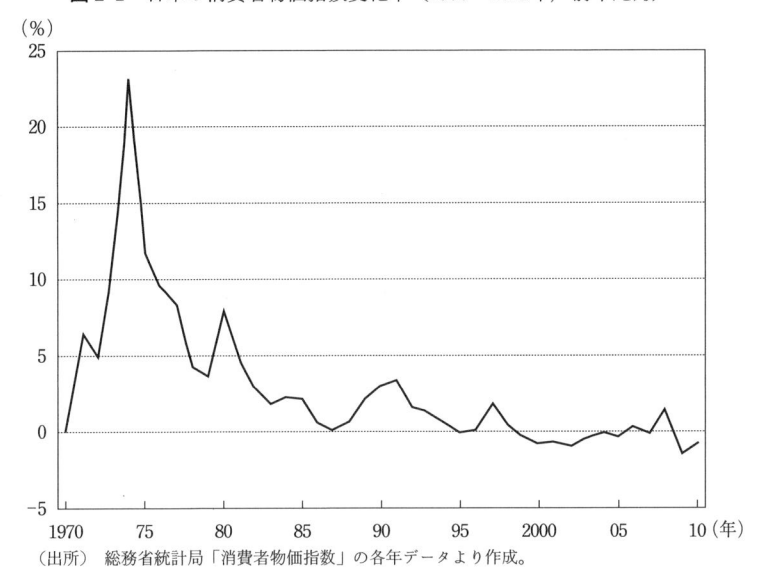

図2-1 日本の消費者物価指数変化率（1970〜2010年，前年比％）

（出所）総務省統計局「消費者物価指数」の各年データより作成。

　通常，デフレの指標に用いられるのは消費者物価指数（CPI）である。日本のCPIが下落に転じたのは1976年であり，2005年まで下落が続いた。金融危機後の2009年と2010年にはさらに大きな下落が生じた（図2-1参照）。CPI下落という事実だけでも，戦後の世界経済において，とりわけ先進国の間では希有の事例である。

　CPI統計でなく，大手量販店のPOSデータに基づく調査によれば，物価下落は1996年というより早い時期に始まり，しかも下落率はずっと大きかった。POSデータも，当時「価格破壊」を先導したディスカウント・ショップのデータは含んでいないので，価格下落の実態はさらに激しいものであったと推定できる。[1]

　先述した通り，物価下落が進行した時期は，日銀による量的緩和実施の時期（2001年3月〜2006年3月）と重なっている。デフレ克服のために日銀が「非伝統的な政策」に踏み込んだにもかかわらず，物価下落が進行したのである。

　図2-2および図2-3で示される通り，日銀が量的緩和によってマネタリーベースを急増させても，事前の想定に反して，貨幣供給（マネーストック）が比

図 2-2 マネタリーベースとマネーストックの推移（1970～2010年，2000年＝100）

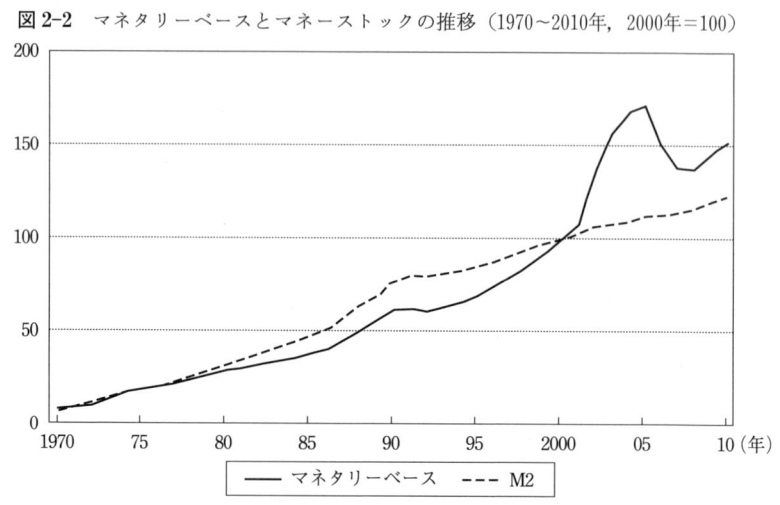

（出所）　内閣府「国民経済計算」，日本銀行「日本銀行関連統計」，「通貨関連統計」の各年データより作成．

図 2-3 信用乗数と貨幣流通速度の推移（1970～2010年）

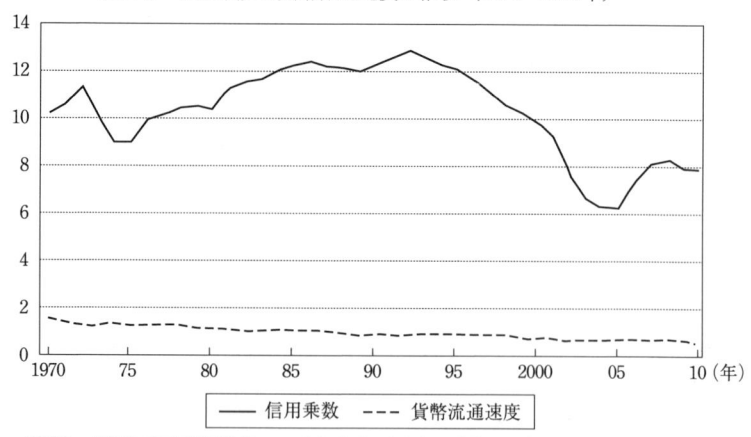

（出所）　内閣府「国民経済計算」，日本銀行「日本銀行関連統計」，「通貨関連統計」の各年データより作成．

例的に伸びるという結果にはならなかった．信用乗数（マネタリーベースに対するマネーストックの倍率）が大きく低下したのである．

　背景にある事情として，しばしば指摘されるように，銀行の金融仲介機能低下とあいまって企業の資金調達行動が変容し，外部資金の調達額が継続的に減少する一方で，利益剰余金の増加など内部資金が資金調達の中心となったこと

表 2-1　雇用者報酬，賃金・俸給の推移（1980～2008年）

（単位：10億円）

	1980年	1981年	1982年	1983年	1984年
雇用者報酬	131,850.4	142,097.7	150,232.9	157,301.3	166,017.3
賃金・俸給	117,989.1	125,661.0	133,040.4	138,980.2	146,796.8
	1985年	1986年	1987年	1988年	1989年	1990年
	173,977.0	180,189.4	187,098.9	198,486.5	213,309.1	231,261.5
	152,486.0	157,672.9	162,801.0	172,108.5	184,502.3	199,484.8
	1991年	1992年	1993年	1994年	1995年	1996年
	248,310.9	254,844.4	260,704.4	265,457.6	270,061.5	274,309.5
	214,247.2	221,730.6	225,918.9	231,068.6	232,780.0	237,644.6
	1997年	1998年	1999年	2000年	2001年	2002年
	279,684.8	274,100.5	269,626.0	271,267.1	267,971.7	261,150.4
	240,651.7	235,276.1	230,896.9	231,970.5	227,552.7	220,215.6
	2003年	2004年	2005年	2006年	2007年	2008年
	256,304.2	256,073.8	259,632.4	264,305.1	263,193.5	262,390.6
	218,563.1	218,659.9	223,364.0	226,636.1	224,604.3	223,377.1

（出所）　内閣府「国民経済計算」の各年データより作成。

が挙げられよう。

「デフレ対策としての量的緩和」とは結局，誤った診断に基づく誤った処方箋であった。デフレは「貨幣的現象」であるというよりも，むしろ実物的要因が大きく作用していたとみるべきであろう。[2]

この時期においてもっとも重要な実物的要因として挙げられるのは，賃金の継続的低下である。**表 2-1**によれば，1990年代半ばまで順調に伸びてきた賃金・俸給の総額は，97年の約240兆円をピークとして急速に減少し始めた。2008年に至っても，賃金・俸給の総額は約223兆円にすぎない。現代の日本は，戦後の先進国の歴史の中で，例外的に賃金が急速に切り下げられ続けている国であるといえよう。

バブル崩壊後，需要が大きく減退すると，企業は厳しい市場環境に直面して，価格引き下げ競争に突入した。この局面で，通常であれば企業の利益が圧縮されるが，日本の場合はそうならず，賃金を圧縮する方策が採用された。賃金の圧縮に成功したことで可処分所得が落ち込み，さらに需要は縮んでゆく。賃金圧縮と雇用の破壊・貧困化の進行が，デフレを生みだし構造化させていったの

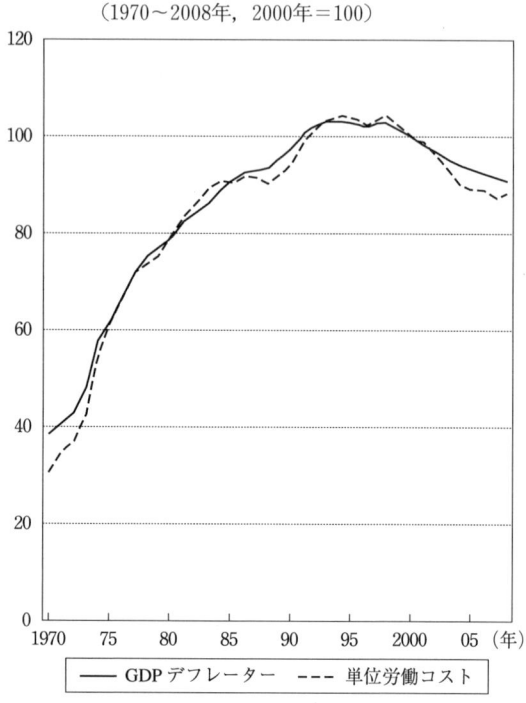

図 2-4 日本の GDP デフレーターと単位労働コスト
（1970～2008年, 2000年＝100）

（出所）IMF, *World Economic Outlook*, 2010, および厚生労働省『平成21年版 労働経済白書』2009年のデータより作成。

である。

　この事実を端的に示すのが，GDP デフレーターと単位労働コストの推移（図 2-4）である。物価と単位労働コストは，長期にわたり，ほぼ連動して変動しているのである。

　それでは，単位労働コストはいかなる要因で変動するのか。図 2-5 は単位労働コスト変化率（前年比）の推移を示している。単位労働コスト（unit labour costs）とは，簡単にいえば，「財一単位の生産に要する労働費用」のことであり，「貨幣賃金率を労働生産性で割った値」と定義される。この値が製品価格，ひいては物価をおおむね規定しているのである。

　単位労働コストは，単位生産あたりの賃金ないし雇用者報酬の額を表すので，経済全体では，「名目雇用者報酬÷実質 GDP」で算出できる。単位労働コスト

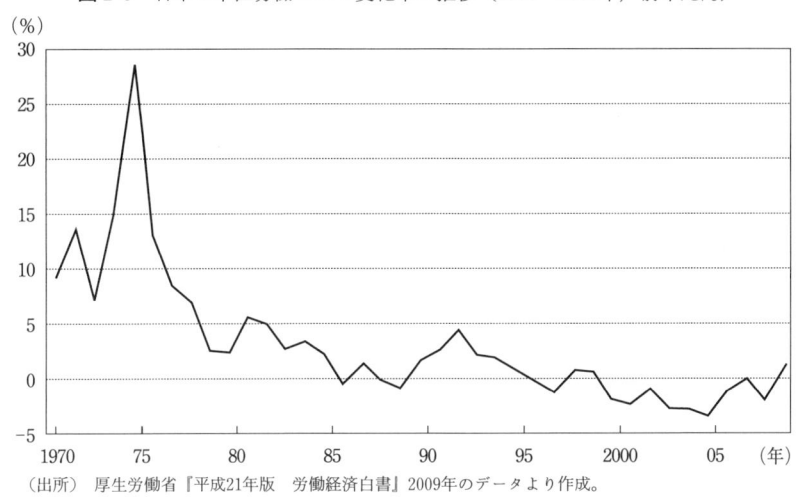

図 2-5 日本の単位労働コスト変化率の推移（1970～2008年，前年比％）

（出所）厚生労働省『平成21年版 労働経済白書』2009年のデータより作成。

の変化率（前年比）は「1人あたり名目雇用者報酬の変化率（前年比）－労働生産性の変化率（前年比）」で求められる。この関係を用いて，単位労働コストの変化率への寄与度を「1人あたり名目雇用者報酬の変化率（前年比）」と「労働生産性の変化率（前年比）」の2要因に分けて表したのが，図 2-6 である。

図 2-6 によれば，1970年代は，賃金が高い伸びを示し，単位労働コストは急激に伸びていた。労働生産性も上昇したが，それを差し引いても単位労働コストの伸びは極めて高かった。しかし，80年代半ばに財界が「生産性基準原理」を実行に移し，労働生産性の伸びの範囲内に賃金の伸びを抑えることに成功した。これにより労働生産性の伸びと賃金の伸びが相殺され，80年代後半からは単位労働コストが上昇しなくなった。それに伴って物価上昇も鎮静化した。

1990年代初頭にはバブルの余波で乱れた動きがあったが，90年代後半，労働生産性が大幅に伸びているのにかかわらず，賃金が下がっている。その結果，単位労働コストが急激に低下した。要するに，単位労働コストが低下して，物価も継続的に低下するという事態がデフレである。

「生産性基準原理」は当時の財界の要求に即したものであった。しかし近年ではさらに進んで，労働生産性が上昇しているにもかかわらず賃金を切り下げるため，単位労働コストが急激に低下している。これが日本の物価を破壊して

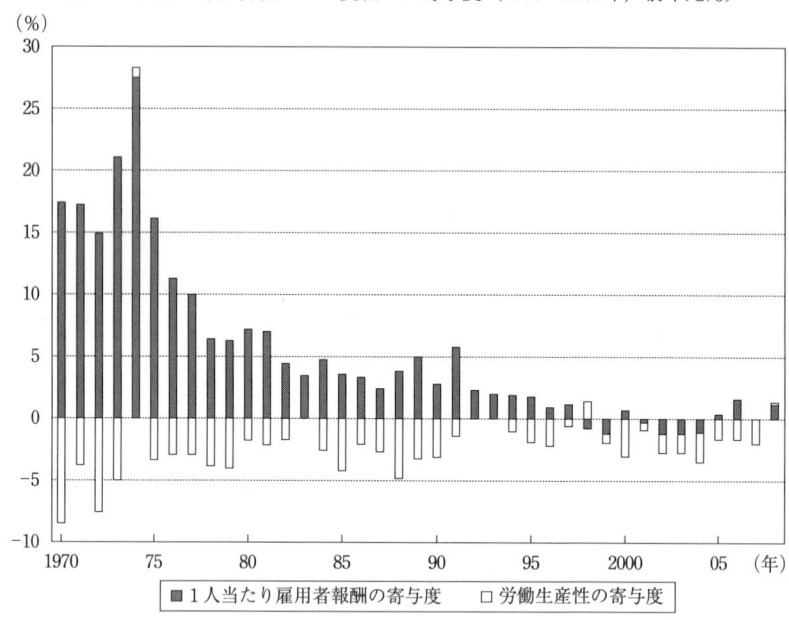

第Ⅰ部　日本経済の変容：流通・中小企業・労働

図2-6　日本の単位労働コスト変化への寄与度（1970～2008年，前年比％）

（出所）厚生労働省『平成21年版　労働経済白書』2009年のデータより作成。

いる要因である。

　この現象は労使間の交渉力の不均衡から生じている。その制度的背景をつくったのが，いわゆる「労働市場の規制緩和」であった。バブル崩壊後の危機に対応して，日経連（当時）は1995年に「新時代の『日本的経営』」と題した報告書を発表し，基幹職のみを正社員として残して他を非正規労働に置き換え，雇用の流動化を推進することによって総人件費を圧縮する方針を打ち出した。これが起点となって，派遣労働の原則自由化（1999年），製造業への派遣解禁（2004年）等々の政策が着々と実施された。その間，輸出のみが順調に伸びる一方で，名目GDPが約500兆円のまま伸び悩み，1人あたりGDPは世界第3位（2000年）から19位（2007年）に落ち，世帯別平均所得は655万円（1998年）から556万円（2007年）へと約100万円も減少した。年収200万円以下の貧困層は1000万人を超えた。2007年の初めての調査で相対的貧困率は，15.7％にのぼった。

構造改革（労働市場の規制緩和）による賃金・雇用の制度的破壊を背景として労働者階級の政治力・交渉力が削減され，労働生産性が上昇しているにもかかわらず，主要国の中で例外的に持続的な賃金低下を強いられたことが，日本のデフレーションの要因である。

3　ケインズの予見

等閑に付されている論点であるが，単位労働コストの概念を自己の理論体系の中心にすえ，労使間の交渉力の格差を強く意識し，そこから物価変動を説明した理論家が，ケインズであった。『雇用・利子および貨幣の一般理論』（1936年）では，長期的な物価変動について次のような認識が示されている。

「物価の長期的安定性ないし不安定性は，賃金単位（または，いっそう正確にいえば，費用単位）の上昇傾向の強さと，生産組織の能率の増加率との比較に依存するであろう」。

この認識は，ケインズの主著『貨幣論』（1930年）における「能率賃金」の議論に由来するものである。「能率賃金（efficiency wages）」とは，財1単位の生産に要する労働費用を表すケインズ独自の概念であり，現代の用語でいえば「単位労働コスト」と同義である。この概念は，『貨幣論』の「基本方程式」を構成する概念として登場して以来，ほとんどすべての主要著作に現れる（閉鎖経済を扱った『一般理論』はその数少ない例外である）。

『貨幣論』では，閉鎖経済において，銀行政策を通じた信用創造の調整によって物価水準のコントロールがほぼ可能であると論じられている。その唯一の例外となる要因が「能率賃金の自生的変化」である。

「貨幣額での能率賃金率の自生的変化を引き起こさせるような，強い社会的もしくは政治的な力が存在する場合には，物価水準の調節は，銀行組織の力を超えているだろう」。

能率賃金の自生的変化を引き起こす社会的・政治的な力をもつとケインズが考えたのが，労働者階級であった。強力な交渉力をもつに至った労働者階級の要求によって能率賃金が上昇すれば，インフレーションは避けられないとケイ

ンズは認識していたのである。

「分配を決定する物理的・心理的な法則の存在は否定される。いまや分配に聖域はない。生産物にたいする以前よりも大きなシェアを獲得する政治権力と交渉力（the political and bargaining power）を労働者階級がもっているとするならば，それが今日の新しい歴史的現実なのだ[8]」。

「わが国では，賃金の大幅なカットは，……まったく不可能なことなのです。そんなことをしようとすれば，社会秩序が根底から揺り動かされることになるでしょう[9]」。

ケインズがみた戦間期の英国から歴史が一巡し，労働者階級の政治力・交渉力が大幅に削減されたことにより，能率賃金の逆方向（下方）への自生的変化が生じて，デフレーションが生みだされているのが現代の日本であるといえよう。

4　主流派マクロ経済政策の破綻

米国 FRB はリーマン・ブラザーズ破綻後，2009年１月以来大規模な量的緩和政策を実施し，総額１兆7500億ドルにのぼる不動産担保付き債券（MBS）などリスク資産を金融機関から買い取った。2010年４月にはいったん買い取りを中止したが，８月，満期になった MBS の償還分を長期米国債購入に振り向ける決定をした。さらに11月には，量的緩和第２弾（QE2）を6000億ドル規模で開始し，2011年６月まで金融市場への大量のドル供給を継続した。B. バーナンキ FRB 議長は，今後も金融情勢が悪化すれば QE3 を実施する構えである。デフレーション回避を目的とした FRB によるこうした莫大な資金散布をみると，M. フリードマンの理論的後継者であり，就任時には「ヘリコプター・ベン」と揶揄されたバーナンキ議長の，まさに面目躍如といった感がある[10]。

しかし，米国の多くの専門家は，FRB の量的緩和政策の効果に否定的である。例えば，QE2実施後の12月に，CNBC が76名の専門家（経済学者・金融実務家）に対して行った調査では，大半の回答者が，QE2は株価上昇に役立っているだけで金利低下や雇用改善の効果はほとんどないと答えた[11]。量的緩和は住

宅価格下落の歯止めにもなりそうもない。米国の住宅市場は今後も悪化が続き，歴史的傾向からみて，少なくともさらに20％は下落するだろうと『ウォール・ストリート・ジャーナル』は報じている。[12]

　バーナンキ議長は，P. クルーグマンらとともにリフレーションとインフレ目標政策を長年にわたり熱心に唱道してきた。日本がデフレーションに陥った1990年代後半には，日本に対しても「ヘリコプター・マネー」の散布を提唱した。

　量的緩和政策によってマネーストックをコントロールしようと試みる金融政策の起点にあったのがマネタリズムである。元来，フリードマンが主唱したマネタリズムの核心的な政策的主張は，マネーストック（マネーサプライ）のコントロールによるインフレーションの抑制であった。しかしながら，先にみたように，マネタリーベースを操作してもマネーストックは連動しないので，マネーストックをコントロールすることを目標とする金融政策は無効である。実のところ，フリードマン自身もこの点を認めている。フリードマンによれば，マネタリズムは「レトリック」にすぎず，マネーストックをコントロールすることなどできないのである。[13] マネタリズム政策の真の狙いは，高金利政策によって不況と失業をつくりだし，労働者階級の力を削減することとあいまって，賃金上昇率を抑制することにあった。[14] マネタリズムは経済理論の進化や政策技術の進展をもたらしたのではなく，たんに政治力学の逆転を引き起こしたにすぎないのである。マネタリズムは，先にみたように，ケインズが歴史認識に基づいて民主主義の拡大によって政治的に不可能となったとして退けた政策をたんに復活させたものにすぎない。

　米国のデフレ不況回避策が，日本の経験によって無効であることは明らかであるにもかかわらず，量的緩和一辺倒となる背景には，「貨幣は長期には中立的だが短期には非中立的である」とする現代マクロ経済学における奇妙なコンセンサス（マネタリストからニュー・ケインジアンまでの）があるとみてよいだろう。実際，フリードマンが唱道したマネタリズムの核心的な政策主張は，現在では学派を超えて共有されているといってよい。例えばデ・ロングは，「ニュー・ケインジアンとはマネタリストの別名である」とさえ論じている。[15]

「貨幣の非中立性」とは,伝統的な用法(ケインズ自身がもちいた用法)によれば,貨幣経済においてはまさに貨幣が存在するがゆえに失業と不況が不可避である,という意味であった。ところが,現代マクロ経済学において「貨幣の短期的非中立性」という用語は,リフレーション政策によって貨幣を都合よく操作できるという信仰を意味するようになった。バブル崩壊を次のバブルを生みだすことによって乗り越える A. グリーンスパンとバーナンキの金融政策は,こうした経済理論によって支えられてきた。

しかしながら,FRB による債券市場への資金大量散布は持続不可能である。FRB による米国の長期国債の買い支え自体が米国債への信認を揺るがせつつある一方で,雇用も不動産市況もほとんど回復していない。連邦政府が保証しなければならないフレディマックならびにファニーメイ(住宅ローン専業金融機関)の債券や,州政府などが発行する地方債のデフォルト危機が目前に迫っている。この状況のもと,インフレ率がわずかに上昇しただけでも債券の実質利回りがマイナスになり債券市場は危機に陥る。今後,FRB のバランスシート毀損が明らかになるか,住宅ローン専業金融機関の債券,あるいは米国債,地方債のいずれかの信認が低下した時点で,金融危機が再燃する可能性が高い。

注
(1) 田淵太一「デフレは『貨幣的』現象か?——英国『大不況』(1873-96年)に学ぶ」『山口経済学雑誌』第51巻第5号,2003年,76-77頁。
(2) この時期の物価下落に影響を与えた重要な実物的要因の一つとして,中国からの低価格製品の大量流入が挙げられる。木村達也「CPI 下落への中国輸入ファクターの影響とわが国製造業への示唆」*Economic Review*, Vol. 7, No. 2, 2003は,調査対象とした電機5品目(ノート型PC,デスクトップ型PC,冷蔵庫,TV,エアコン)において,中国製品輸入の要因が CPI 下落に及ぼした寄与度を約3割と算定している。この要因については田淵(2003)も参照。本章ではこうした対外的な要因には立ち入らない。
(3) Keynes, John Maynard, *The General Theory of Employment, Interest and Money; Vol. VII of The Collected Writings of John Maynard Keynes*, London and Basingstoke: Macmillan, 1973, p. 309. (塩野谷祐一訳『雇用・利子および貨幣の一般理論』〔ケインズ全集第7巻〕東洋経済新報社,1983年)。
(4) Keynes, John Maynard, *A Treatise on Money 1: The Pure Theory of Money; Vol. V of The Collected Writings of John Maynard Keynes*, London and Basingstoke: Macmillan, 1971. (小泉明・長澤惟恭訳『貨幣論 I 貨幣の純粋理論』〔ケインズ全集

第5巻〕東洋経済新報社, 1979年)。*A Treatise on Money 2: The Applied Theory of Money; Vol. VI of The Collected Writings of John Maynard Keynes,* London and Basingstoke: Macmillan, 1971. (長澤惟恭訳『貨幣論II　貨幣の応用理論』〔ケインズ全集第6巻〕東洋経済新報社, 1980年)。

(5) ケインズの用語法では, より広義に, 単位あたり利潤マージンを含むものとして用いられることもある。「能率賃金とは産出1単位あたりの賃金を意味する。説明する必要があるが, 『賃金』という用語を私は非常に広い意味で使用しており, 経済学者が言うところの『生産要素への報酬』を包含している。実業家の努力であれ, 資本であれ, 何であれ, 『生産要素への報酬』を『賃金』に含めることは, それほど正確ではないが, 便利なことが多い」(Keynes, *A Treatise on Money 2,* p. 45)。

(6) 田淵太一『貿易・貨幣・権力——国際経済学批判』法政大学出版局, 2006年の第2章では, 「能率賃金」がケインズにとって国際均衡を分析するための重要概念であったという論点に照準を絞った。本章では, 能率賃金の自生的変動が物価変動を引き起こすという点に関するケインズの認識に力点を置く。

(7) Keynes, *A Treatise on Money 1,* p. 314.

(8) Keynes, John Maynard, "The Question of High Wages," *The Political Quarterly,* January-March, reprinted in *Vol. XX of The Collected Writings of John Maynard Keynes; Activities 1929-1931: Rethinking Employment and Unemployment Policies,* London and Basingstoke: Macmillan, 1981, p. 7.

(9) Keynes, John Maynard, "An Economic Analysis of Unemployment," three lectures held in June 1931, in Wright, Q. (ed.), *Unemployment As a World Problem,* Chicago, 1932, reprinted in *Vol. XIII of The Collected Writings of John Maynard Keynes; General Theory and After: Part I; Preparation,* London and Basingstoke: Macmillan, 1973, p. 360.

(10) Bernanke, Ben S. "Deflation: Making Sure 'It' Doesn't Happen Here," 2002, http://www.federalreserve.gov/boarddocs/speeches/2002/20021121/default.htm#fn8 (2011年2月14日閲覧)

(11) CNBC, "Fed Has Aided Stocks, Not Rates or Jobs: CNBC Survey," Dec. 22, 2010, http://www.cnbc.com/id/40771665 (2011年2月14日閲覧)

(12) "Home Prices Are Still Too High," *Wall Street Journal,* Dec. 30, 2010.

(13) Friedman, Milton, "Monetarism in Rhetoric and in Practice," in Ando, A., Eguchi, H., Farmer, R., and Suzuki, Y. (eds.), *Monetary Policy in Our Times,* Cambridge, Mass.: The MIT Press, 1985.

(14) 服部茂幸『金融政策の誤算——日本の経験とサブプライム問題』NTT出版, 2008年, 111頁。同書は, マネタリズムに基づく日米の金融政策がなぜ無効であるかを批判的に論じた, 極めて優れた分析である。日本のデフレの原因を賃金デフレ(単位労働コストの低下)に求める点でも筆者の見解と一致している。なお, 服部茂幸『日本の失敗を後追いするアメリカ——「デフレ不況」の危機』NTT出版, 2010年も参照のこと。

(15) De Long, J. Bradford, "The Triumph of Monetarism?," *Journal of Economic Perspectives,* Vol. 14, No. 1, Winter, 2000.

⒃　田淵太一「金融権力の陰画としてのリバタリアニズム」伊藤誠・本山美彦編『危機からの脱出——変革への提言』御茶の水書房，を参照のこと。

第3章

中小製造業の競争力を支える人材の職種
——大阪府内企業の業態別分析より——

須永　努

1　国内中小製造企業の競争力確保への取り組み

（1）　中小企業を取り巻く環境

　製造業は日本の外貨獲得の上で大きな役割を担っている産業であり，国内製造業の国際競争力の維持，強化は，極めて重要な国家的課題である。しかし，日本の製造企業は1985年のプラザ合意以降，急激なグローバル化の波にさらされてきた。大手製造企業の国内から海外への生産・開発拠点の移転が進むと同時に，アジアを中心とする海外からの製品や部品の輸入が拡大している。こうした国際分業の深化により，もはや，日本国内にのみ立地する中小製造企業であっても，国内企業はもとより，海外企業との競争下に常に置かれている。

　金属プレス用金型メーカーA社によれば，「これからは，アジア単位で考えて仕事をしていかないといけない」という。なぜなら，「日本の大手金型メーカーをリストラされた技術者たちが，中国・東南アジアで技術指導をして人材を育成しており，日本に近いレベルの金型をつくり上げるようになってきている。人件費が日本の10分の1というコストの安い中国製金型と競争していかねばならない」からである。[1]

　また，東南アジアに工場をもつ輸送機器用金属パイプメーカーB社によれば，「海外工場の生産額はアジアの経済発展に伴って増加しており，日本人社員が現地の社員に教え，技術力も日本に追いついてきている。日本人の技能は，海外の若い人材に伝承されていっている。今後も海外の需要は拡大するが，それをつくるのは日本国内ではなく，海外であり，海外展開を推進していく」という。

こうしたグローバル化の進展の中で，日本のものづくりの競争力を支える大きな要素である下請システムにおいては，分業構造のスリム化と取引関係の流動化・オープン化が進んでいる(2)。その過程で国内中小製造企業を取り巻く経済・経営環境は厳しさを増し，2001年から2006年にかけて，常用雇用者300人未満の中小製造企業数は28万8768社から25万5131社へと11.6％も減少した(3)。しかし，こうした企業の淘汰が進む中でも中小企業の製造業の企業全体に占めるシェアは大きく，2006年のデータでは，企業数で98.6％を占め，依然製品・部品づくりにおいて大きな役割を果たしている(4)。

日本の製造企業が今後存続・発展していくためには，規模や業態を問わず，自らのもつ経営資源を活用し，より高度な製品・部品を供給し続けるとともに，的確な経営戦略を講じて自社の競争力を高め，収益性を確保していくことが必要である。そして，そのためには，こうした競争力を支える人材の確保・育成能力を向上させ，高度な業務に対応できる人的基盤を形成することが求められている。

本章では，日本有数の工業集積地であり，工業統計の主要指標において中小企業のシェアが他の都道府県よりも高い大阪府の中小製造企業を事例に(5)，自社の競争力を支える人材の職種について業態別の視点から，企業の今後の競争力確保の方向も見据えながら分析したい。なお分析にあたっては，2010年度に大阪府商工労働部大阪産業経済リサーチセンターが府内の中小製造企業を対象に実施した，「製造企業の競争力を担う人材の確保・育成に関する調査」(以下，「大阪府中小企業人材調査」(6))のデータを主として活用する。

（2） 中小企業の競争力確保への取り組み

製造業で働く多くの人材は，企業に雇用され，各社の経営戦略実現に向けた活動の中で，組織の一員として自らの能力の発揮を求められる。こうしたことから，人材の問題を検討するにあたっては，人件費などを考慮しつつ，従業員を雇用し，育成，活用しながら，経営環境の変化に適合する人的基盤を形成・強化していく企業の状況と，課題についてまず把握しておくことが必要である。

「大阪府中小企業人材調査」から，企業全体の最近5年間の営業利益の状況

第3章　中小製造業の競争力を支える人材の職種

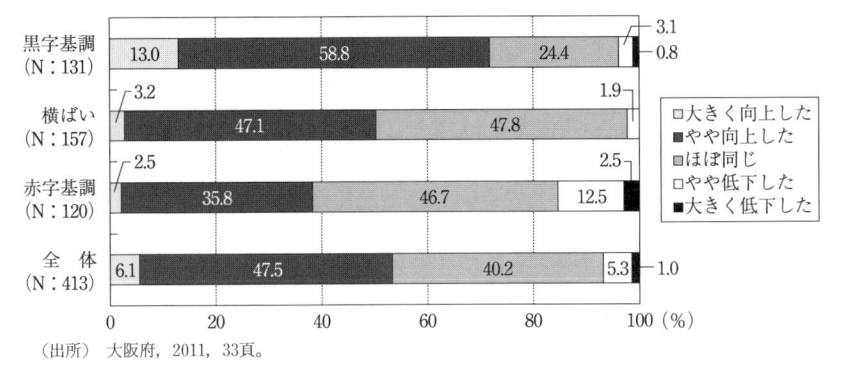

図3-1　最近5年間の営業利益の状況と技術力の変化

	大きく向上した	やや向上した	ほぼ同じ	やや低下した	大きく低下した
黒字基調（N：131）	13.0	58.8	24.4	3.1	0.8
横ばい（N：157）	3.2	47.1	47.8	1.9	—
赤字基調（N：120）	2.5	35.8	46.7	12.5	2.5
全体（N：413）	6.1	47.5	40.2	5.3	1.0

（出所）大阪府，2011，33頁。

をみると，黒字基調33.6％，横ばい37.6％，赤字基調28.8％となっている（有効回答数〔以下，N〕420社）。取り巻く状況は厳しいとされる中でも，収益性を確保している企業は少なくない。

こうした製造企業の競争力を支える要素として最初に挙げられるのは，技術力であろう。同じく「大阪府中小企業人材調査」から営業利益の状況と，5年前に比べた自社の技術力の変化を回答企業全体についてみると，**図3-1**のように，全体の53.6％の企業が「大きく向上した」または「やや向上した」と回答しており，「低下した」と回答した企業の比率は低い。さらに，上述した営業利益の状況別に技術力の変化についてみると，図3-1のように，最近5年間の営業利益が「黒字基調」の企業は，「横ばい」や「赤字基調」の企業に比べて技術力が向上した企業の比率が高い。

このように，技術力向上は，収益性確保における重要な要素となっている。しかし，技術力が向上したにもかかわらず，黒字基調ではない企業の割合が低くないことも，図3-1は示している。技術力向上は，製造企業の競争力確保の重要な要素の一つではあるが，それだけでは，収益性確保には結びつかないのである。

山田は，「日本のモノづくりの行方は，技術力を活かす事業システムのイノベーション能力に託されている」と主張し，今後の日本のモノづくり企業に求められる技術マネジメントについて，「コア能力としての技術力の蓄積努力は，今後も不断に継続すべきではあるが，その技術力の高さのみを武器に競争する

時代ではない」「20世紀後半に成長を遂げた日本企業の競争力の源泉である技術力の不断的な向上努力は，今後も不可欠な要因ではあるが，それに注力するのみでは既存事業における新興企業との競争はもとより，新たな産業や事業を創出するグローバル競争を制することはできない」と指摘している[8]。

　藤本は，「製造企業に足りないのは何か」と問いかけ，「国内販売力，ブランド構築力，戦略構想力など，もの造り能力を補完する『その他の組織能力』の不足に帰着」するとし，企業としての競争力確保のためには，本社の戦略構想力，ブランド構築力，販売力といった会社組織としての能力が重要であり，「強い現場と強い本社の両立」の必要性を指摘している[9]。

　また，経済産業省他編『2010年版　ものづくり白書』は，「我が国製造業が有する優れた技術を最大限にいかし，競争力を強化していくには，市場ごとのニーズ把握のためのマーケティング力の強化と保有技術の市場ニーズへの適用化，複雑化するニーズに対応するための研究開発・製品開発体制の構築を重視していくことが重要である」と指摘している[10]。

　大企業に比べて従業員数の少なさはもとより，設備，資金などの資本力でも劣位にある中小企業について，弘中は，「精度の高い加工ができるとか，難削材が加工できるとか，そういった意味での技術力の高さがそのまま競争力につながるわけではない」ということを，「中小企業は今後強く意識しなければならない。むしろ保有する技術力をどのように活かして競争力を確保するかを検討する必要がある」とし，「今後の中小企業の生き残りは高い技術を持っていたとしてもそれだけでは不十分であり，その技術を活かす方法を考えることこそが課題になる」と指摘している[11]。

　このように，競争力確保のためには，技術力や，生産現場のオペレーションのさらなる強化はもちろん必要であるが，それだけでは競争を勝ち抜くには十分ではない。自社の技術を市場と結びつけ，技術力を売上や利益確保につなげていく上で，研究開発や設計，営業などの分野の重要性が高まっている。このような中で製造企業の競争力について考察する場合，生産現場以外の分野も含めた検討が必要である。

2 製造業の業態と重視される職種

(1) 職種を業態別の視点から分析

　本節では，今後の中小企業の競争力を支える人材として，どのような人材が必要とされているか検討する。なお，人材については，年齢層別，性別，役職別，経験年数別，職業能力別，社会人基礎力別などに区分できる。しかし前節でみたように，企業の競争力確保のためには，研究開発や設計，営業といった生産現場以外の分野の果たす役割も高まっている。そこで本章では，生産現場だけでなく，企業の事業活動に関わる様々な分野の人材も含めて職種別に検討する。

　また，製造業の企業は多種多様であることから，一定の類型に区分して特徴を明らかにすることが有用である。こうした区分の方法として，規模別，業種別といった分析がまず考えられよう。しかし本章では，競争力を支える人材を職種別に考察するにあたり，業態別分析を行うことにしたい。その理由は，下請制などが発達したわが国の社会的生産分業構造の中での中小企業の存立位置による違いをみるには，業態別分析が有効と考えられるからである。

(2) 各業態の特徴

　そこで本章では製造企業を，表3-1のように3つの業態に区分して，競争力を支える人材について分析する。[12]

　収益性を確保しつつ事業を効率的に行っていくことは，業態を問わずどの企業でも同じであるが，「何を，いつ，どこで，どのようにつくるか」など，ものづくりのやり方を自社で考え得る裁量権の大きさは，受注生産か見込生産かによって異なる。見込生産である自社仕様・最終製品型はつくる製品とその仕様を自社で決定し，受注生産である発注者仕様・自社図面作成型，発注者図面・部品加工型は発注者の指示のもとに行う。しかし，発注者仕様・自社図面作成型は，社内で設計図面を作成することにより，発注者図面・部品加工型よりも自社内でのものづくりのやり方を考案できる範囲は広いと考えられる。こ

表3-1 業態と各業態の特徴

業　態	特　徴
自社仕様・最終製品型	自社仕様（企画）で最終製品（自社ブランドの組付部品を含む）を生産している企業
発注者仕様・自社図面作成型	発注者の仕様（依頼）に基づき，自社で図面（または企画書，提案書）を作成し，部品・材料・製品を加工・生産している企業
発注者図面・部品加工型	発注者の図面（指図書）に基づいて，部品や材料を加工・生産している企業

（出所）　大阪府，2011，5頁。

うしたことから，ものづくりを行う裁量権の大きさは，

自社仕様・最終製品型＞発注者仕様・自社図面作成型＞発注者図面・部品加工型

となると考えられる。

　検討に移る前に，今後5年以内に現在の業態を転換する意向についてみておくと，自社仕様・最終製品型企業（N：112）の99.1％，発注者仕様・自社図面作成型企業（N：147）の85.7％，発注者図面・部品加工型企業（N：141）の80.9％が「業態を転換しない」と回答しており[13]，多くの企業は，現在の業態のまま自社の競争力を確保しながら，今後も事業を継続・展開していこうとしている。

（3）　今後の自社の競争力強化において最も大きな役割を果たす人材

　ではまず，今後事業を展開していくにあたって，自社の競争力強化において最も大きな役割を果たす人材として，どのような職種の人材が考えられているかみてみよう。

　図3-2のように，生産・品質・工程管理などを行う生産技術職は，発注者図面・部品加工型で44.3％と最も多く挙げられている。発注者仕様・自社図面作成型でも，発注者図面・部品加工型に比べるとポイント差は大きいが，全体の24.6％がこの職種を挙げ，職種別では2位である。一方，自社仕様・最終製品型では4位となっている。

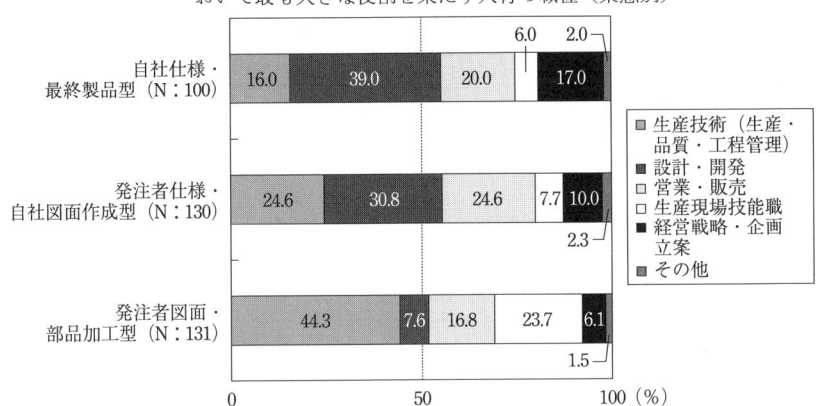

図3-2 今後の事業展開を進めるに当たり、自社の競争力強化において最も大きな役割を果たす人材の職種（業態別）

業態	生産技術（生産・品質・工程管理）	設計・開発	営業・販売	生産現場技能職	経営戦略・企画立案	その他
自社仕様・最終製品型（N：100）	16.0	39.0	20.0	6.0	17.0	2.0
発注者仕様・自社図面作成型（N：130）	24.6	30.8	24.6	7.7	10.0	2.3
発注者図面・部品加工型（N：131）	44.3	7.6	16.8	23.7	6.1	1.5

（注）「購買」「情報処理」の両職種を選択肢に加えていたが、回答数が少なかったため、両職種は「その他」に含めた。
（出所）大阪府，2011，78頁。

設計・開発職は、逆に自社仕様・最終製品型で最も多く挙げられ、また発注者仕様・自社図面作成型でも、自社仕様・最終製品型より回答率は低いが、最も多い。一方、発注者図面・部品加工型では4位となっている。

営業・販売職は、自社仕様・最終製品型、発注者仕様・自社図面作成型で2位、発注者図面・部品加工型でも3位に挙げられている。

生産現場技能職は、発注者図面・部品加工型で2位であるが、他の業態での回答率は低い。

経営戦略・企画立案職は、自社仕様・最終製品型で3位であるが、逆に発注者図面・部品加工型での回答率は低い。

こうしたことから、今後の競争力強化のために企業が確保を必要とする人材は、業態によって違ってくると考えられる。

（4）今後増員する意向のある人材

企業は今後の事業展開において必要性の高い職種の人材を増員していくと考えられる。そこで、次に増員意向のある人材の種類について検討する。

今後増員意向のある人材としては、**表3-2**のように、3業態とも「高度な能

第Ⅰ部　日本経済の変容：流通・中小企業・労働

表3-2　今後増員する意向のある人材

順位	自社仕様・最終製品型		発注者仕様・自社図面作成型		発注者図面・部品加工型	
	人材の種類	回答率(%)	人材の種類	回答率(%)	人材の種類	回答率(%)
1	高度な能力を発揮する営業・購買部門の人材	44.8	高度な能力を発揮する生産部門の人材	44.4	高度な能力を発揮する生産部門の人材	43.9
2	高度な能力を発揮する生産部門の人材	42.9	高度な能力を発揮する営業・購買部門の人材	40.3	高度な能力を発揮する営業・購買部門の人材	32.8
3	研究開発，経理，知財等，特定分野の専門的能力を有する人材	42.6	研究開発，経理，知財等，特定分野の専門的能力を有する人材	36.4	生産現場などで，もっぱら定型的業務に従事する人材	21.4
4	経営戦略・企画立案に従事する人材	18.9	経営戦略・企画立案に従事する人材	23.6	研究開発，経理，知財等，特定分野の専門的能力を有する人材	21.0
5	生産現場などで，もっぱら定型的業務に従事する人材	9.7	生産現場などで，もっぱら定型的業務に従事する人材	21.6	経営戦略・企画立案に従事する人材	11.5
6	事務部門でもっぱら定型的業務に従事する人材	0.0	事務部門でもっぱら定型的業務に従事する人材	3.4	事務部門でもっぱら定型的業務に従事する人材	4.2

（注）　回答率は，人材の種類ごとに，「増やす」と回答した企業の比率。
（出所）　大阪府，2011，68-71頁より作成。

力を発揮する生産部門の人材」を増員する意向の企業が多く，いずれの業態も4割を超えている。

　また，「高度な能力を発揮する営業・購買部門の人材」を増員意向の企業も，自社仕様・最終製品型と発注者仕様・自社図面作成型で4割，発注者図面・部品加工型でも3割を超えている。

　「研究開発，経理，知財等，特定分野の専門的能力を有する人材」を増員意向の企業は，自社仕様・最終製品型で4割を超え，発注者仕様・自社図面作成型でも3割半ばと多いが，発注者図面・部品加工型では約2割と，他の業態に比べると少ない。

　また，「経営戦略・企画立案に従事する人材」についても，発注者図面・部

品加工型では増員意向の企業が他の2業態に比べて少ない。その一方で、「生産現場などで、もっぱら定型的業務に従事する人材」については、自社仕様・最終製品型で増員意向の企業が他の業態に比べて少ない。

3　企業競争力確保の方向と人材の確保・育成面の課題

前節でみたように、今後の事業展開で重視・必要視されている人材の職種は業態別により違いがみられる。そこで本節では、こうした違いが生じている背景について考察したい。

(1)　企業競争力確保の方向

まず、企業競争力確保の方向についてみてみよう。商取引活動を通じて収益性を確保していくための競争力の保持なしに、企業が存続することは不可能である。経営環境が厳しさを増しているとはいえ、現在活動している中小企業は、自社に何らかの強みをもつからこそ存立できていると考えられる。

市場での優位性を確保し、自社の存続・発展の要因であったこれまでの競争力と、今後強化していく（今後も引き続き強化していく）競争力について、業態別にみると、**表3-3**のとおりである。

①自社仕様・最終製品型

自社仕様・最終製品型では、これまでと同様、「製品の高品質・高付加価値化」「新製品の開発」における競争力を引き続き強化するとともに、「新市場の開拓」において今後の自社の競争力を強化しようという企業が多い。

金属製配管用製品メーカーC社は、販売シェア向上のためには、「新しい製品を開発する」ことと「品質の良いものをつくる」ことが重要であるという。開発には、全く新しい分野に進出する場合と、既存製品のコストを引き下げる場合があるが、いずれにせよ顧客が困っていることを解決できるようにすることをねらいとして、製品開発を行っている。

②発注者仕様・自社図面作成型

発注者仕様・自社図面作成型では、これまでと同様、「製品の高品質・高付

表3-3 これまでと今後の

	自社仕様・最終製品型					発注者	
	これまでの自社の存続・発展の要因であった競争力（N：108）		今後強化していく（今後も引き続き強化していく）競争力（N：102）		ポイント平均差	これまでの自社の存続・発展の要因であった競争力（N：137）	
	P	P/N(A)	P	P/N(B)	(B)−(A)	P	P/N(A)
製品の高品質・高付加価値化	193	1.79	171	1.68	−0.11	232	1.69
新製品の開発	120	1.11	157	1.54	0.43	77	0.56
製品の低価格化	49	0.45	37	0.36	−0.09	78	0.57
単品・小ロット対応力	69	0.64	32	0.31	−0.33	108	0.79
既存市場での強い営業力	71	0.66	52	0.51	−0.15	93	0.68
新市場の開拓	42	0.39	100	0.98	0.59	41	0.30
納期対応力	61	0.56	33	0.32	−0.24	131	0.96
その他	3	0.03	5	0.05	0.02	8	0.06

（注）値（P）は，回答欄に記入された順位に基づいて1位を3点，2位を2点，3位を1点とし，回答欄に順有効回答数で除したもの。
（出所）大阪府，2011，37-40頁より作成。

加価値化」における競争力を強化するとともに，「新製品の開発」（新しい組立技術の開発など），「新市場の開拓」において今後自社の競争力を強化しようという企業が多い。

前出の金属プレス用金型メーカーA社では，海外で安い金型の製造が可能になり，技術レベルも向上してきている中で，薄い板厚で複雑な形状であっても鉄板が割れない金型づくり，成形性の難しい素材を加工する技術力などが求められている。「中国にはない三次曲面の深絞り技術，微妙な曲面を出せる技術，日本の方が進んでいるCADや3Dシミュレーションの技術を伸ばすとともに，原価を抑えることが受注確保にとって重要」となっている。

化粧品メーカーD社は，OEMで生産を行っている。以前製品企画は発注企業が行っていたので，同社では製造面の工夫だけをすればよかったが，最近は発注企業から製品の企画提案まで求められるようになり，競合他社より優れた製品開発の提案をしなければならなくなっている。そこで，引き続き生産管理体制を充実させつつ，今のトレンドをとらえた製品の研究開発機能を，原料メーカーなどとも連携しながらいっそう強化していこうとしている。

第3章 中小製造業の競争力を支える人材の職種

自社の競争力

仕様・自社図面作成型			発注者図面・部品加工型				
今後強化していく（今後も引き続き強化していく）競争力（N：138）		ポイント平均差	これまでの自社の存続・発展の要因であった競争力（N：138）		今後強化していく（今後も引き続き強化していく）競争力（N：129）		ポイント平均差
P	P/N(B)	(B)−(A)	P	P/N(A)	P	P/N(B)	(B)−(A)
249	1.80	0.11	238	1.72	260	2.02	0.29
135	0.98	0.42	33	0.24	97	0.75	0.51
56	0.41	−0.16	101	0.73	67	0.52	−0.21
58	0.42	−0.37	131	0.95	67	0.52	−0.43
84	0.61	−0.07	88	0.64	66	0.51	−0.13
112	0.81	0.51	14	0.10	77	0.60	0.50
71	0.51	−0.44	162	1.17	112	0.87	−0.31
8	0.06	0.00	12	0.09	10	0.08	−0.01

位を明記せず，3つ以内に○をつけたものについては，○を1点として合計点を算出し，これを

③発注者図面・部品加工型

　発注者図面・部品加工型では，これまでと同様，「製品の高品質・高付加価値化」「納期対応力」における競争力を今後も引き続き強化していくとともに，「新製品の開発」（新しい加工技術の開発など）「新市場の開拓」においても今後競争力を強化していこうという企業が多い。

　めっき加工業のE社は技術開発を，「新規の全くこれまでにない技術の開発」と「得意先から依頼された開発」の2本立てで行っている。得意先から与えられた課題には，必ずトライしてみるようにしており，また，展示会にも積極的に出展している。なぜなら，メーカーの要望を聞き，どのような技術を開発すれば，販路が広がる可能性があるかどうかを考えるヒントが得られるからである。

（2）　自社の競争力を強化していくための人材の確保・育成面の今後の課題

　次に，自社の競争力を強化していくための人材の確保・育成面の今後の課題をみると，**表3-4**のように，上位5位の項目は3業態とも同じであり，「将来有望な若手人材の採用」「若手社員の育成」といった若年層社員の採用・育成，

表3-4 自社の競争力を強化していくための人材の確保・育成面の今後の課題

順位	自社仕様・最終製品型 (N:111)		発注者仕様・自社図面作成型 (N:146)		発注者図面・部品加工型 (N:144)	
	課題	回答率(%)	課題	回答率(%)	課題	回答率(%)
1	将来有望な若手（35歳未満）人材の採用	64.9	将来有望な若手（35歳未満）人材の採用	56.2	管理・監督者の育成	61.8
2	管理・監督者の育成	49.5	管理・監督者の育成	54.1	将来有望な若手（35歳未満）人材の採用	55.6
3	若手社員の育成	47.7	中堅社員の育成	47.9	熟練技能を受け継ぐ人材の確保・育成	46.5
4	熟練技能を受け継ぐ人材の確保・育成	39.6	若手社員の育成	47.3	若手社員の育成	44.4
5	中堅社員の育成	36.9	熟練技能を受け継ぐ人材の確保・育成	45.2	中堅社員の育成	35.4

(注) 複数回答。
(出所) 大阪府，2011，44頁。

「管理・監督者の育成」「中堅社員の育成」といった業務を円滑に遂行していくための中堅層社員の能力向上，「熟練技能を受け継ぐ人材の確保・育成」といったベテランからの技能継承が挙げられている。しかし，業態間で回答率に差がみられる。

自社仕様・最終製品型では「将来有望な若手人材の採用」「管理・監督者の育成」「若手社員の育成」の順となっているが，1位の「将来有望な若手人材の採用」の回答率が突出して高く，2位の「管理・監督者の育成」との間に15.4ポイントの開きがあり，特に若手人材の確保が多くの企業の課題となっている。

発注者仕様・自社図面作成型も「将来有望な若手人材の採用」が最も多いが，2位の「管理・監督者の育成」とのポイント差は2.1ポイントとわずかである。また，他の業態に比べて「中堅社員の育成」を挙げた企業の比率も高い。さらに順位は5位ながら，「熟練技能を受け継ぐ人材の確保・育成」を挙げる企業の比率も高い。すなわち，若手人材の確保とともに，管理・監督者や中堅社員の育成，熟練技能の継承が多くの企業の課題となっている。

発注者図面・部品加工型では，他の業態と異なり，「管理・監督者の育成」

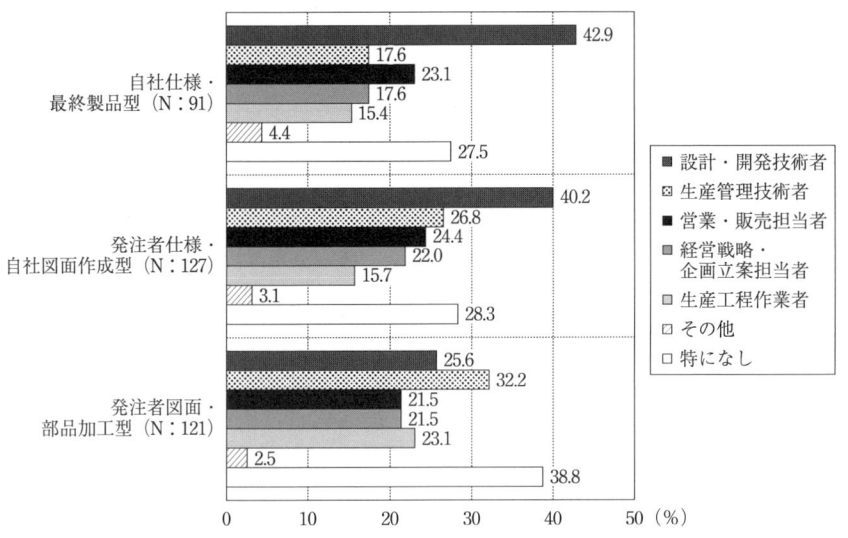

図 3-3　今後の事業展開に必要であるが，採用しにくい人材

自社仕様・
最終製品型（N：91）
- 設計・開発技術者　42.9
- 生産管理技術者　17.6
- 営業・販売担当者　23.1
- 経営戦略・企画立案担当者　17.6
- 生産工程作業者　15.4
- その他　4.4
- 特になし　27.5

発注者仕様・
自社図面作成型（N：127）
- 設計・開発技術者　40.2
- 生産管理技術者　26.8
- 営業・販売担当者　24.4
- 経営戦略・企画立案担当者　22.0
- 生産工程作業者　15.7
- その他　3.1
- 特になし　28.3

発注者図面・
部品加工型（N：121）
- 設計・開発技術者　25.6
- 生産管理技術者　32.2
- 営業・販売担当者　21.5
- 経営戦略・企画立案担当者　21.5
- 生産工程作業者　23.1
- その他　2.5
- 特になし　38.8

（注）　複数回答。
（出所）　大阪府，2011，66頁。

を挙げた企業が最も多く，次いで6.2ポイント差で「将来有望な若手人材の採用」の順となっている。また，「熟練技能を受け継ぐ人材の確保・育成」を挙げた企業の比率も高い。すなわち，管理・監督者の育成，若手人材の確保とともに，熟練技能の継承も多くの企業の課題となっている。

（3）　今後の事業展開に必要ではあるが，採用しにくい人材

　前節でみたように，競争力確保のために，職種によっては高い採用意欲をもつ企業が少なくない。近年労働市場は，高い失業率のもと買い手市場であり，[14] また，製造業では就業者数が減少し，製造業での就業経験をもつ求職者も少なくないと思われるが，企業がほしい人材を確保できているか，みてみよう。

　図 3-3 は，今後の事業展開において必要ではあるが，採用しにくい人材を示している。

　自社仕様・最終製品型では，「設計・開発技術者」が42.9％と突出して最も高く，2位の「営業・販売担当者」と20ポイント近い大きな開きがある。

　発注者仕様・自社図面作成型でも，「設計・開発技術者」が40.2％と最も高

く，2位の「生産管理技術者」と15ポイント近い開きがある。

　発注者図面・部品加工型では，「生産管理技術者」が32.2％と最も高いが，2位の「設計・開発技術者」との開きは小さく，また，3位が「生産工程作業者」となっている点も特徴的である。

　発注者仕様・自社図面作成型の電気機械器具メーカーF社によれば，「求人倍率が低いので，求人側に有利といわれるが，ほしい人材が採れるわけではない。今はトップクラスの人材が採れるチャンスと思って4～5人に内定を出していたら，他の会社に行くと全員が断ってきた」という。「当社がほしいと思う人材は，他社もほしい人材だからなのだろう」とのことであった。このように，失業率は高くとも，多くの企業では，競争力確保に必要な人材が容易に採用できている状況ではない。

4　業態別にみた企業競争力を支える人材の職種の特徴

　日本の中小製造企業は，グローバル化などの経営環境の変化に対応し，競争力を確保していくための人的基盤の強化が求められている。しかし業態が違えば，今後必要とされる人材の職種に違いがみられることから，その背景について，前節において考察した。これまでの検討から，本章で取り上げた3業態の企業における職種をめぐる状況について，以下のようにまとめられよう。

（1）　自社仕様・最終製品型企業

　今後の自社の競争力確保にあたり，設計・開発職が最も大きな役割を果たすとし，当職種の人材を拡充していこうとしている。その背景には，既存製品の高品質，高付加価値化を図っていくとともに，今後も新製品の開発において大きな役割を果たすことが期待されているためと思われる。しかし，若手人材の採用意欲は強いが，人材確保は容易ではない。

　また，営業・販売職の競争力確保に果たす役割も高まっており，増員意向も強い。その背景には，今後の新市場開拓とともに，顧客のニーズを設計・開発部門に伝え，新製品開発や既存製品の高付加価値化を図っていく上での役割が

高まっているためと思われる。

　生産技術職など，高度な能力を発揮する生産部門の人材も増員意向の企業は多いものの，他の業種に比べると，生産技術人員に対する重視度は相対的にみてやや低い。

　逆に，経営戦略・企画立案職の競争力強化に果たす役割を重視する企業は少なくなく，新市場開拓など今後の効果的戦略立案が求められているためと考えられる。

（2）　発注者仕様・自社図面作成型企業

　今後の自社の競争力確保にあたり，設計・開発職が最も大きな役割を果たすとする企業が多い。その背景には，設計による生産工程の効率化，既存製品の高品質，高付加価値化を図っていくとともに，新製品（新技術）の開発力強化に今後取り組んでいく意向が強いためと思われる。しかし，自社仕様・最終製品型企業と同様に若手人材の採用意欲は強いが，人材確保は容易ではない。

　また，自社仕様・最終製品型企業よりも生産技術職を今後の競争力確保において重視しており，高度な能力を発揮する生産部門の人材も増員意向の企業が多い。この背景には，発注者の製品に対する高度な要求への対応，今後の製品の高品質化，高付加価値化において，製造現場の管理・監督者などの重要性が引き続き認められるためと考えられる。しかし，管理・監督者の確保・育成も容易ではない。

　さらに営業・販売職も，競争力確保に果たす役割が高まっており，増員意向も強い。その背景には，新市場開拓を今後進めていくことなどから，顧客のニーズを設計や生産部門に伝え，顧客にも自社にもメリットのある設計をし，収益性向上を念頭に置いた効率的生産方法を考案していく役割が高まってきているためと思われる。

　また，経営戦略・企画立案職についても，競争力確保に果たす役割を重視する企業が一定数みられ，増員意向をもつ企業の比率は3業態の中で最も高い。これは，新技術開発や新市場開拓など新たな分野へ挑戦していくに際して，的確な戦略立案が求められているためと考えられる。

（3） 発注者図面・部品加工型企業

　今後の自社の競争力確保にあたり，他の業態に比べて生産技術職が最も大きな役割を果たすとする企業が多く，高度な能力を発揮する生産部門の人材を拡充していこうとしている。その背景には，既存製品の高品質，高付加価値化と納期対応力における競争力を今後も引き続き強化していく意向があるためと思われる。こうした中で，管理・監督者の育成を課題とし，生産管理技術者の採用も容易ではない企業が多い。

　また，今後の自社の競争力確保にあたって最も大きな役割を果たす人材として，生産現場技能職を挙げる企業が多いことも特徴である。その背景には，生産技術職同様，製品の高品質，高付加価値化における競争力の強化を図っていく上で，品質の作り込みや納期の対応などにおいて果たす役割の大きさがある。この職種の人材の採用も容易でない企業が少なくなく，若手人材確保とともに，熟練技能を受け継ぐ人材の確保・育成が課題となっている。

　営業・販売職についても，増員意向をもつ企業が少なくない。この背景には，製品の高付加価値化や新製品（新技術）開発，新市場開拓などにおいて，自社の製造部門と顧客との間の円滑な調整などの関係構築の重要性が高まっているためと思われる。

　研究開発などを行う人材へのニーズは他の業態に比べると，大きくはない。新技術の開発力強化の意向はあるが，こうした職種の人材確保は困難な状況であり，技術開発は専任の開発技術者ではなく，社内の生産技術者が産学官連携や，取引先の設計・開発技術者などとの連携によって行っていこうとしていると考えられる。

　経営戦略・企画立案職についても，増員意向をもつ企業は少ない。この背景には，企業規模の小ささとともに，事業活動の領域の狭さが考えられる。

　このように，社会的生産分業の中での存立位置の違いにより，中小製造企業の今後の競争力確保に向けた方向が異なり，そのための職種別の人的基盤形成に向けた取り組みには違いがみられる。しかし本章では，労働条件などの雇用制度，非正規労働者の活用などの雇用形態，従業員の教育訓練など他の競争力

を支える重要な諸要素について触れることができなかった。これらについては，別稿を期したい。

注
(1) 本章で取り上げる企業事例は，後述する「大阪府中小企業人材調査」の中で2010年11月〜12月に行った企業ヒアリングによる。
(2) 村社隆「下請システムと中小企業」髙田亮爾・上野紘・村社隆・前田啓一編著『現代中小企業論』同友館，2009年，79頁。
(3) 総務省「平成18年　事業所・企業統計調査」2007年。
(4) 総務省，2007。
(5) 大阪府の製造業は，事業所数では4万1059と都道府県で最も多く（全国シェア9.3％），従業者数では56万1145人，付加価値額では6兆4280億円といずれも愛知県に次いで全国2位（それぞれ同6.4％，6.3％），製造品出荷額等では18兆4033億円と愛知県，神奈川県，静岡県に次いで4位（同5.4％）である。また，大阪府の製造業の特徴として，中小事業所の果たす役割が大きい。例えば，事業所規模29人以下の粗付加価値額では，大阪府は1兆7912億円と，愛知県の1兆5781億円を上回っている（経済産業省『平成20年　工業統計表〔産業編〕』）。
(6) 総務省（2007）の事業所名簿の大阪府内に本社のある常用雇用者20人以上300人未満の製造業の企業の中から，無作為抽出した2000社を対象に2010年9月に実施されたアンケート調査の回答データ（有効発送数1887，有効回答数425，有効回答率は22.5％）である。調査結果は，大阪府商工労働部大阪産業経済リサーチセンター（以下，大阪府）『大阪府内中小製造企業の人材戦略──企業競争力を担う人材の確保・育成面の対応』2011年として，取りまとめられている。
(7) 大阪府，2011，30頁。
(8) 山田基成『モノづくり企業の技術経営──事業システムのイノベーション能力』中央経済社，2010年，はしがき2頁，275頁。
(9) 藤本隆宏『日本のもの造り哲学』日本経済新聞社，2004年，299，348頁。
(10) 経済産業省・厚生労働省・文部科学省編『2010年版　ものづくり白書』経済産業調査会，2010年，165頁。
(11) 弘中史子『中小企業の技術マネジメント──競争力を生み出すモノづくり』中央経済社，2007年，167-168頁。
(12) 以下では「大阪府中小企業人材調査」のアンケート回答結果を用いる。なお，この3業態別に回答企業を区分してみると，自社仕様・最終製品型27.2％，発注者仕様・自社図面作成型35.8％，発注者図面・部品加工型34.9％，その他2.2％である（N：416）。複数の型をもつ企業は，売上高の最も大きな業態としている。また，この3業態の企業規模について，社員数29人以下の企業の割合，50人以上の企業の割合はそれぞれ，自社仕様・最終製品型（N：102）が29.4％，31.4％，発注者仕様・自社図面作成型（N：134）が29.9％，47.8％，発注者図面・部品加工型（N：132）が37.1％，31.1％であり，発注者仕様・自社図面型で比較的規模の大きな企業が多く，発注者図面・部品加工型で

比較的規模の小さな企業が多い（大阪府，2011，32頁）。
(13)　大阪府，2011，36頁。
(14)　総務省「労働力調査」（基本集計），2011年のモデル推計による参考資料としての都道府県別結果によれば，2010年平均の大阪府の失業率は6.9%と，沖縄県の7.6%に次いで2番目に高かった（全国平均は5.1%）。

第4章

東京電力福島原発事故の歴史的背景
—— サッチャーの「地球温暖化 CO_2 説」を中心に ——

山﨑勇治

1 東京電力福島原発事故の背景

　本章は，東京電力福島原発事故の背景を，M. サッチャー，D. レーガン，中曽根康弘の3人の強力な原発の世界戦略からみようとするものである。第一に，なぜサッチャーがイギリス炭鉱と炭鉱労働者を徹底的に嫌って原発に傾いたのかを，イギリス炭鉱ストライキ（1984～85年）から明らかにする。第二にサッチャーが炭鉱ストライキ弾圧後，地球温暖化の要因を従来の説を覆して，石炭や石油など化石燃料の CO_2 説を主張し，ついに IPCC や，京都議定書へと発展していく過程をみる。第三に，「ウイリアムズバーグ・サミット」での，サッチャー，レーガン，中曽根の三巨頭の出会いと，中曽根がレーガンとサッチャーを助け，ロン・ヤスの関係を築き，ついには，レーガンから原発燃料に関する日米原子力協定の改定を認めさせる過程をみていく。戦後から今日までの日本の原発政策の展開過程で中曽根がいかなる役割を果たしたのかをみる。最後にその関連の中から福島原発事故とは何であったのか，その背景を検討する。

2　サッチャーの炭鉱ストライキから得た教訓：原発の必然性の根拠づくり

（1）英国国営放送 BBC ドキュメンタリーが語る「サッチャーの地球温暖化欺瞞」

　地球の温度は，太陽から届く日射（光）と，地球から放出される熱とのバランスにより一定の温度に保たれている。しかし，人間の活動が活発になり，化石燃料等の使用が増えるにつれて，温室効果ガスが大気中に大量に放出され，

その濃度が増加し，大気中に吸収される熱が増えたことにより，地球規模での気温上昇（温暖化）が進行している。これが地球温暖化である。

このように地球の温暖化を主張したのは，イギリスのM. サッチャー首相である。サッチャーのこのような地球温暖化理論には以前から不透明な部分があるといわれていた。それが英国国営放送BBCのドキュメンタリーで明らかになった。2009年7月12日に放映された「証言者が語るサッチャーの地球温暖化欺瞞」がそれである。

筆者は，サッチャー首相をはじめ，その当時のサッチャーの右腕で，エネルギー担当大臣であったN. ローソンなど著名な科学者や，大学教授たちが次々と証言するのをみて，衝撃を受けた。伝統あるBBC放送のドキュメンタリーであるため，信憑性が高い。それぞれの人物が語る様は圧巻でさえあった。まずはこのドキュメンタリーを紹介する。(1)

ナレーター：サッチャーにとってエネルギーは政治問題でした。1970年代初頭のオイルショックで世界は不景気へ突入しました。炭坑夫はE. ヒース率いる保守政権を崩壊させました。サッチャーは同じことが起きないように炭坑夫の影響力を破壊しようと決心しました。

サッチャー首相：「この国で私たちが目にしているのは，組織化された革命的少数派の出現です。労使紛争につけこもうとしていますが，彼らの真の目的は法と秩序の破壊であり民主的議会政治の破壊です。」

N. コールダー（『ニューサイエンティスト』編集者）：「こういった問題の政治化はサッチャーから始まりました。」

N. ローソン（サッチャー政権下，1981〜83年エネルギー大臣，1983〜89年大蔵大臣）：「彼女は原子力の推進に非常に関心がありました。私がエネルギー省大臣だった時のことです。気候問題が話題になるずっと前のことです。

彼女はエネルギー安全保障を心配していました。中東も炭坑労働者も信用しませんでした。つまり石油も石炭も信用しませんでした。それで原子力を推進しなければならないと考えていました。

気候変動と地球温暖化が話題となった時，彼女はこれはよいと思ったのです。

CO_2 を排出しないから論拠になる。原子力に向うべき理由になると。

　これがおおよそ彼女が実際にいっていたことです。それ以降，事実はねじ曲がっていきました。」

N. コールダー：「サッチャーは英国王立協会に行って，科学者たちにいいました。"お金は用意してある。これを証明して欲しい。"もちろん，科学者たちはやりました。」

P. ストット（ロンドン大学生物地理学者）：「政治家が名前を出して何かを支援したりすると，お金が流れ込むのは当然です。そのようにして調査・開発組織が泡のように立ち上がり，CO_2 と気温の関係に重点を置いた気候調査が行われることになりました。」

ナレーター：サッチャーの要請で英国気象庁は気候モデル部門を設立しました。それが新しく国際委員会となり，気候変動に関する政府間パネル IPCC の基礎となりました。

N. コールダー：「彼らが最初に発表したレポートは，地球温暖化の結果，気候災害が起こるという予測でした。私は記者発表を見に行ったのですが，二つのことに驚きました。

　一つ目は，メッセージは単純かつ雄弁で発表は活気に満ちていました。

　二つ目は，それまでの気象科学を完全に無視していることでした。

　たった数ヶ月前の王立協会の会議では，太陽の役割が主題だったにもかかわらずです。」

ナレーター：環境問題として人為的 CO_2 に注目したのはサッチャーだけではありませんでした。

N. コールダー：「環境保護思想にとっても都合のよいものでした。私は中世環境主義と呼んでいます。"中世の頃の暮らしに戻ろう，忌まわしい車や機会を無くそう"など，彼らは大変気に入りました。CO_2 とは工業化の象徴だったからです。」

F. シンガー（全米気象衛星サービス前社長）：「明らかに CO_2 は工業ガスであり，経済成長，車による輸送など，いわゆる文明と関係しています。環境運動の中にはたんに経済成長に反対している勢力があるのです。彼らはそういったものを悪だと考えているのです。」

P. ストット：「すでにあった神話の正当化に使われたのです。反自動車，反成長，反開発，そして何よりも大悪魔アメリカ，反米です。」

ナレーター：P. ムーアは彼の世代の環境運動の第一人者です。グリーンピースの共同設立者です。

P. ムーア（環境保全活動家，2001年エリザベス女王からナイト爵位授与）：「焦点が気候へ移ったのは二つの理由からです。一つ目は，80年代中頃までには大多数の人々は私達環境活動家の主張のうち，合理的なものには全て賛同していました。

大多数の人が賛同しているのに，それと対立的になるのはとても困難です。そして反体制を続ける唯一の道は，今まで以上に過激な立場を取ることでした。

私がグリーンピースを去った時，世界中で塩素を禁止するキャンペーンをするかどうか決めていた最中でした。

私はこんな風にいいました。"君たち，これは元素周期表に載っている元素の一つだよ"。"一元素全てを禁止しようとするのが私達の役割なんだろうか"。

環境過激派が生まれたもう一つの理由は，世界中で共産主義が失敗したからです。ベルリンの壁が崩壊し，多くの平和運動家や政治活動家は環境保護活動へと移行しました。

新マルクス主義をもち込み，環境保護用語の使い方を身に付けました。そうしてエコロジーや科学ではなく，反資本主義や反グローバリゼーションに関係したアジェンダを巧みに覆い隠しました。」

N. ローソン：「左派は社会主義とマルクス主義の失敗により少し方向性を失っていました。

したがって，彼らは昔と同じように反資本主義者のままですが，反資本主義を隠す新しい口実が必要でした。」

N. コールダー：「それは驚くべき一種の同盟関係でした。右派のサッチャーから極左の反資本主義・環境活動家までです。それがおかしな思想を背景にこの様な勢いをつくり出しました。」

ナレーター：1990年代初頭，人為的地球温暖化は少しも奇抜な説ではなくなりました。

それは本格的な政治キャンペーンでした。メディアの注目を集めた結果，政府

第 4 章　東京電力福島原発事故の歴史的背景

助成金が増えました。
R. リンゼン（マサチューセッツ工科大学気象学教授）：「ブッシュ・シニア以前の気候や気候関連科学への助成額は年間170億ドル程度だったと思います。この分野の規模としては妥当です。それが年間2000億ドルに跳ね上がりました。10倍以上になりました。ええ，それで大きく変わりました。つまり，仕事がたくさん増え，本来なら関係ない新しい人々が流入しました。彼らが興味をもっている分野は地球温暖化だけでした。」
N. コールダー：「例えば，私がサセックスのリスを研究したいと思ったら，1990年以降であれば研究費の申請書にこう書きます。"地球温暖化の影響に関するリスの採集行動について調査したい"これなら資金を得られるでしょう。もし地球温暖化に言及するのを忘れたら，資金は得られないかも知れません。」
F. シンガー：「この小さな科学分野に巨額の資金が投入されたことで，科学全体の取り組みが歪められたのは確かだと思います。」
R. リンゼン：「みんな資金を得るために競争しています。もしあなたの研究分野が話題の中心なら資金の必要性を説明するのは簡単でしょう。」

（2）　1984〜85年炭鉱ストライキの歴史的背景

　このドキュメンタリーから確実にわかることは，サッチャーは目的を達成するために，1984〜85年の史上最長の炭鉱ストを徹底的に弾圧しようとしたことである。
　そこで，サッチャーが政治生命をかけて闘った，1984〜85年の炭鉱ストライとはどのようなものであったのかを山﨑勇治『石炭で栄え滅んだ大英帝国――産業革命からサッチャー改革まで』から検討する。
　イギリス産業革命を支えてきた石炭は，第一次世界大戦までは，製鉄用炭として，家庭暖房用炭として，発電用炭として，化学用炭として幅広くイギリス経済に貢献し，雇用面では，農業を抜いて第1位であり，国際収支では10％を占めて一大産業であった。
　第一次世界大戦後は，ドイツやアメリカの工業の発展とともに，その地位が逆転し，イギリス石炭業は苦境に陥った。その結果が，ゼネラルストライキと

して1926年に現れた。

　第二次世界大戦後のイギリス石炭業は，戦争直後の石炭不足をカバーするには，あまりにも資本金が不足していた。結局労働党政権は，炭鉱の国有化で，国民の要請に応えようとした。

　しかし，戦後経済が安定するにつれて，石油や電力に押されて石炭過剰問題が発生してきたため，国有化された炭鉱業はまたもや経営難となった。そこで，H. ウイルソン労働党政権は，利潤発生源での一定の利潤確保を目指して「所得政策」に経営方針を切り替えた。国有化は，賃金部分が利潤に対して大きすぎると，労働党内閣ですら自覚し始めたのである。ヒース保守党内閣は，それでも経営赤字が解決できないとみるや，不良炭鉱の閉鎖と，労働組合の弱体化を遂行しようとした。

　しかし，ヒース首相が「イギリスを支配するのは政府か炭鉱労働組合か」と総選挙に打って出て総選挙で訴えたが，A. スカーギル全国炭鉱労働組合（NUM）副委員長の1972年と74年のフライング・ピケットという新ストライキ攻撃方の前に同政権は崩れ去った。

　この苦い経験は，サッチャーにとって教訓として残っている。1979年，保守党のサッチャーが，満を持して登場した。

（3）　サッチャーと史上最長の炭鉱スト（1984年3月3日〜85年3月3日）

　サッチャーは，1979年に，スタグフレーションと，失業，インフレ，国際収支の赤字のいわゆる「イギリス病」退治のために79年に首相に就任した。これらの根源である不良炭鉱の閉鎖とそれに抵抗する炭鉱労働組合の弱体化を実行しなければならなった。

　アメリカで「組合つぶし屋」と恐れられていたI. マクレガーを見込んで，サッチャーは石炭庁総裁に招聘した。彼は，E. ヒースの二の舞いにならぬように周到な用意のもとで不良閉鎖を宣言し，ストライキに打ってくる炭鉱労働者を1年がかりでつぶしていった。まず史上最長といわれる1984年3月から85年3月までの炭鉱ストについて，以下の4段区分にしたがって推移をみることにする。

第 1 段階：マクレガーの石炭庁総裁就任と不良炭鉱封鎖宣言（1983年9月1日〜1984年3月5日）

1983年9月1日，全国石炭庁総裁となったマクレガーは，長期的な炭鉱業の合理化計画の一環として84年度の20炭坑，2万人の削減をいつどのような形で提案するべきか，そのタイミングのみを考えていた。マクレガーは74炭鉱ストの経験を鑑みひたすら春の到来を待ったのである。

第 2 段階：マクレガー総裁の挑発と炭鉱スト発生（1984年3月6日〜7月18日）

チャンス到来とばかり，マクレガーは3月6日，突如として大規模な合理化計画案を公表した。「1984年度中に174鉱のうち20の不良炭鉱の閉鎖，約2万人の削減を行う」という内容であった。

スカーギル炭労委員長は，1984年雇用法を無視して全国投票抜きでストに入れる地域からストに突入するように指令を出した。

炭鉱ストの展開は74年炭鉱ストの年とは大きく違っていた。「80年雇用法」のフライング・ピケットの禁止および「82年雇用法」の他の組合の同情ストの禁止の効果がいかんなく発揮された。今回の炭鉱ストの特徴の一つに炭労が分裂し，スト反対の地域が発生したことである。サッチャー首相およびマクレガーの思惑通りのスト展開となった。

第 3 段階：現場監督組合のスト権確立とマクレガーのピンチ（1984年7月19日〜10月31日）

この段階の最大の争点は「炭坑閉鎖をするかどうかは独立した調査機関の調査結果に従う」とする炭労と，「最終的判断は全国石炭庁にある」とするマクレガーの主張であった。

第 4 段階：マクレガーの高姿勢からスカーギルの敗北（1984年11月1日〜85年3月3日）

マクレガー総裁とスカーギル炭労委員長とはお互いに引くに引けない崖っぷちに立たされてしまった。

年が明けて1985年1月24日，マクレガーは「全国石炭庁が非経済的な炭坑と判断した炭坑の閉鎖を認める」と組合が文書で明らかにしない限り，いかなる

交渉のテーブルにつかない，と声明を発表した。2月末には，全体の半数以上がスト脱落者となった。

スカーギルはついに炭鉱ストを打ち切るかどうかの選択を迫られた。3月3日，スカーギルは炭労特別代表委員会をTUC本部で開いた。3月5日，正式に職場復帰を決定し，1年にわたる炭鉱ストに終止符を打った。壮絶な戦いはついにマクレガーの勝利，スカーギルの敗北に終った。

（4） インタビューからみた炭鉱スト関係者の証言

次に炭鉱ストライキの当事者の生の声を聴いてみよう。筆者は炭鉱ストの終了直後の1986年彼らと会う機会を得て，インタビューを試みたことがある。

T．ベン元労働党産業大臣は，社会主義的手法によるイギリスの再建を志向し，サッチャー打倒の必要性を強調した。

彼はこう述べた。エネルギーと食料は採算を度外視してでも守るべきである。それを目先の採算だけで閉鎖しようとしている，資本主義の権化であるサッチャーの恐怖政治は危険である。労働者，市民と手を携えてサッチャー政権を打倒する必要がある。そして労働者の国際連帯を構築すべきである，と。

サッチャーに年間3億円で招聘されたアメリカ人マクレガー石炭庁総裁は，スクラップ・アンド・ビルトの必要性を強調するサッチャーを礼賛し，イギリス経済再建にはこの方法しかないと強調した。今回の炭鉱ストライキは，社会主義革命を志向するスカーギルNUM委員長と資本主義を守るサッチャーとが進退をかけた政治闘争であったことを認めた。

労働党首のニール・キノックは，次の総選挙に勝利するためにNUMと一定の距離を置き，調整役の用をなさなかった。同様に，スト組と反スト組のあいだで労働組合の総本山ゆえに，スト中に身動きがとれなかったイギリス労働組合会議（TUC）幹部の苦悩を筆者は聞いた。

筆者はストライキ中，ピケ隊として激しく戦い，逮捕された炭鉱夫とも会った。この村の教会も商店もすべてが炭坑に依存してきた。炭坑の閉鎖は村の崩壊を意味する。200年間もエネルギー供給を通じて国家に貢献してきた炭坑を，企業の目先の損得だけで閉鎖してはならないと力説した。

また第2組合 UDM が結成され，UDM の中核となったノティンガムシャー NUM とドンカスター NUM のリーダーは，豊かな炭層ゆえに，仕事を失いたくなかったといった。

ピケ隊を阻止した警察官は，ストライキ中には権力の末端を担わされ，スト後は村人に非難され，苦しい立場に立たされたことを筆者に告白した。

フォークランド戦争の2倍にあたる1兆2000億円を費やしたこの炭鉱ストライキはサッチャーの政治生命を脅かすものとなった。その結果，サッチャーは，炭鉱および炭鉱労働組合に恐怖心と嫌悪を覚えた。「供給電力の14％をまかなっている原子力発電所は，ほとんどが炭田地帯からかなり離れた場所にあり，当然のことながら，そのエネルギー供給についての心配は無用だった」と述懐しているように，原子力発電開発の必要性を痛感したのである。

彼女はなんとしても，石炭を廃止して，新たなエネルギー源としての原子力発電の開発の必要性を身をもって思い知ったのである。

3　サッチャー首相の証言：自叙伝『回顧録』から

（1）　サッチャーが意図的につくった地球温暖化の要因

サッチャーは彼女の自叙伝『回顧録』の中で，以下のように述べている（抜粋）。

- 今までは，基礎科学に対する政府援助が少なかった。今後は基礎的研究に予算をつける。1987年夏に，政府の科学研究費支給を制度化した。
- 地球温暖化も手堅い科学的原則を適用することが要求される。温室ガスの最たるものである CO_2 の工場からの排出と気象変化の関係は，フロンとオゾン層破壊の関係ほど確かなものではない。
- 原子力発電は CO_2 を発生させないし，発電源としては石炭よりはるかにきれいである。
- しかし，左翼的環境団体は，地球温暖化への関心を資本主義，成長，産業への攻撃に用いるだけだった。
- 私は1988年の王立協会「イギリス学士院」で講演することによって，私の環境論議全般を権威づけることにした。

- 地球の仕組みと大気を調べるための制御された実験を行うための実験室はどこにもない。
- エネルギーの生産，燃料効率，森林再生などもっと広く政策に対してどんな意味をもつかを考える必要がある。私たちが行っていることが，原因と結果を確定する正しい科学に基づいていることを確実にしなければならない。

　地球環境に向けての科学研究と政策の関係は，たんなる技術的な問題ではなかった。それは私のアプローチが社会主義者たちのアプローチと異なっていることの核心を突くものだった。私にとっては，自由社会の中での経済の発達，科学の進歩，そして公開討論は，個人と集団の幸福に対する脅威に打ち勝つ手段を与えてくれるものであった，と。

（2） IPCC, COP, ノーベル平和賞受賞の流れをつくったサッチャー

　サッチャーは，国際舞台でも活躍した。1990年にはジュネーブのパレ・デ・ナシオンで第2回国際気候会議が開催され，そこでサッチャーは「環境，外交政策（国際組織），外交政策，科学技術，エネルギー，外交政策（開発，援助，など）（中東）」（Environment, Foreign policy [Interbational oranisation], Foreign policy [Middle East], Science and technology, Energy, Foreign policy [development aid, etc.]）のテーマで講演を行った。

　サッチャーのこのような精力的な活動は，地球の温暖化の要因は石炭や石油が燃焼して吐き出す CO_2 であるということを世界にみとめさせた。原子力発電はその点においてクリーンであり，安全であるため，化石燃料から原子力発電に方向転換をすべきだ，との彼女の主張が脚光を浴びるようになった。

　発言力を強めたサッチャーは，第一に，国連気候変動に関する政府間パネル（Intergovernmental Panel on Climate Change, IPCC）の新設，第二に，1994年3月にはCOP（気候変動枠組条約の締約国会議 [Conference of Parties]）の開催，第三に97年の京都プロトコル（議定書）締結，こうした流れに筋道をつけたのである。

　これらの努力によって，IPCCが2007年12月10日にノーベル平和賞を受賞し

た。受賞理由は，温暖化問題の深刻さと，その防止活動の重要性を強調した上で，IPCC に対し，人間の活動によって引き起こされる気候変動の問題を知らしめ，対応策の土台を築いたことが評価され，受賞となったのである。

4　サッチャー，レーガン，中曽根の原発促進

(1)　ウイリアムズバーグ・サミットでレーガンを援護射撃した中曽根

　日本で2012年現在，54基もの原発を建設できる環境をつくったのはだれか。それは，中曽根康弘である。その当時，日本の原発促進に不可欠なプルトニウムはそのつどアメリカ政府の許可を受けなければ入手できなかった。原発を促進するためには，アメリカ政府の許可なしで入手する必要があった。そのためにはアメリカ政府の方針を変えさせて日本が自由に入手することが絶対的な条件であり，レーガン大統領が大統領権限によってアメリカ政府を説得してくれなければならなかった。そこで中曽根は，レーガン大統領に恩を売り，それと引き換えに彼に一肌脱いでもらう必要があると考えた。

　経済サミットとして始まった先進国サミットも1980年代に入り，米ソ冷戦の対立が深刻になるにつれて政治や安全保障の重要な討議の場へと変質してきた。中曽根にチャンスが到来した。それは，第9回主要国首脳会議（ウィリアムズバーグ・サミット）であった。彼はサミットのメンバーであることをフルに活用して，レーガンを援護射撃したのである。

　第9回主要国首脳会議（ウィリアムズバーグ・サミット）関連文書：中曽根内閣総理大臣冒頭発言をみよう。[(2)]

　「レーガン大統領閣下の御招待でここに集まり，特に従来例がなかった首脳だけの自由な討議でこの会議を始めることができることは喜ばしい。このイニシアティヴをとられた大統領閣下に感謝する。

　　―中略―

　今次サミットの機会の政治協議において政治，経済，安全保障分野におけるわれわれの共通の基本的立場が確認されれば，われわれの世界への呼びかけはさらに有効なものとなろう。われわれは西側の固い団結の下に西側の安全を図

りつつ，緊張緩和への道を拓かなければならない。」

　こうした中曽根のレーガンに対する援護射撃のおかげで，同サミットは以下のような共同宣言を出すことができた。

　「われわれは，軍縮のためにソ連とともに努力する用意があり，ソ連に対し，われわれとともに努力するよう呼びかけるものである。われわれはそのために戦略核兵器（START 交渉），中距離核ミサイル（INF 交渉），化学兵器，中欧における兵力削減（MBFR）および欧州軍縮会議（CDE）等について諸提案を行ってきている。

　特に中距離核戦力（INF）の分野において，われわれはソ連に対し，交渉の成功のために建設的に貢献するよう呼びかけるものである。

　サミット参加国は，均衡のとれたINF合意が近く達成されるよう強い希望を表明する。もしこれが実現されない場合には，よく知られている通り関係諸国は当該米国兵器体系の欧州配備を計画通り1983年末には実施するであろう。」[3]

（2）　日米原子力協定の改定をレーガンに認めさせた中曽根

　1988年にその効果が現れてきた。すなわちその当時，日本は原発導入期に技術と資源を米国に頼ったため，使用済み核燃料からプルトニウムを取り出す際にいちいち米国の同意を必要としていた。この先30年間は同意を要しないように協定を改めることが日本側の念願だった。

　だが，米国には日本の核武装への警戒感があった。米国務省高官は「30年の間に何が起こるかわからない。日本がNPTを脱退して日米安保条約を破棄する可能性もある」と難色を示した。

　中曽根は1987年9月，最後の日米首脳会談で日米原子力協定の改定を求め，レーガンは前向きな姿勢で応じた。両国は2ヶ月後に調印に至ったのである。この協定によって日本の原発建設が制限なく押し進めることができるようになったのである。

　他方，レーガンにも悩みがあった。1978年にスリーマイル島（TWI）発電所におけるPWRの炉心溶融事故により，原子力発電に対する世論は一気に硬化し，これ以降のアメリカ国内での軽水炉の新規建設は完全に停止せざるを得な

第 4 章　東京電力福島原発事故の歴史的背景

かったからである。レーガンは，当時の状況を打破するためにサッチャーのCO_2による地球温暖化＝クリーンエネルギーたる原発論に依存せざるを得なかった。

サッチャーは，彼女の政治的目的であるCO_2による地球温暖化＝クリーンエネルギーたる原発の必要性を，サミットでレーガンと中曽根に承認してもらう必要があった。

このようにウイリアムズバーグ・サミットは，レーガン，中曽根，サッチャーにとっての原発促進のための絶好のサミットであったといってよいだろう。

5　日本の原発政策と東京電力福島第二原発事故

日本は海に囲まれた国土が狭く，地震の多い国である。その日本はそもそも世界で唯一の被爆国として，原子力の恐ろしさを誰よりも知っている。よりによってその日本が，なぜこともあろうに，54基もの原発を抱える世界有数の原発大国になっていったのか。

（1）　日本で最初に原発関連予算を付けた中曽根

第二次世界大戦後の日本はGHQによって原子力開発の一切を禁止されていたが，1951年9月のサンフランシスコ講和条約による開発禁止の条項が解除された。転換点はアイゼンハワー大統領が53年12月の国連総会で行った「原子力の平和利用」演説だった。ソ連との冷戦で優位に立つため，関連技術を他国に供与して自陣営に取り込む戦略だった。

1953年9月，若き衆議院議員・中曽根がアメリカに行く。ハーバード大学で開催される「サマー・セミナー」に出席するためである。主催者はH. キッシンジャー・ハーバード大助教授である。アメリカに2ヶ月滞在するうちに，中曽根は，日本にも原発が必要と納得する。

帰国した中曽根は仲間の若手政治家数名と一緒に，原子力予算の獲得に向けての準備を開始した。

1954年3月の衆院で，修正予算として提案され，原子力平和利用調査費の予

算額（2億3500万円）が決定された。このことによって日本で原発の研究開発が行われることになったのである。

その結果，日本は1956年10月に国際原子力機関（JAEA）憲章に調印した。

63年10月26日に，茨城県・東海村の日本原子力研究所の試験炉で，国内初の原子力発電に成功した。[4]

（2）　原発建設で石油危機を乗り切ろうとした田中首相と中曽根通産大臣

1972年7月に就任した田中角栄を襲ったのは，高度成長直後の構造的不況と73年の石油危機であった。

構造不況に対して田中は，大企業が抱え込んでいた過剰資本の処理のために，新幹線建設を主とする日本列島改造論を展開した。新幹線建設に伴って有効需要の創出と生産性を高めることとなったのである。[5] 他方，エネルギー危機に対処するためには，田中首相は，中曽根を通産大臣に任命し，原発の増設によって解決しようとした。

すなわち，両大臣は資源のない日本における「原子力の平和利用」という大義名分のもとに，政官民が一体となって原発を推進した。1基あたりの建設費用が5000億円以上とされる原発の建設は，公共事業と比べるもなく巨大なプロジェクトであった。

巨額な建設費を巡って，政治家，関連企業，研究者，マスコミにとっては巨大な公共事業であり，利権となってきた。

特に田中首相は，74年6月には原発の立地支援のための交付金などを定めた電源三法を成立させ，原発を推進するように「列島改造」という国土開発に原発を組み込ませたのである。

（3）　中曽根首相就任と『原子力白書』

中曽根が1982年総理大臣に就任した。前述したように，サッチャー，レーガン，中曽根体制が確立した。三者の共通の戦略は，「原子力発電はCO_2を放出しない」を理論的武器に原子力発電の増設をすることであった。

1986年のチェルノブイリ原発事故の時期には，中曽根は総理大臣（1982～87

年）であり，同年7月6日のその原発事故直後に行われた衆議院・参議院同日選挙において自民党は圧勝し，「今後とも原子力開発利用を着実に進める」という『原子力白書』が発表された。その当時，日本では33基の原発が稼働し，全発電量の26％を占めており，日本政府は「ソ連とは原子炉の型が異なり，日本の原発は安全性が確保されている」と繰り返した。通商産業省の総合エネルギー調査会は同日選挙の2週間後，2030年には原発の発電量を58％まで拡大する構想を発表した（中野洋一『原発依存と地球温暖化の策略』法律文化社，2011年，13頁）。

1987年11月には，中曽根首相はレーガン大統領と「包括事前同意方式」を盛り込んだ新日米原子力協力協定に，正式署名した。

1997年のCOP 3（第3回気候変動枠組条約締約国会議）で採択された京都議定書において，日本は2008年から2012年に温室効果ガスを1990年比6％削減することを約束する。さらに鳩山由紀夫首相（当時）は2009年9月，国連気候変動サミットで2020年までに25％減少させると表明した。

このように，日本は自民党支配のもとで，官民一体となって原子力へのシフトを進め，1990年代には地球温暖化問題の顕在化がこれを後押しした。[6]

6　サッチャー，レーガン，中曽根と福島原発事故

2011年3月11日に起こった東京電力福島原発事故をどのように理解すべきであろうか。それはグローバル化とローカル化の交差点で起こったものであるといえよう。

まずグローバル化からみると，イギリス首相のサッチャーが石炭から原発にエネルギー転換を断行した。

彼女は原発導入に反対する炭鉱労働組合を潰した後に，多数の自然科学者を雇い，化石燃料は地球温暖化の根源であることを証明させることに成功した。地球の温暖化を防ぐためのCIPPが新設され，COP会議が毎年開催され，京都で開催されたCOP会議では京都議定書まで漕ぎ着けた。これらの成果が評価されてICPPがノーベル平和賞を受賞するまでになった。

また，サッチャーはサミットという国際的舞台に出席して，レーガンと中曽根の協力を得て，地球環境問題を大きなテーマとすることに成功した。その結果として地球環境を守るのは原発が必要である，という世論を形成することに成功し，洞爺湖サミットとなって結実した。そこに大きな問題があった。

　ローカル化の問題は，戦後から現在までの自民党の原発政策の中にある。

　日本の原発は中曽根と田中の2人によって展開されてきたといっても過言ではない。

　そもそも，原発技術も資本も燃料ももたない日本は，冷戦という特殊な構造の中で，アメリカの世界戦略に組み込まれた形で出発した。中曽根はアメリカの先兵となって奔走し，アメリカの意向に沿う形で活躍した。

　石油危機を迎えて，原発は日本列島改造論の田中角栄戦略の中にはめ込まれて，日本の過疎地に建設されたところに特徴があった。危険極まりない原発は，東京ではなく，高度成長の影の負の遺産として形成された過疎地に建設された。過疎の自治体は，地震多発地帯で危険であることを承知の上で，補助金と就職機会欲しさに原発誘致に頼らざるを得なかったことは悲しい事実である。

　原子力発電所を抱える電力会社の周りには，電力本社はもとより，自民党の国会議員，官僚，ゼネコン，商社，メーカー，流通，大企業，マスコミ，東京大学を中心に大学の研究者が群がり，彼らは国民が汗水たらして稼いだ税金の上前を，ピンハネしてきたのである。利益の源泉は電気料金と税金である。電力会社は事業を拡大すればするほど，利益を電気料金に加算でき，巨額の利潤を得ることができる構造となっている。

　「止まらない，やめられない」原発の闇のカネ，ということになる。

　日本は，世界で唯一の被爆国である。その日本の政治を預かった中曽根と田中角栄を中心とする自民党政権が，原発のトラブルの解決方法も，原発廃棄物の処理もできないにもかかわらず，60年にわたって原発を推し進めたことが間違っていた。

　ここに，東京電力福島原発事故の原因がある。天災ではなく人災であることを銘記すべきである。

　われわれは，原発の危険性を世界に訴え，日本政府に対してはもとより，オ

バマ大統領などが行おうとしている原発プラントの輸出を阻止すべきである。われわれにはその責任がある。

注
(1) "Thatcher Global Warming-YouTube", 2009/07/12; Thatcher on Global Warming from the BBC2 Program "Eath: The Climate Wars"(http://www.bbc.co.uk/programs/b00divq9)，2007年3月8日放送。日本語翻訳（http://mitsumori-yoichi.seeaa.net/article/135263821.html)，2009年12月10日放送。
(2) 第9回主要首脳会議（ウィリアムズバーグ・サミット）関連文書：中曽根内閣総理大臣冒頭発言『外交青書』28号，451-452頁，1983年5月29日。
(3) 第9回主要首脳会議におけるステートメント（政治声明）『外交青書』28号，452-453頁，1983年5月29日。
(4) 「原発国家」中曽根康弘編(1)(2)(3)(4)(5)／『朝日新聞』2011年7月21日，「元内閣総理大臣中曽根康弘氏　茨城原子力50周年記念講演会趣旨」。
(5) 山﨑勇治「The Japanese Economy and privataization in the 1980's」『経済学論叢』第32巻第2号，1986年。
(6) 内閣府原子力委員会『平成21年度版　原子力白書——原子力利用の新しい時代の始まりに向けて』平成22年3月。

参考文献
小出裕章『原発のウソ』扶桑社，2011年。
武田邦彦『偽善エネルギー』幻冬舎，2009年。
中野洋一『原発依存と地球温暖化論の策略——経済学からの批判的考察』法律文化社，2011年。
丸山重威編著『これでいいのか福島原発事故報道』あけび書房，2011年。
山﨑勇治『石炭で栄え滅んだ大英帝国——産業革命からサッチャー改革まで』ミネルヴァ書房，2008年。
M. Thatcher, *The Downing Street Years*, Harper Collins Publishers, 1993.（石塚雅彦訳『サッチャー回顧録——ダウニング街の日々』上・下，日本経済新聞社，1993年）。

第Ⅱ部

日本の貿易と日系企業の海外展開

第5章
多国間通商協定GATTの構想と誕生プロセス

山本和人

1 戦後貿易システム形成を巡る研究の現段階

　1990年代後半以降，そしてとりわけ，リーマン・ショック後，世界貿易システムいわゆるWTO体制は，地域主義や保護主義の台頭によって，その存在意義が問われている。WTOとその前身であるGATTの基本原則とは，自由・無差別主義を基調とし，それを共通のルールとして加盟国（締約国）間で運用する多国間主義にあるとわれわれは理解している。しかし，世界経済が構造変化をきたす中，この基本原則が浸食されつつあるのが現状であろう。それでは，われわれはどのような貿易システムを再構築すべきなのか。この難題に応えるために，まがりなりにも，これまで機能してきた多国間貿易システムについて，その本質を捉える作業の必要性を痛感している。今後の世界貿易システムのあり方を考えるにあたってこの検討は非常に重要である。その本質に迫る一つの方法は，どのようにして多国間貿易システムが形成されたのかを詳細に跡付ける作業であろう。しかし，戦後の貿易システムが如何なる過程を経て成立したのかに関して，内外を問わず，研究の空白が存在するのが現状である。

　2008年に初めて本格的にGATT誕生の経緯を考察した，『GATTの起源（*The Genesis of the GATT*）』の著者，アーウィン（Irwin, D. A.），マブロイディス（Mavroidis, P. C.），サイクス（Sykes, A. O.）は，執筆の目的に関して「GATTについては法律上そして経済上の観点から非常に多くの研究が存在している。しかしGATTが第二次世界大戦の焼け跡からどのようにして成立したのかについてはほとんど研究されてこなかった。われわれの研究目的は，この驚嘆すべき協定を成立に至らしめた外交史を回顧することによって，

GATT 創設者たちの本来の目標や意図を認識することであり，そして GATT テキストに含められたり，除外されたりした様々な規定に関して，なぜ GATT が特殊な形態や形をとったのかを理解することにある(1)」と述べている。彼らのいうように，世界経済の構造転換期に創出された GATT の創設プロセスについては欧米においても相対的に研究蓄積は浅く，わが国に至っては全く空白状態といってよい。国際通貨システム形成に関する研究の多さに比べれば，異様な感さえする。

　われわれは，こうした間隙を埋めるべく，山本和人『戦後世界貿易秩序の形成──英米の協調と角逐』（ミネルヴァ書房，1999年）以来，一連の論稿において，戦後の貿易システム形成の起源から交渉過程，そしてその決着の仕方について，第１次史料を忠実に跡付けるという手法を通じて，明らかにしてきた。そしてその成果は山本和人『多国間通商協定 GATT の誕生プロセス──戦後世界貿易システム成立史研究』（ミネルヴァ書房，2012年）に結実した。本章は，こうした過去20年におよぶ研究成果をまとめたものである。もっとも，その内容すべてをここで紹介するには，紙幅の関係上不可能である。したがって，特に GATT がどのように構想され，成立に至るのか，いささか時系列的になるが，そのエッセンスだけを述べることにしたい。本章では，多国間通商協定 GATT の構想からその成立について，GATT の直接的起源からその特異な施行に結実するまでの要点を示すことにする。

2　戦時米英貿易交渉：GATT の起点

（１）　戦後貿易理念の発表から戦後貿易案の作成

　周知のように，1941年８月の大西洋憲章の第４，５パラグラフ，そして42年２月の相互援助協定第７条によって，米英両国は，戦後世界経済構築の理念を世界各国に発信した。とりわけ第７条（Article VII）は，大西洋憲章第４，５パラグラフを彫琢したものであり，より自由で無差別主義に基づく貿易ルールと完全雇用の達成を可能にさせる貿易システムの必要性を謳ったものであった。われわれは第７条に盛られた原則を戦後貿易の理念と位置付けた。事実，

第5章 多国間通商協定GATTの構想と誕生プロセス

　GATTを成立に導くとともに，ITO憲章の作成と調印を行った会議には，第1回国連貿易雇用準備会議（通称ロ・ン・ド・ン・会議），第2回国連貿易雇用準備会議（通称ジ・ュ・ネ・ー・ブ・会議），国連貿易雇用会議（通称ハ・バ・ナ・会議）と名付けられている。第7条の理念である貿易と雇用についての会議が開催されたことを示すものといえよう。

　ところで第7条の原則，すなわち戦後貿易の理念は如何にして具体化されたのであろうか。われわれは，その具体化のプロセスをこれから明らかにしようとするものである。まず行うべきはその端緒を明確にし，戦前段階との相違を示すことであろう。戦後貿易案の作成については，どの時点で行われ始めたのか，わが国において全く研究が存在しない。つまりGATTの起源については，全く語られることがなく，せいぜい，1945年12月に米英金融・通商協定においてアメリカがイギリスの同意を得て発表した「国際貿易雇用会議による考察に関する提案」が，その端緒として挙げられているに過ぎない。しかし，この「提案」以前に米英はすでに戦後貿易システムについて，43年9～10月のワシントン会議を嚆矢としてかなりの会合（非公式を含めて）を開いていたのであり，戦争終結段階において戦後貿易システムの大枠は草稿段階とはいえ，アメリカによる「国際貿易機構設立に関する提案」（原則声明案）がイギリスに提示されていた。本章の中心的論題である関税引下げ交渉と，ITO憲章の作成を分離して行う「ツー・トラック・アプローチ」方式もイギリスに伝えられていた。原則声明案の第Ⅲ部「国際貿易機構案」の第4章「貿易政策一般」を構成する規定の多くは，その後GATTに内包されることになる。こうした事実は，これまでわが国において全く等閑視されており，その結果として戦後貿易システムの本質に関する理解を曖昧にする結果を招いていると考えられる。

　さて，こうして大戦中に英米間で戦後貿易システムに関してかなりの公式，非公式の交渉と討論が行われていた事実を明らかにする中で，その貿易システム案の原案が如何にして生まれたのかをまず検討しておく必要があろう。これまでわが国の研究では，第7条の発表以後華々しく展開された戦後国際通貨システムに関するケインズ（Keynes, J. M.）とホワイト（White, H. D.）の論争と，ホワイト案を基礎とした国際通貨基金（IMF）への調印をもって，アメリカ中

心の世界経済体制（いわゆるブレトン・ウッズ体制）に移行したと捉えることが通説となっている。それに対して貿易システムの具体的形成は，如何なる形で開始されたのか。前著で最も強調したのはこの点に関してであった。以下，戦後貿易案の作成がどのように始まったのかについて，前著に基づきながら簡単に述べることにしよう。(4)

戦後貿易案は，第7条の発表後，まずイギリスにおいて構想され，「国際通商同盟案」に結実した。ミード（Meade, J.）が作成したこの貿易案は，多国間主義に基づき，より自由で無差別主義に基づく貿易ルールを基調とするものであったが，完全雇用達成のために黒字国アメリカの責任を明確にするとともに，自由・無差別貿易の例外規定を多く設けることで，イギリスの権利（貿易制限を通じた完全雇用の達成と英帝国・スターリング地域の存続）を主張したものであった。われわれはミードの国際通商同盟案を戦後貿易案の起源と位置付けた。それはこの案が戦後貿易システムを特徴付ける多国間主義に基づいていたからである。

一方，アメリカは多国間主義に基づく貿易案の作成においてイギリスの後塵を拝することになった。アメリカは，貿易案具体化の段階に入っておらず，1934年の互恵通商協定法のもとで2国間主義に基づいた通商協定をイギリス自治領諸国と締結することによって，英帝国特恵関税制度の解体と自由・無差別貿易システムの構築を模索していたといえる。

（2）アメリカ主導の貿易システム構築の確立と戦時貿易交渉の到達点： ツー・トラック・アプローチの考案

国際通商同盟案は，1943年9～10月のワシントン会議でイギリスの戦後貿易システム案として，戦後国際通貨システム案（ケインズ案）とともにアメリカに提示された。ワシントン会議の結果，国際通貨システムの構築はアメリカの国際安定基金案に沿って，また国際貿易システムはイギリスの国際通商同盟案に沿って行うという点で合意をみたのである。双方とも多国間主義に基づいた提案であり，特に後者は戦前の世界経済にはみられない提案であった。そして前者は，44年7月のブレトン・ウッズ会議でIMF協定への調印という形で，

第5章　多国間通商協定GATTの構想と誕生プロセス

比較的早期に決着をみた。他方，国際貿易システムの成立については，国際通貨システムに比べて，長期で複雑な過程を経なければならなかった。当初，イギリスが考案した国際通商同盟案は，44年以降，その具体化の役割をアメリカが担うようになり，その中でアメリカは国際通商同盟案に盛られたイギリス中心のルールの修正を行った。われわれは，前著で貿易システム形成の中心的役割が，ワシントン会議終了後の44年に，イギリスからアメリカに移行した事実を明確にし，それをもってパクス・アメリカーナの成立を説いたのである(5)。しかし，従来の研究は，IMF・GATT体制，特にGATT体制についてたんにパクス・アメリカーナと規定するだけで，その形成の内実に関する分析を行ってこなかった。われわれは，パクス・アメリカーナと呼ばれる戦後貿易システムが，アメリカの圧倒的な経済力のもとで打ち立てられた点について異論を挟むものではないが，その中味を豊富化することの必要性を強調しておきたい。イギリスの存在，そして戦後になると中核国グループが加わり，貿易システムの形成においてたんにアメリカの利害のみを主張することは不可能になる。GATT文書に盛られた多国間主義の意味について吟味する必要性を，本章で主張しておきたい。

　さて，戦争終結段階において，アメリカは「国際貿易機構設立に関する提案」(原則声明案) を作成し，それをイギリスに手渡していた。原則声明案は，通商政策一般だけでなく，国際間での完全雇用政策に向けての協調，国際商品協定そして制限的商慣行の禁止についての規定と国際貿易機構の設置を謳ったものであり，われわれが「広義の貿易政策」と名付けたものであった(6)。特にアメリカの原案では，ITO憲章に挿入すべき規定は，通商政策，国際商品協定そして制限的商慣行に関するものであった。すなわち，これらはすべてアメリカの対外経済関係に直接的な利害を有していた。通商政策についてはアメリカ製品の販路拡大のため基本的に自由・無差別原則を，国際商品協定に関しては自国の農業問題への対処から生産規制を中心とした案を，そして制限的商慣行の禁止についてはヨーロッパ諸国のカルテル・トラスト網を破壊するという，新興国アメリカの利害を前面に押し出す提案であった(7)。後述するように，こうしたアメリカ案に対して，イギリスやその他の中核国グループは異を唱え，国

際雇用政策に関する規定の拡充や経済開発に関する規定の挿入を主張し，ITO憲章はアメリカの想定を超えて，必ずしもアメリカの対外経済政策を有利に導く存在ではなくなっていった。⁽⁸⁾

　こうした戦時貿易交渉の中で，GATTの直接的起源といえる提案をアメリカが行うことになる。それはワシントン会議以降，関税の引下げと特恵関税の縮小・撤廃に関する英米の討論の中で，イギリスが首尾一貫して主張し，アメリカの交渉団も基本的に同意していた関税の一律一括方式をアメリカが修正したことと関連している。アメリカ政権は1945年6月の互恵通商協定法更新に際して，議会との関係から一律一括方式の提出を断念し，従来の選択的2国間引下げ方式を継続することで，互恵通商協定法更新を行ったのである。この知らせを聞いたイギリスは，多くの2国間協議を一定の期間内に行うことは不可能であると失望の念を露わにした。そこでこうしたイギリスの批判を交わすために，アメリカは関税引下げ交渉と貿易システム形成に関する話し合い（つまり原則声明案の彫琢，具体的にはITO憲章の作成）を別々に行うという提案を行った。詳論すれば，多くの国の間での2国間関税引下げ交渉には膨大な時間を要するので，まず世界貿易に大きな影響を与える諸国（後述する中核国〔Nuclear Countries〕グループ）間で2国間関税引下げ交渉を同時に行えば（アメリカはこれを多角的2国間交渉方式と呼んだ），交渉の長期化を回避できるとともにアメリカ関税の引下げの程度を予め知ることができるとアメリカは主張したのである。⁽⁹⁾要するに，戦時貿易交渉の最終局面において，世界貿易システムを2つの方向から構築する考えが，アメリカによってイギリスに提示されたのである。こうしたアプローチを，アーロンソン（Aaronson, S. A.）やハート（Hart, M.）は，「ツー・トラック・アプローチ（Two-Track Approach）」と呼んでいる。⁽¹⁰⁾図式すれば図5-1のようになろう。

　ツー・トラック・アプローチは，ファースト・トラックで中核国グループ間の関税譲許交渉を行い，セカンド・トラックでITO憲章の作成を実施し，その結果を合体させることによって，貿易システムを完成させることを目指すというものであった。換言すれば，ITO憲章の一部である関税譲許交渉をアメリカの国益に沿う形で分離し，最終的にはITO憲章に吸収するというもので

第 5 章　多国間通商協定 GATT の構想と誕生プロセス

図 5-1　戦後貿易システム構築プロセスの構図：ツー・トラック・アプローチ

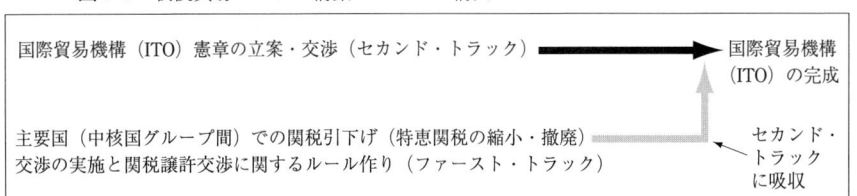

| 国際貿易機構（ITO）憲章の立案・交渉（セカンド・トラック） | ⟶ | 国際貿易機構（ITO）の完成 |
| 主要国（中核国グループ間）での関税引下げ（特恵関税の縮小・撤廃）交渉の実施と関税譲許交渉に関するルール作り（ファースト・トラック） | | セカンド・トラックに吸収 |

（注）　当初，アメリカは特恵関税の撤廃について，セカンド・トラックである ITO 憲章の中に多国間ルールとして明確に規定することを目指したが，1945年米英金融・通商協定に関する交渉において，イギリスの猛烈な反対にあい，ファースト・トラックにおける関税引下げ交渉の中で特恵関税の漸次的縮小・撤廃方式をとることに同意した。
（出所）　山本，2012，図 2-1 を引用。

あった。米英戦時貿易交渉において，ファースト・トラックの関税譲許交渉に際していかなるルールを取り入れるのかは明確にされなかったが，後述するようにそのルールは戦後の米英交渉さらには中核国間の交渉によって具体化されるのである。この関税譲許交渉の結果とルールが後に，GATT と称されることになる。したがってツー・トラック・アプローチに拠れば，関税譲許交渉とそのルールは，最終的に ITO 憲章に一体化されるものであった。GATT が暫定的な存在であるという一般的理解はこの点に由来している。しかし，ファースト・トラックのセカンド・トラックへの吸収という道筋は，当初想定されていたよりも，困難なものであることが次第に明らかとなっていく。それは上述したように ITO 憲章の内容が，セカンド・トラックにおける中核国間の交渉の中でアメリカの利害に必ずしも沿うものではなくなったからである。その中でアメリカはファースト・トラックの自立化の途を模索してゆく。それについては次節以降で述べることにしよう。以上の考察を通してわれわれは，英米戦時貿易交渉の最終局面に GATT の直接的な起源を見出すことができたのである。

3 戦後貿易システムの構築：
ファースト・トラックとしての GATT 文書の作成・実施に向けて

（1） 1945年米英金融・通商協定の意義と戦後貿易システム構築に向けてのタイム・テーブルの確定

　米英戦時貿易交渉の到達点ともいえる「国際貿易機構設立に関する提案」（原則声明案）とツー・トラック・アプローチは，その後どのような形で具体化されるのであろうか。前者については山本（2012）での考察に委ねることにし，本章では後者の具体化のプロセスに焦点をあてることにしたい。[11]

　まず，1945年9月から始まり12月に妥結した米英金融協定，借款協定に注目する。われわれはこの協定を米英金融・通商協定と称した。これまでの研究で等閑視されてきた貿易面に関する取決めに焦点をあてたためである。米英金融・通商協定に関する取決めの要約は**表5-1**の②欄と③欄に示している。特にツー・トラック・アプローチ関連に注目すれば，アメリカが英帝国特恵関税を多国間協定（セカンド・トラックの枠内で）によって一挙に撤廃することを求めたのに対して，イギリスは関税引下げと同様に特恵についてもファースト・トラックの線に沿って，選択的な多角的2国間方式による漸次的縮小方式を主張した。米英の話し合いの結果は，特恵関税の漸次的縮小・撤廃であり，この譲歩を条件にイギリスはツー・トラック・アプローチを受け入れたのである。またその他の中核国（イギリスを含めて15ヶ国）に対してもアメリカはツー・トラック・アプローチの内容を伝達し，国連貿易雇用会議の前に，中核国グループ間で行われる予備貿易会議において関税引下げ交渉を実施する旨を伝え，予備貿易会議への参加を要請した。それに対してソビエト以外の中核国グループは予備貿易会議への参加を表明し，これによってGATT原締約国間（アメリカを含めて15ヶ国，後に8ヶ国が加入）での関税譲許交渉の実施と，特恵関税の漸次的縮小交渉を多角的2国間方式で行うという合意が成立したのである。

　さてこうした米英金融・通商協定の結果は，表5-1の④欄に示した「1946年2月プラン」によってさらに次のような肉付けがなされた。まずファースト・トラックに関して，予備貿易会議において，関税引下げ交渉の結果をまとめた

各国関税譲許表を含めて関税引下げ交渉のルールを定めた「付属文書（Protocol）」の作成が決定された。付属文書にはITO憲章に含まれるいくつかの条文（最恵国待遇，数量制限や内国税など貿易障壁の削減・撤廃に関する規定）が記載されることになった。まさしくGATTの骨格が「2月プラン」において出来上がったのである。さらに「2月プラン」においては，セカンド・トラックで，国連貿易雇用会議の開催とITO憲章草案を練り上げるために貿易雇用準備委員会の立ち上げが謳われている。貿易雇用準備委員会は，中核国グループ16ヶ国（ソビエトを含む）を中心とし，3ヶ国（レバノン，チリ，ノルウェー）を加えていた。これらの貿易雇用準備委員会のメンバーはGATTの原締約国となるので，われわれは中核国グループという表現を貿易雇用準備委員会のメンバーに対して用いて差し支えないであろう。

次は国連貿易雇用会議開催までの道筋である。これについては，表5-1の⑦欄に示したような計画がたてられた。それは1946年5月下旬のことであった。つまり，第1回貿易雇用準備会議を46年10月からロンドンで開催，第2回貿易雇用準備会議は予備貿易会議，いわゆる関税引下げ交渉と同時に47年3月から開始（当時，場所は未定），そしてこうした2回の中核国グループの準備会議を踏まえて，貿易雇用会議を国連加盟国の間で開催する（47年に開催することは決められたが具合的な日時と場所については当時は未定）とされた。こうして46年5月下旬までには基本的にツー・トラック・アプローチに基づいた戦後貿易システム構築の具体案の完成をみたといってよい。繰り返すが，この段階において，ファースト・トラックである関税引下げ交渉とそのルールをまとめたプロトコルは，最終的にセカンド・トラックとしてのITO憲章に包摂されることが想定されていたのである。

（2） GATT第1草稿から第2草稿へ：ロンドン会議の帰結

関税引下げ交渉の結果としての各国譲許表とその引下げのルール集，プロトコルに対して，「関税と貿易に関する一般協定（GATT）」という正式名称が与えられたのは，アメリカが1947年7月に作成した「国連国際貿易機構憲章草案」（ITO憲章アメリカ草案）の原案においてであった。GATTと命名し，

第II部　日本の貿易と日系企業の海外展開

表5-1　国際貿易システム構築に関する構想の変遷 (1945年8月～1946年5月)

①1945年8月 (戦時米英貿易討論の最終局面)	②1945年米英金融・通商協定の交渉 (主に1945年10月)	③米英金融・通商協定締結直後 (1945年12月中旬)
・中核国グループ (起草国グループ) による会議を国際貿易会議に先立って開催 (時期は未定) ・中核国グループ会議ではファースト・トラックで関税引下げ交渉、セカンド・トラックで関税引下げ問題やその他の関税以外の貿易問題を討議するというツー・トラック・アプローチをアメリカは非公式に提唱 ・アメリカは、こうした交渉の結果生まれた協定、多国間協定の起草案として公表、あわせて国際貿易機構設立に関する提案を行う国際貿易会議の開催 (時期は未定)	・1946年3月に関税引下げ交渉を中心とした多角的2国間交渉方式による関税削減交渉を中核国グループ間 (アメリカを含めて16ヶ国) で開催 (ファースト・トラック)。その一方でその他の貿易問題そして国際貿易機構の設立に関する協議も行う (セカンド・トラック)。イギリスと協議の結果、特恵関税の縮小は関税とともに多角的2国間交渉方式で行うことに決定。特恵撤廃に関する多国間規定は先送りに ・アメリカは国連加盟国に対して1946年6月に「国際貿易会議」を開催するよう要請 ・以上の方式 (ツー・トラック・アプローチ) を正式にイギリスに提案、イギリスも了承 ・11月の最終文書では、中核国会議の開催が1946年3月から1946年の春に、また国際貿易会議の開催が1946年6月から1946年の夏に表現に変更される	・1945年12月6日、アメリカは「国際貿易会議による考察に関する提案」を発表し、イギリスもそれに合意 ・アメリカは、中核国15ヶ国に対して、1946年夏の国際貿易雇用会議の準備として1946年春 (3月か4月) に開催予定の予備貿易会議 (中核国グループ会議) への招請状と、予備貿易会議の内容と目的および国際貿易雇用会議に向けての手続きに関する覚書を送付。ツー・トラック・アプローチの内容がすべての中核国に伝えられる ・ソ連を除く14ヶ国が1946年1月中旬までに予備貿易会議への参加を表明。なお14ヶ国とは、イギリス、フランス、カナダ、南アフリカ、ニュージーランド、オーストラリア、インド、ベルギー、ルクセンブルグ、ブラジル、オランダ、チェコ、キューバ、中国であり、これら諸国がGATTの原締約国を構成することになる

④1946年2月プラン	⑤1946年4月末
・アメリカ国務省は2月6日付け文書「貿易と雇用に関する国際予備会議の準備」を作成し、中核国グループに送付。予備貿易会議の検討課題をさらに詳細に規定。それは付属文書 (Protocol) の作成とITO憲章の検討。アメリカの主導の下で関税引下げ交渉を行い、その結果を各国関税譲許表とし付属文書に掲載するとともに、付属文書にはITO憲章に含まれるいくつかの条文 (最	・アメリカ国務省、イギリスに対して「貿易会議一行動計画─」と題する覚書を提出し、予備貿易会議および国際貿易雇用会議の開催時期の大幅変更を提案。予備貿易会議の開催は1947年3月まで延期。従って国際貿易雇用会議はそれ以降になるが、開催時期については明言せ

90

第5章　多国間通商協定GATTの構想と誕生プロセス

⑥1946年5月初旬	⑦1946年5月下旬
「貿易会議──行動計画──」に対するイギリスの返答 ・予備貿易会議、国際貿易雇用会議の延期に賛成 ・米英金融・通商協定の審議がアメリカ議会で行われている最中に、第1回目の貿易雇用準備委員会を開催するのは時期尚早である。協定案の議会通過を待って開催すべきである。したがって1946年10月まで延期すべきである。また開催地はヨーロッパ（ロンドンかジュネーブ）にすべきである。3月に第2回目の貿易雇用準備委員会を予備貿易会議とともに開催することには合意 ・起草下部委員会を設けてITO憲章案の草案作りを急ぐ必要はない。第1回目の準備委員会は、見解交換の場に留めるべきであり、ITO憲章の作成は実際の関税引下げ交渉の結果と結びつけて行うべきである	アメリカ政府の最終決定 ・第1回目の貿易雇用準備会議開催はロンドンで開催する。国連はこれを受けて5月28日の貿易雇用準備委員会の開催を宣言。第2回目の貿易雇用準備委員会に合わせて3月に行うことになっていたが、国連はこれについて公表しなかった。また国際貿易雇用会議は1947年に延期する点については言及されたが、具体的な日程については言及されず ・ITO憲章草案作成のための下部委員会はすでに取り組んでおり、「国連国際貿易機構草案（Suggested Charter for an International Trade Organization of the United Nations）」として、その原案は7月に完成はロンドンでの会議で参加国に配布されることになる（もっともイギリスはすでに草案完成時点でアメリカから入手していた）。この文書の中で始めてGATTという言葉が付属文書（Protocol）に代わって使われる かくして第1回国連貿易雇用準備会議：ロンドン会議（1946年10月〜11月）、第2回国連貿易雇用準備会議および貿易会議（GATT第1回関税譲許交渉）：ジュネーブ会議（1947年4月〜10月）、そして国連貿易雇用会議：ハバナ会議（1947年11月〜1948年3月）の道筋が決定される

恵国待遇、数量制限、内国税などの貿易障壁するもの）が加わる⇒GATTの骨格といえるもの。なお付属文書はITO憲章完成の暁にはITO憲章に包摂される。そして付属文書は、国際貿易雇用会議に先立って、中核国グループ国の間で調印される

- 1946年2月18日、アメリカのイニシアティブのもと、国連の経済社会理事会（ECOSOC）は、1946年後半に国際貿易雇用会議を招集すること、この会議に提出するITO憲章草案を作り上げるために貿易雇用準備委員会を組織することを決議。そしてアメリカにレバノン、ノルウェー、チリの3国を加えたコアグループ16ヶ国にITO憲章案の起草を指名。それから諸国は、中核国準備委員会の開催時期として1946年5月を予定

- ず。国際貿易雇用会議の大幅延期に伴い、その間、貿易システム形成への関心の低下を防ぐために国際貿易雇用会議までに2回、貿易雇用準備委員会を開催する。第1回目は1946年7月にニューヨークで、第2回目は1947年3月に予備委員会と同時に開催
- 準備委員会のもとに起草下部委員会を組織し、アメリカ案をもとにITO草案を作成することを提案

(出所) 山本、2012、表3-1を引用。

GATT原案を作成したのは，アメリカ国務省のレディ（Leddy, J. M.）なる人物であった。レディに関しては，わが国においては全く無名であるが，彼の記録はトルーマン・ライブラリーやアメリカのナショナル・アーカイブズに残されている。彼の証言によれば，戦中から米英貿易交渉に携わっており，自らのことを「職人的技能」の持ち主であるとし，純粋な経済学者というより，経済学だけでなく，政治学や法学の才能を有していたとしている。こうした意味で，彼も認めているように，ケインズやミードのような世界的に名声を博した経済学者たちとは異なった存在であったといえよう。(12)それはともかく，レディはその後，GATT文書の完成に至るまでアメリカ交渉団の中心的人物としてGATTの成立に向けて尽力することになる。

　さてレディが命名したGATTと彼の案は，1946年10月からロンドンで開催された第1回貿易雇用準備会議（ロンドン会議）で検討された。われわれはロンドン会議を史上初の多国間貿易会議と位置づけ，その分析を行っているが，(13)特にGATT文書の作成に重点を置くことにする。レディ案は「多国間通商協定交渉――準備委員会のメンバーの間で『関税と貿易に関する一般協定』という手段を通じてITO憲章の諸規定を実施するための手続き」と呼ばれ，最終的にいくらかの修正を加えられて「第1回国連貿易雇用会議準備委員会報告書」（ロンドン会議報告書）の付録文書10に同じタイトル名で所収されることになった。レディ案は，第一に，関税譲許交渉の目的とルールについて，第二に，その交渉結果をITO憲章とその結果としてのITO設立にどのようにつなげていくか，第三に，GATT草案の概略を述べるという構造になっている。(14)われわれは第三のGATT草稿をGATT第1草稿と呼ぶことにする。図5-2に示したように，GATTは，47年10月30日にファイナル・アクトと暫定適用に関する議定書への調印を通じてジュネーブ会議参加国23ヶ国（中核国グループ）によって認証またはキー・カントリーズ8ヶ国によって暫定的に実施されるまで，4回の修正や加筆を加えられている。その原型となったのが，レディ案に示されたGATT草案であり，彼はそれを「『関税と貿易に関する一般協定』の暫定的で不完全な草案のアウトライン」と呼んでいる。図5-2は，2点に分けて第1草稿の要点を示している。GATT第1草稿は，7条からなる短いも

のであるが，ITO 憲章との関係を明確に述べるとともに，関税譲許交渉を円滑に行うためのルールを ITO 憲章の通商政策に関する章の中から，いくつか選び出して作成することを謳っていた。上述のロンドン会議の報告書には ITO 憲章のどの条文を GATT に挿入するかは今後の課題であるとしているが，レディ案では，最恵国待遇，内国民待遇，数量制限，為替管理，国営貿易，緊急輸入制限，無効化と侵害の 7 項目を挙げている。(15)

さて GATT 第 1 草稿は，上記から明らかなように，GATT の概略を示しただけで全く不完全なものであった。またセカンド・トラックにおける ITO 憲章の作成についても，ロンドン会議では完成させることが出来なかった。そこでロンドン会議を補完するために1947年 1 月から 2 月にかけて，ITO 憲章ロンドン草案を仕上げるためにニューヨーク起草委員会会議が開かれた。ここでわれわれが呼ぶところの GATT 第 2 草稿が作成されることになった。ITO 憲章ロンドン草案は，ロンドン会議で示された ITO 憲章アメリカ草案に対して，中核国グループがかなりの修正を要求し，雇用に関する章が拡充，また経済開発に関する章が追加された。ITO 憲章の基本的性格は，ロンドン会議とそれを補完する目的で開かれたニューヨーク起草委員会会議で形づくられたといってよい。

GATT 第 2 草稿は，こうした ITO 憲章の性格変化を反映する形で加筆された。図5-2 に示したように，27条構成になるとともに，雇用に関する条項や経済開発に関する条項がイギリスを始めとする中核国の要求によって挿入され，さらには ITO 憲章成立までの義務が第27条「付属文書」として明記された。この段階においても GATT は ITO 憲章成立までの暫定協定であることが明確に示されたのである。

(3) GATT 第 3 草稿の作成：多国間通商協定としての GATT

ところで，アメリカはこうした GATT 第 2 草稿の書き換えに不満をもった。GATT はあくまで通商協定に留めるべきであり，ITO 憲章の通商政策以外の条項を GATT に挿入することは議会との関係上好ましくないと考えた。第 2 回貿易雇用準備会議（ジュネーブ会議）に臨んだアメリカ代表団は，GATT を

図 5-2　GATT 関連文書の変遷：GATT 第1草稿以降

第1草稿（1946年11月）
1. 本体（Ⅰ部，7条構成）

1. 前文において ITO 憲章の一環として GATT 条文の作成を行うことを明記
2. 本文において ITO 憲章からの抜粋（関税の引下げと特恵の撤廃，国営貿易以外は明記せず）と ITO 成立までの暫定的国際機関の設置について規定

第2草稿（1947年2月）
1. 本体（Ⅰ部，27条構成）

1. 前文において ITO 憲章の一環として GATT 条文の作成を行うことを明記（第1草稿と同じ）
2. 本文には，ITO 憲章の通商政策一般からの抜粋を中心とし，雇用政策，経済開発からの規定も明記し，ITO 成立まで暫定貿易委員会が GATT 運営の役目を遂行し，ITO 成立をもってその機能を ITO に委譲する
3. 第27条「付属文書」において，ITO 憲章施行まで，ITO 憲章のすべての原則と規定の遵守を GATT 調印国は約束することを明記

第3草稿（1947年7月24日）
1. 本体（Ⅲ部，32条構成）
2. 調印に関する議定書

1. 前文において GATT と ITO 憲章の関係に関する記述が削除される。自由・無差別主義に基づく貿易が世界の生活水準の向上と完全雇用を齎すと宣言する
2. 本文は3部構成をとり，第Ⅱ部の条文については主に ITO 憲章の通商政策一般から抜粋するが，国内法が優先する。第Ⅲ部に第32条「暫定適用」を挿入
3. 第2草稿で述べられた暫定貿易委員会に代えて締約国の委員会という言葉を使用。第Ⅲ部第23条「締約国の共同行動」において，締約国の委員会が，ITO 成立まで GATT 運営の役目を負い，ITO 成立をもって，その機能を ITO に委譲することを規定
4. 第Ⅱ部の条項は，ITO が憲章成立し，3分の2の締約国が同意した場合，ITO 憲章の当該条項によって置き換えられる。第Ⅰ部の修正については，すべての締約国が同意した場合，行われる
5. 第2草稿の第27条で述べられた ITO 憲章成立まで ITO 憲章のすべての原則と規定を遵守する義務は，ITO 憲章の諸原則について権限の最大限度まで（to the fullest extent of their authority）遵守するという表現に変えられ，第27条は「調印に関する議定書」として本体から分離されるとともに，ITO 憲章が施行されない場合，GATT を補完する必要性についても規定される
6. GATT はジュネーブ会議終了とともに調印されることを想定

第4草稿（1947年9月13日）
1. 本体（Ⅲ部，34条構成）
2. 調印に関する議定書
3. 暫定適用に関する議定書
4. GATT に対する議定書
5. ファイナル・アクト

1. 前文は第3草稿の内容を継承
2. 本文は第3草稿の3部構成を継承。条文は第Ⅱ部に2つの条項が追加され，全体で32条から34条になる（完成案と同じ条文数となる）
3. 第Ⅲ部第25条「締約国の共同行動」において，委員会（Committee）に代えて締約国団（Contracting Parties）という用語を使用。締約国団は，ITO 成立まで GATT 運営の役目を負い，ITO 成立によってその機能を ITO に委譲する（第

（注）GATT 第3草稿は，ジュネーブ ITO 憲章草案に従って，8月30日付で修正案が提出されているが，
（出所）山本，2012，図8-2を引用。

第 5 章　多国間通商協定 GATT の構想と誕生プロセス

の GATT 関連文書の構造変化と ITO 憲章との関連

	3 草稿と趣旨は同じ）。委員会という言葉はすべて削除 4. 第 2 草稿の第Ⅲ部第 32 条「暫定適用」は，本体から分離され，「暫定適用に関する議定書」となる 5. 第Ⅱ部の条項は，ITO 憲章が成立した場合，ITO 憲章の当該条項によって置き換えられる。第Ⅰ部の修正については，すべての締約国が同意した場合，行われる 6.「調印に関する議定書」において，ITO 成立まで，締約国は，その<u>行政権の及ぶ最大限度まで</u>（to the fullest extent of their executive authority），ITO 憲章の一般原則を遵守するという表現に変更 7.「ファイナル・アクト」を通じて，GATT 本体と議定書類（第 4 草稿 1～4）の<u>認証（authentication）</u>を行う 8. 第 26 条「調印，効力発生および登録」において GATT を 1948 年 6 月末日までに調印することを明記（キー・カントリーズは「暫定適用に関する議定書」への調印の前またはそれと同時に，GATT 本体〔「調印に関する議定書」を通じて〕への調印を求められる）
完成案（1947 年 10 月 4 日） 1. 本体（Ⅲ部，34 条構成） 2. ファイナル・アクト 3. 暫定適用に関する議定書	1. 前文は第 4 草稿の内容を継承 2. 本文の構成，条文の数は第 4 草稿と同じ 3. 第Ⅲ部第 25 条「締約国の共同行動」において，締約国団について，ITO 成立までをカバーする役割についての記述が削除され，ITO との関係が曖昧にされる 4. ITO に関する記述は，第Ⅲ部第 29 条「本協定（GATT）と ITO 憲章との関係」（カッコ内は筆者）に限定される。第 29 条には，第 4 草稿の「調印に関する議定書」の内容の一部である，ITO 成立までの締約国の約束，つまり，その<u>行政権の及ぶ最大限度まで</u>，ITO 憲章の一般原則を遵守することについて述べられる。さらに，第Ⅱ部の条項および第Ⅰ部第 1 条が，ITO 憲章成立によって，原則的に ITO 憲章の当該条項に置き換えられることなど。また ITO 憲章が効力を発しない場合や効力を失った場合に関する記述が追加。<u>ITO</u> という表現は第 29 条においてのみ使用される 5. 第 4 草稿「調印に関する議定書」が削除され，その一部が第 29 条に移行された結果，GATT 本体に対する調印に関する記述が消え，「暫定適用に関する議定書」と「ファイナル・アクト」を通じて GATT 本体を認証（authentication）するという関係が出来上がる 6.「調印に関する議定書」の削除とともに，GATT 第 26 条のタイトルが「受諾，効力発生および登録」へ変更される。GATT を 1948 年 6 月末日までに調印するという規定は削除される。これによって，<u>GATT への調印という言葉は GATT 関連文書から消滅</u>。GATT の認証，その暫定適用から，調印という行為を飛び越え，各締約国よる GATT の受諾，そして全締約国の貿易額の 85％ 以上を占める締約国が GATT を受諾したことをもって，GATT は効力を発するという関係が成立。<u>GATT は，調印の期日が設定されず，従って受諾の期限も無期限となった</u>

訂正個所は GATT 本体に限定され，条文の数，議定書類も変化がないので本図には記載しなかった。

純粋な通商協定の体裁をもつよう書き換えることを要請したのである。ジュネーブ会議において，ジュネーブ関税交渉とGATT条文作成を担当する「関税交渉に関する作業部会」が組織された。メンバーはアメリカ，イギリス，フランス，オランダ，カナダであった。作業部会に属したこの5ヶ国は先進工業国であり，「キー・カントリーズ」（後述するジュネーブ会議でGATTの「暫定適用に関する議定書」に調印した8ヶ国）の中核として位置付けることのできる諸国であった。特にこの作業部会の委員長を務めた人物は，アメリカが最も信頼を寄せていた国カナダのウィグレス（Wilgress, L. D.）であり，彼はカナダでは「GATT設計者の1人」として評価されている。[16]「関税交渉に関する作業部会」がGATT第3草稿を練り上げたが，その内容については図5-2に示した通りである。ここにみられるとおり，第3草稿は，第2草稿と大きく異なっていた。GATTの目的を掲げた前文からITO憲章との関連を述べた記述が削除され，雇用に関する条文も削除，そしてITO憲章成立までの義務を明記した第27条はGATT本体から議定書に移された。さらにメンバー（Member）や委員会（Committee）という言葉がほとんど使用されなくなった（第4草稿においてすべて削除）。こうした変更はいずれもGATTを純粋な通商協定としてつくり直すこと，ITO憲章との関係を希薄化させることを目的としていた。こうしたGATT第3草稿の変化は，アメリカにおいてITO憲章成立に向けての勢いが衰えていく過程に符合していると考えられる。上述したように，ITO憲章アメリカ草案に比べて，ITO憲章ロンドン草案には，世界の完全雇用に関するアメリカの義務と責任そして途上国の権利が明記され，アメリカの思惑通りには進まなくなっていた。共和党が主導権を握るアメリカ議会にてこうしたITO憲章を通過させることは非常な困難を伴うことは明らかであった。そしてアメリカの動向はイギリスの察するところとなっていた。ロンドン会議終了後，イギリスのアトリー政権は極秘裏にITO憲章不成立を想定した対外貿易政策の研究に着手することを決定した。[17]

かかる状況変化に対応して，当初想定されていたツー・トラック・アプローチは修正され，ファースト・トラックの自立化の途が模索されるようになった。セカンド・トラックが完成しなくても，ファースト・トラックだけで戦後貿易

第5章　多国間通商協定GATTの構想と誕生プロセス

システムの運営が可能なように多国間通商協定を成立させるやり方である。GATT第3草稿は多国間通商協定としてのGATTの雛型ともいえるもので，1947年10月30日，ジュネーブ会議参加23ヶ国が認証，そしてキー・カントリーズ8ヶ国が暫定適用したのは，第3草稿を基本に修正を施したGATT完成案（オリジナル文書）に対してであった。GATT第3草稿は，即時，締約国が受入れ可能なように，第Ⅰ部と第Ⅲ部については施行義務はあるが，より具体的な貿易ルールを規定した第Ⅱ部については，当該規定が国内法と抵触する場合，国内法優先のルール（いわゆる祖父権）を明記した第32条「暫定適用」を有していた。アメリカ政権としては，互恵通商協定法の更新（1948年6月）までに，GATTを形あるものとするために，暫定的な手法を通じて，是が非でもGATTを施行する必要性があった。GATTの暫定適用は「関税交渉に関する作業部会」5ヶ国，つまりキー・カントリーズの中心国にベルギーとルクセンブルク（この両国はオランダと関税同盟形成に動いていた）でジュネーブ会議終了とともに実施されることが想定されていた（後にオーストラリアが参加）。ここで用いられている暫定的とは，ITO憲章成立までをカバーするGATTを意味するものではない。この点が重要である。各国の国内法の相違から，共通の貿易ルールをつくり出すのには時間を要する（つまり調印後に批准が必要）ので，とりあえずGATTを批准なしに施行する方法が暫定的なる方式であった。事実，全てのジュネーブ会議参加国は，GATTへの即時の暫定適用は求められないにしても，ジュネーブ会議終了時点でGATT本体への調印を要求され，最終的に批准の道筋が想定されていたのである。(18)

（4）GATT第3草稿からGATT完成案（GATTオリジナル文書）へ：
キー・カントリーズ vs. その他の中核国グループ

図5-2に示したように，GATT第3草稿は，その後，第4草稿そして完成案（オリジナル文書）へと2回の書き換えが行われている。それはキー・カントリーズ以外の中核国グループが第3草稿に疑問を呈したことによる。ジュネーブ会議におけるGATTへの調印に対してその他の中核国（オーストラリアを含む）は異議を唱えたのであった。調印とはGATT批准に向けての行為であ

97

ると理解したその他の中核国グループは，たとえ暫定適用が課されようと，GATTには調印できないとの態度をとった。そこで考案されたのが，ファイナル・アクトなる文書を通じてGATT本体を「認証（Authentication）」することであった。それはGATTに対する調印行為ではないこと，つまり調印以前の段階であることを意味する。また暫定適用条項を議定書として分離し，GATT本体から切り離した。こうしてファイナル・アクトと暫定適用に関する議定書によって，即時，キー・カントリーズの間でGATTを暫定的に施行し，同時にGATT本体へ調印することがアメリカによって提案された。キー・カントリーズ先行論である。キー・カントリーズがその他の中核国グループを先導し，最終的にGATTの施行に導くという道筋が立てられたのである。第4草稿時点でのGATTの施行手続きを図式化すれば次のようになろう。

　　ファイナル・アクトへの調印（1946年10月前半）→暫定適用に関する
　　議定書への調印（キー・カントリーズについては1946年11月15日まで）
　　→GATT本体および議定書書類への調印（調印の期間はファイナル・
　　アクトの調印時から1948年6月末日まで）→受諾国の対外貿易額が一定
　　以上に達した段階でGATTを施行

　こうしたGATT施行に向けての手順は，第3草稿時点（9月1日付）の
それと，時期的に遅れがみられること，GATT施行の時期を明確にしていない点は措くとしても，ほぼ同じ手続きを踏んでいるといえる。
　ここで，第3草稿に関してその他の中核国グループがジュネーブ会議終了時点でのGATTの調印になぜ疑問と反対を表明したのかについて明らかにしておかなければならない。それはGATT第Ⅱ部の存在にあった。検討半ばのITO憲章草案の通商政策に関する規定を抜粋してまで，なぜGATTなるものを予め成立させる必要があるのか？　ジュネーブでの交渉は関税引下げ交渉だけに限定し，第Ⅱ部についてはITO憲章の最終討論に任せればよい。そうしないと通商政策の規定に関してダブル・スタンダードが生じる。ほとんどの中核国グループは以上の理由から第Ⅱ部の削除，つまりGATTなるものの存在

第5章 多国間通商協定GATTの構想と誕生プロセス

の否定を求めたが，アメリカを中心とする「関税交渉に関する作業部会」に属する5ヶ国（キー・カントリーズの中心国）は第II部にこだわり続けたのである。そしていわば強行的にGATT成立に導く手続きを進めた。アメリカがGATT成立に向けて行動することができたのは，キー・カントリーズ，とりわけカナダやイギリスの協力があったからである。特に最大の貿易シェアを誇るイギリスの存在が大きかった。そもそもイギリスはGATTに対して消極的な態度で臨んでいたが，ジュネーブ関税引下げ交渉で，ほぼ無傷の状態で英帝国特恵関税の存続を保証されたことによってGATTに賛成に回ったのである。[20]
最終的にGATTを特異な形をとっても成立に導くことができたのは，キー・カントリーズ間の協力によるところが大きい。多国間通商協定GATTは，先進諸国間に最大公約数の規範が存在したこと，つまりラギー(Ruggie, J. G.)[21]のいうエンベッテド・リベラリズムとその理念を多国間主義に基づいてルール化することができたことにあると考える。無論，米英間の対立がなくなったといっているのではない。しかし，米英を中心とする先進資本主義諸国は，GATTの成立に向けて協力したのである。アメリカはイギリスに対して戦中から最大の差別主義の権化とみなした英帝国特恵関税制度の即時撤廃を断念する見返りに，多国間通商協定GATT施行への協力を取り付けた。

　こうしてGATT第4草稿の趣旨は，第3草稿に比べて，ファイナル・アクトと暫定適用に関する議定書を通じて，キー・カントリーズの間で，とりあえずGATTを即時，暫定的な形で施行することにあったとわれわれは理解している。それでは第4草稿の書き換えをどう理解すればよいのであろうか。図5-2に示したように，GATT第4草稿には，ファイナル・アクト，調印に関する議定書，暫定適用に関する議定書，GATTに関する議定書（日独そして朝鮮を早期にGATTやITO憲章に参画させること）の付属文書が存在し，非常に複雑な構図となった。特にその他の中核国グループ（オーストラリアを含む）は，調印に関する議定書に対する批判を強めた。ジュネーブ会議においてファイナル・アクトによってGATT文書類を認証し，暫定適用に関する議定書を通じてGATTの諸規定を暫定的に施行すること以上に何が必要なのか？　結局この論争は，その他の中核国グループの主張が通り，GATT完成草稿からは，

調印に関する議定書が削除された。したがってGATT本体への調印という行為がなくなり，GATT施行に向けての道筋が曖昧になったが，ファイナル・アクト，暫定適用に関する議定書を通じて，GATTを認証そして暫定的に施行するという途までは示された。そしてその批准と受諾を行う締約国の貿易額がすべての締約国のそれの85％を上回れば，GATTは自動的に施行されることになった。しかしそれがいつなのかは明言されなかったのである。

　GATTとITO憲章との関係もさらに希薄化していった。ITO憲章という言葉は第29条「本協定とITOとの関係」以外では全く使用されず，ITO憲章までの義務について述べた一節でも，「行政権のおよぶ最大限度でのITO憲章の一般原則の遵守」(傍点は山本)という表現が用いられた。これはアメリカにとってみれば大統領の権限のおよぶ範囲の義務に限定されたことを意味する(つまり議会の承認が必要な場合はその義務の範疇に入らない)。かくしてファースト・トラックとして構想された関税引下げ交渉の結果とそれに関するルール集は，セカンド・トラックに吸収されなくとも立派に自立できる多国間通商協定GATTとその議定書類(オリジナル文書)として完成をみたのである。

4　多国間通商協定GATTの船出：その意義と限界

　紆余曲折を経て1947年10月30日，GATTは23ヶ国の間でファイナル・アクトを通じて認証され，暫定的に48年1月1日より「関税交渉に関する作業部会」に属する5ヶ国を中心とするキー・カントリーズ8ヶ国間で施行されることが決まった。われわれは，47年10月30日にジュネーブにて23の締約国によって認証されたGATTをGATTオリジナル文書と名付けることにする。というのも，その後，GATT文書は，何回か修正・加筆され，最終的にWTOの一部に収録され，現在に至っているからである。その基本となったのが47年の10月30日に認証されたGATTオリジナル文書である。図5-3は，ジュネーブ会議終結時におけるGATTの認証と暫定適用について構図化したものである。ジュネーブ会議に参加した23ヶ国は，GATT条文と関税譲許交渉の結果，そして暫定適用に関する議定書についてファイナル・アクトの調印を通じて認証

図 5-3 ジュネーブ関税交渉と GATT 認証手続きの構図（1947年10月30日時点）

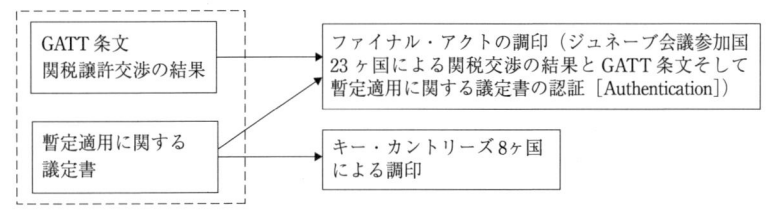

```
┌─────────────────┐      ┌──────────────────────────────────┐
│ GATT 条文       │      │ ファイナル・アクトの調印（ジュネーブ会議参加国 │
│ 関税譲許交渉の結果 │─────▶│ 23ヶ国による関税交渉の結果と GATT 条文そして │
│                 │      │ 暫定適用に関する議定書の認証［Authentication］） │
└─────────────────┘      └──────────────────────────────────┘
┌─────────────────┐      ┌──────────────────────────────────┐
│ 暫定適用に関する │─────▶│ キー・カントリーズ 8ヶ国             │
│ 議定書          │      │ による調印                         │
└─────────────────┘      └──────────────────────────────────┘
```

（注）本文で述べたように、暫定適用に関する議定書への調印によって、キー・カントリーズ8ヶ国は、調印と受諾行為なしに、GATT第Ⅰ、Ⅲ部は無条件に、第Ⅱ部は国内法と矛盾しない限りにおいて、施行することになる。したがって図の GATT 条文と関税譲許交渉の結果を、キー・カントリーズ8ヶ国は、議定書の述べる範囲において施行することを意味する。
（出所）山本、2012、図 8-6 を引用。

した。一方、キー・カントリーズ8ヶ国は、暫定適用に関する議定書の調印を通じて48年1月1日より、GATTを暫定的に施行した。通常、世界経済の教科書いうところの GATT の発足または調印とは、GATT の認証と暫定適用に関する議定書への調印のことであり、正式調印または受諾・批准ではないことを改めて確認しておく必要があろう。

そもそも米英の協調と角逐の中から始まった戦後貿易秩序の形成は、中核国間でその具体化が進められていくにつれ、アメリカはイギリスを中心とする西欧諸国の既得権益（イギリスの場合、英帝国特恵関税制度）の温存を認める形で、システムの構築を図ったといえる。貿易システム形成に向けての対立軸は、米 vs. 英からキー・カントリーズ（先進国）vs. その他の中核国（発展段階は異なるが工業化を進めようとする諸国）に移っていった。無論、キー・カントリーズ内部での対立が消滅したといっているのではない。イギリスを中心とする西欧諸国は対外的インバランスを抱えつつ、完全雇用政策に重きを置いており、アメリカの貿易自由化要求を呑むことはできなかった。しかし、GATT を如何なる形であれ、施行に移したいアメリカは、キー・カントリーズへの譲許を条件にキー・カントリーズの協力を取り付け、多数派であるその他の中核国の要求を抑えそして躱し、GATT をどうにか、暫定的な施行（暫定的というのはITO憲章成立までをカバーする意味で用いているのではない）という形で成立に導くことができたのである。多国間通商協定 GATT は、難産の末、誕生したのである。多国間主義の有無は、戦前貿易と戦後のそれを画する重要な問題である。

GATTは多国間主義に基づく画期的な取決めであった。しかし，それはまた多国間主義の限界を表すものであった点を強調したつもりである（前述したように，本章の内容は，山本，1999および2012のエッセンスに過ぎない。詳細については特に山本，2012を参照）。

[付記]
　本章は，イギリスのナショナル・アーカイブズ（旧PRO），アメリカのナショナル・アーカイブズ（NARA），WTOのGATT・ITO関連文書，アメリカ国務省公刊文書類（*Foreign Relations of The United States, The Department of State Bulletin* など），トルーマン・ライブラリー所収文書類を中心とした未公刊の第1次史料に基づいて執筆したものであるが，紙幅の関係上，これらの史料の詳細を記載することを避けた。これらの史料に関しては，すべて山本和人『戦後世界貿易秩序の形成——英米の角逐と協調』1999年および『多国間通商協定GATTの誕生プロセス——戦後世界貿易システム成立史研究』2012年（双方ともミネルヴァ書房）で使用したものであり，二つの山本の各章末または巻末の参考文献を参照のこと。

注
(1) Irwin, D. A., Mavroidis, P. C. & Sykes, A. O., *The Genesis of the GATT*, Cambridge University Press, 2008, p. 1.
(2) 岩本武和・阿部顕三編著『岩波小辞典　国際経済・金融』岩波書店，2003年，GATTの項（58～59頁）参照。
(3) 山本和人『戦後世界貿易秩序の形成——英米の角逐と協調』ミネルヴァ書房，1999年，323-327頁。
(4) 山本，1999，第7章。
(5) 山本，1999，第9章。
(6) 山本，1999，第9章第3節。山本和人『多国間通商協定GATTの誕生プロセス——戦後世界貿易システム成立史研究』ミネルヴァ書房，2012年，第1章第3節。
(7) 山本，1999，第8章，注(21)。
(8) 山本，2012，第4章。
(9) 山本，1999，第9章第4節。
(10) Aaronson, S. A., *Trade and the American Dream: A Social History of Post-war Trade Policy*, The University Press of Kentucky, 1996, pp. 62-63. Hart, M. (Edited and with an Introduction), *Also Present at the Creation: Dana Wilgress and the United Nations Conference on Trade and Employment at Havana*, Centre for Trade Policy and Law, 1995, p. 39.
(11) 山本，2012，特に第4章。
(12) 山本，2012，第5章第1節。
(13) 山本，2012，第4章，第5章。

第5章 多国間通商協定GATTの構想と誕生プロセス

(14) 山本,2012,第5章第1節第2項。
(15) 山本,2012,第5章第1節第2項。
(16) 山本,2012,第8章第1節第1項。
(17) 山本,2012,第5章第1節第2項②。
(18) 山本,2012,第8章,注(5)の表A。
(19) 山本,2012,第8章,注(5)の表B。
(20) 山本,2012,第7章。
(21) Ruggie, J. G., "International regimes, transactions, and change: embedded liberalism in the postwar economic order," *International Organization*, Vol. 36, No. 2, 1982. Ruggie, J. G., "Multilateralism: The Anatomy of an Institution," in Ruggie, J. G. (ed.), *Multilateralism Matters: The Theory and Praxis of an Institutional Form*, Colombia University Press, 1993.

ない。

第6章

貿易協定の半世紀とその変化

柴田茂紀

1　貿易協定の変化

　近年，貿易協定(1)の内容が大きく変化している。半世紀前の貿易協定は，「モノ」の国際的な移動に伴う直接的な政策措置（関税・輸入数量制限）が中心であった。しかし，次第に国際的な経済取引に関連する国内法制度も含まれるようになり，ヒトの移動，対内・対外直接投資政策，国内の商慣行の規制緩和，知的財産権，環境保護や労働基準など，純粋な意味での「貿易」協定とはいえないものにまで拡大されてきた。本章では，戦後半世紀にわたる貿易協定の特徴を概観しながら，近年の貿易協定が変化した背景や含意を整理していく。

　「貿易」は"trade"を日本語にしたものであるが，本来この言葉には「取引」という意味も含まれている。「貿易（trade）」をモノ（財）の国際取引に限定すると，近年の「貿易（trade）」をとりまく世界的な変化を見誤ってしまう恐れがある。現在，政府間の"trade"に関する交渉範囲は，モノ（財）だけでなく，さらに幅広い各種の国際取引が入っている。その意味で"international trade agreement"の実態は「国際貿易」というよりも，「国際商取引」に関する協定であり(2)，経済のグローバル化が進展している現在，多様な形態で人びとの生活に影響を及ぼしている。

　日本は戦後半世紀を通じ，国際貿易体制の中で庇護の対象であった時期から，経済的な脅威となる時期を経て，様々な貿易協定を締結してきた。日本が戦後初期に締結した貿易協定のほとんどは，外貨不足を背景にした2国間の貿易決済協定であり，1950年代前半は，GATT加入を目指して各国との2国間・多国間協議を繰り返し，1950年代後半，貿易摩擦が生じた際には輸出自主規制に

関する協定を結ぶようになった。その後，日本市場の閉鎖性が問題にされると，輸入自主拡大に関する貿易協定を締結し，現在は，TPP（Trans-Pacific Partnership Agreement, 環太平洋経済連携協定）の締結を目指し，多国間で幅広い分野の交渉を推進しようとしている。一方で，TPPを主導しているアメリカは，これを高水準で新しい「21世紀型」の協定と位置付けている。アメリカが締結してきたFTAの項目（知的財産，競争政策，労働，環境など貿易以外の分野）を含めながら，「WTOプラス」と呼ばれるWTOのルールを先行し，TPPを通じたアジア太平洋諸国の市場開放と自国における雇用増大，米国系企業の利益確保を目的にしている(4)（表6-1）。日本政府もFTA（Free Trade Agreement, 自由貿易協定）やEPA（Economic Partnership Agreement, 経済連携協定）がWTOを「補完」・「強化」するものと位置付け，関税撤廃の程度や期間・自由化の程度の高さなど「高いレベル」のEPAを進めている。ただし，現在進行中の政策であることを考慮すると，「高いレベル」や「質」が具体的に何を指し，いかなる影響があるのかについては，継続的な検証が必要である。

　貿易協定の歴史は，通商問題にまつわる国家間の利害調整の歴史であり，その調整に関わる既得権益・利益集団間の対立の歴史でもある。国際商取引をめぐる摩擦や利害の対立は自然に調和・解消されない。問題に直面した各国政府が公式・非公式に各方面と協議し，何らかの調整が試みられるが，近年，この調整過程における不透明さが指摘されている。国家間交渉である限り，交渉中における完全な情報開示は不可能である。しかし問題なのは，国民の代表であるはずの議員が協定の全容を知ることができない一方で，アメリカでは600社あまりの民間企業が協定案づくりのアドバイザーになり，それが協定に反映されるような不公平性や不透明性が存在している点である。密室性を伴う協定づくりの場に企業が入っている現状で，何が優先されるのか懸念される。企業は国境を越えて活動できる一方で，国民の多くは国境を越えて活動するのが困難であり，この点で企業と国民との利益は必ずしも一致しない。

　既得権益・利益集団は，時には貿易協定に影響を与え，逆に時には貿易協定から影響を受ける。企業や各種の組織がロビー活動を通じて政府に働きかけ，圧力団体として何らかの形で利益誘導を試みる構図は，これまでも存在してい

表 6-1 TPP交渉の21分野と日本への影響（政府見解）

交渉分野	主な内容	日本への影響（政府見解）[1]	
		メリット	デメリット
(1) 物品市場アクセス	関税撤廃・引下げ	輸出活性化	国内農産品の関税撤廃の可能性あり[2]
(2) 原産地規則	関税撤廃・引下げの対象基準	貿易実務の円滑化	原産地証明制度の変更で新たな体制構築の必要が生じる可能性あり
(3) 貿易円滑化	貿易手続きの簡素化	貿易手続きの簡素化で中小企業の貿易促進	特になし
(4) 衛生植物検疫	食品安全や検疫基準	特になし	検疫水準低下の可能性あり
(5) 貿易の技術的障害	製品の安全規格基準	協議機関設置で問題解決の加速化	遺伝子組換え作物の表示が消える可能性あり
(6) 貿易救済（セーフガード等）	セーフガードの発動条件	日本に有利な特定品目を保護できる可能性あり	発動条件厳格化の可能性あり
(7) 政府調達	公共事業の発注ルール	日本企業による海外の公共事業への参入促進	外資による日本の公共事業への参入促進
(8) 知的財産	模倣品・海賊版の取締まり	日本企業の知的財産権保護強化	新基準導入による特許制度変更の可能性あり
(9) 競争政策	カルテル等の防止	公正取引委員会と他国当局との協力促進	国内制度との整合性が問題となる可能性あり
(10) 越境サービス貿易	サービス貿易の自由化	自由化分野拡大の可能性	ルール変更による国内法改正の可能性あり
(11) 商用関係者の移動	商用の入国・滞在手続きの簡素化	商用関係者の海外渡航が容易になる可能性あり	特になし
(12) 金融サービス	国境を越える金融サービス提供のルール	日本の金融サービスの海外展開促進	簡保や郵貯に影響が生じる可能性あり
(13) 電気通信サービス	電気通信事業者の義務	途上国の規制緩和で日本企業の進出促進	判断できず
(14) 電子商取引	電子商取引のルール・環境整備	日本企業にとって電子商取引の環境整備	新たな規定による国内制度変更の可能性あり
(15) 投　資	外国投資家への差別禁止	他国の規制緩和で日本企業の投資環境改善	ISDS条項[3]により投資家から日本が訴えられる可能性あり
(16) 環　境	貿易・投資促進のための環境規制緩和の禁止	環境で先進的な日本企業の競争力強化	漁業補助金やサメ漁が問題となる可能性あり
(17) 労　働	貿易・投資促進のための労働規制緩和の禁止	不当な労働条件で生産された産品との競合防止	特になし

第6章 貿易協定の半世紀とその変化

(18) 制度的事項	協定運用に関する協議機関の設置	日本企業のビジネス環境改善の可能性あり	特になし
(19) 紛争解決	協定解釈の不一致等による紛争の解決手続き	特になし	特になし
(20) 協　力	協定合意事項の履行体制が不十分な国への支援	途上国での人材育成は日本企業のビジネス環境整備につながる可能性あり	特になし
(21) 分野横断的事項	複数分野にまたがる規制による貿易への障害防止	議論が収斂しておらず，今後の議論を見極めて対応を検討する必要あり	

(注) 1) 2012年3月現在において協定案は未公開段階であり不透明なことが多く，この政府見解は後に検証が必要である。
2) 交渉の方式は，それまでのポジティブリスト（リストにある品目の制限撤廃・引下げ）方式ではなく，ネガティブリスト（リストにある品目以外はすべて制限撤廃・引下げ）方式である。
3) Investor-State Dispute Settlement（投資家と国家との紛争解決）条項の略。
(出所) 国立国会図書館調査及び立法考査局編，2012，5頁。

た。しかし近年では，貿易協定の締結交渉が本格化する以前から，限られた一部の企業が協定内容を知り，しかも協定案づくりに影響を与え得る立場にあると指摘される事態が生じている。交渉主体となる政府の意図にかかわらず，協定の締結に伴って国内の諸制度が変化し，人びとの暮らしに何らかの影響がある可能性が懸念される。例えば，投資家（企業）と国家との紛争解決のためのISDS条項（表6-1(15)）に代表されるように，投資家（企業）が自らの利益を確保するため，ある国を訴え何らかの補償を得ることができるような利害の調整過程が，政府間協議で交渉・実施されようとしている。国民の暮らしを守るために導入された法制度が，締結相手国の企業にとって不利益になった場合，相手国企業の利益を優先し得る条項が，政府間で交渉されようとしている。かつて「鉄は国家なり」という時代には，企業の利益と国家の利益との間に大きな乖離はなかった。しかし，企業活動の国際化が進展している現在において，企業の利益と国民の利益とは必ずしも一致しない。そこで，利害調整をすべき国家の役割や政策上の優先順位が改めて問われる。

　本章では，上記の問題意識に基づき，「21世紀型」の協定が提起されるまでの半世紀を整理し，近年の推移を考える。

2　貿易協定の重層化と相互作用

　日本が近年締結してきた貿易協定はEPAが中心であるが，こうした相手国を限定した協定は，「自由・無差別・多角」主義に基づくGATT・WTOの例外とされている。WTO協定の一つであるGATT第24条によると，相手国を限定して，関税その他の制限的通商規則を引き下げ，または撤廃する場合には，域外国に対して通商上の障害を新たに引き上げないという条件がある。[8]

　TPPはこの地域協定の一つであり，たとえ「開国」や「自由化」を進めるとしても，相手国が限定されているという意味で，外部に対する「ブロック化」になる[9]。そのため，ASEAN（Association of South East Asian Nations, 東南アジア諸国連合）のスリン事務局長は，アメリカの主導するTPPによってASEANやアジアが分断される懸念から，「ASEANとしてはTPPより域内の経済統合を優先すべき」と表明している。[10]

　TPP交渉を進めようとしている日本は，これまで2国間・地域内協定というよりも，多角間協定を優先してきた。なぜなら，日本はGATT・WTOという多角的貿易協定から最も大きな恩恵を受けた国の一つとされ[11]，多角的な貿易関係に基づいて輸出を拡大してきたからである。しかし，WTO加盟国の増加や生産工程の細分化・国際化が進展し，多様な利害調整が必要になると，多角的な合意形成が困難となり，各国は2国間・地域貿易協定を進め，日本も方針転換に迫られた。EUでは東方拡大が進み，アメリカでは，貿易交渉を担当するUSTR（United States Trade Representative, アメリカ通商代表部）が，「全世界で130のFTAが発効しているのに対して，アメリカはわずか二つのみ」と自国の遅れを指摘しながら[12]，中南米やアジアとの協定締結に乗り出すなどの動きがある。日本でもFTA・EPAへの出遅れが通商上の不利益につながるという懸念が表明され，「GNP（国民総生産）30位以上の国のうちFTAに属していないのは，中国と韓国，日本のみ」として[13]，シンガポールとの2国間協定を皮切りに2国間・地域内協定を締結し，現在では交渉国も交渉分野も広範なTPPという，太平洋を囲む地域協定を進めようとしている。

第6章 貿易協定の半世紀とその変化

　これまでの貿易協定は時代を経て重層化しながら進展し，財の取引以外にも対象項目を拡大しながら変化してきた。重層化とは3種類の協定，すなわち第一に，GATT・WTOという世界的に展開されている多角的（multilateral）なもの，第二に，NAFTA（North American Free Trade Agreement, 北米自由貿易協定）やEU（European Union, 欧州連合），ASEANといった地域的（regional）なもの，第三に，二国間（bilateral）のものの3種類がそれぞれ組み合わさり，積み重なるようにして国際経済システムを構築してきた。「重層的通商政策」，またはスリー・トラック・アプローチ（Three-Track Approach）と呼ばれる政策は，多角的協定であるGATT・WTOを基礎にしながら，地域間・2国間協定をそれぞれ組み合わせて活用しようとするものである。そのうち近年注目されているのがFTA・EPAである。この総称として，以下RTA（Regional Trade Agreement, 地域貿易協定）と表記する。

　近年，RTAが急増しているのは，①多角的協定であるWTOのもとでの交渉が進展せず，②WTOに含まれていない内容の協定（「WTOプラス」）を早期に獲得し，多角間交渉を有利に進め，③各国がRTAを急増させている中で，自国が排除される事態を回避し，④地域的安全保障の強化といった政治的理由を伴い，各国が相手国や対象範囲を選択しながら，WTOの代替策・補足手段として進めているからである。

　各地でRTAが連鎖しながら進展する現象は「ドミノ効果」とも呼ばれ，この半世紀においては三つの波がある。第一の波は，1957年にEEC（European Economic Community, 欧州経済共同体）が生まれ，そこに含まれないヨーロッパ諸国がEFTA（European Free Trade Association, 欧州自由貿易連合）を形成するような動きとなり，また，ラテンアメリカやアフリカに広がったもの，第二の波は，80年代半ば以降，ECの統合の深化や米加自由貿易協定（1989年），NAFTAの成立（1994年），APECの創設（1989年）につながったもの，そして第三の波は，多様なFTAが進められている90年代末から2010年代の現在までを含むものである。この過程で「貿易」協定の対象も拡大した。

　それぞれの波は，以前の波の上に重なるようにして打ち寄せてくる。第一の波における地域貿易協定は，経済発展のレベル，政治・経済体制などが同等・

類似の国家間(先進国間・途上国間)で締結され,第二の波においては,たとえ近接していても先進国と途上国との協定というように経済発展のレベルが異なる国家間で結ばれる傾向があった他,ソ連の崩壊とCOMECON (Council for Mutual Economic Assistance, 経済相互援助会議)の解体に伴い,新たな貿易協定を締結する動き(1991年以降)があり,第三の波においては,地域貿易協定を締結してこなかった日本や韓国,または社会主義からの移行段階にある各国が取り組み始め,相手国と必ずしも近接していないという特徴がある。[19]

経済的側面から考えると,各国でRTAが期待されるのは,RTAを通じたプラスの効果と,RTAを締結しないことによるダメージの両者が存在するためである。RTA域内におけるプラスの効果とは,貿易創出効果(域内取引が拡大する効果)や市場拡大効果,そして競争促進効果などの増大であり,RTAを締結しないダメージとは,域外における貿易転換効果(貿易協定の影響で域外取引が縮小し,域外国にはマイナスとなる効果)である。[20] そのため,自国のRTAへの「出遅れ」は,国内企業の不安を高める。輸出面で不利になると予想する企業によっては,現地生産を拡大させることで本国がRTAを締結しないマイナスの影響を弱められる。しかし,本国からの輸出が相対的に不利であることに変わりはなく,協定締結を要求する圧力となる。この圧力は,RTAをめぐる既存の国内バランスに変化をもたらし,協定賛成派の立場を強化させながら,交渉の推進力となる。[21] それがRTAの締結国の中に入ろうとする,いわば求心力のように作用する。

一方で,RTAには遠心力も存在し,「ドミノ効果」の機能を高める。ある貿易協定の締結国と新たな協定を結ばない(結べない)国は,それに伴うマイナスの効果(貿易転換効果)を減殺するため,多角間協議が進まない状況下では,全く別の国・地域との新たな協定を締結しようとする。この遠心力が上記の求心力と相乗して「ドミノ効果」となり,各地に波及していく。

つまり,2国間・地域的貿易協定によるルール化・制度化は,GATT・WTOに基づく多角的な貿易協定が進展しない状況下において,次善の策として進められている。[22] ただし,どれだけRTAが進展しても,多角的貿易協定の存在理由は失われない。域内の経済交流を活性化させるRTAも,GATT・

WTOを支える多角間貿易協定もそれぞれ単独では成立せず，相互に補完し合う特徴がある。なぜならば第1に，RTAを締結していない諸国との通商関係は，当然のことではあるが，多角間協定であるGATT・WTOに基づくからである。たとえRTAを締結していたとしても，第三国が関係する場合や，紛争処理の際には，WTOでの調整も重要になる。第二に，アンチダンピング問題や医療，知的財産権保護など，世界的に実施されなければ規制回避行動が生じ，実効性が失われてしまうルールが存在するからである。RTAと多角間協定は代替関係というより相互補完関係にあり，それぞれが重層化しながら国際経済体制が構築されていく。

3 「躓きの石」と「埋め込まれた自由主義」

RTAと多角間貿易協定との相互補完関係が機能すれば，国際貿易体制のための「積み上げの石（building blocks）」となる一方で，貿易転換効果が大きくなり，全体的な取引量が改善されなければ，RTAは国際貿易体制にとって「躓きの石（stumbling blocks）」となる。

RTAが国際貿易体制にとって「躓きの石」となり得る要因は，大きく二つに分けられる。上記の貿易転換効果と，「スパゲティ・ボウル（spaghetti bowl）現象」である。すなわち，貿易協定の成果を利用するには，対象となる貿易財がどの国の製品なのかを明確にする基準（原産地規則）が必要になるが，貿易協定の締結数が増え，原産地規制の内容が協定ごとに異なったり，知的所有権など別の諸規定も協定ごとに内容が異なったりすると，協定数の増加に伴い諸規定が複雑に絡み合うため，実際の貿易実務が煩雑化し（スパゲティ・ボウル現象），貿易関係の円滑化という本来の目的に反した結果が生じてしまう。

こうしたRTAのプラス・マイナスの効果を総合的に考慮すると，RTAには貿易を顕著に拡大させる効果がないとする見解がある。WTOの年次報告書では，その根拠が三つに整理されている。第一に，関税率は先進国においてすでに低く，さらに引き下げたとしても，追加的な効果が明らかでない点，第二に，「スパゲティ・ボウル現象」に象徴されるように，実務レベルにおいて，

適用を受ける際の手続きが厳格・煩雑であるため,企業が積極的に利用しない点,第三に,多角間協議が困難な分野は,RTA 交渉でも同様に取り上げられにくく,未着手の状態が継続するか,協議が難航する傾向にある。(26) 一方で,第一点目・第二点目に関しては,実務レベルにおいて,RTA 締結が進んでいる国に企業が進出し現地生産を進めるなどの変化が報じられ,(27) 第三点目に関しては,「WTO プラス」のように WTO を先行する内容を協議し,「21世紀型の協定」として「高度」だとされる内容が,企業の利益を優先する形で盛り込まれるなど RTA に関連する展開が同時並行的にみられる。

それでも 2 国間・多角間の国際協議が進展しない大きな理由の一つは,各国政府による国内の利害調整が難航するからである。政府は国内外それぞれにおいて利害調整が必要で,国内の合意形成に手間取れば,国際間の交渉を進めにくい。(28) この半世紀において,とりわけ戦後直後の国際経済体制が構築される際も同様であった。国際的な制度の構築・強化・安定のためには,各国の協調が必要になる。戦後の国際貿易体制は「自由・無差別・多角」主義のもとに進められたが,この原則を追求するあまり,国内経済(雇用や所得)が不安定になれば国内の反発が強まり,国際貿易体制の構築・安定への理解・推進力が弱まってしまう。そこで,各国政府がそれぞれの実情に沿って国内経済の安定を図れる制限的な政策が許容されるようになった。(29) つまり,戦後の国際貿易体制は,国際的には「自由・無差別・多角」主義の原則で進められた一方で,国内では各国の事情に合わせて自由貿易を「埋め込む(制限する)」形が許容された。これは「埋め込まれた(制限された)自由主義(embedded liberalism)」の一つであり,国内経済の安定を相対的に優先する形で国際貿易体制が形成されていた。(30)

しかし,経済の国際化・グローバル化が進み,企業の活動範囲の拡大に伴って,国内事情に基づく諸制度が企業の障害になると,構造問題として争点にされてきた。かつて「埋め込まれた(制限された)」ものが,他国の企業・政府から問題視されるようになり,開放や自由化が進められるという「埋め込みの解除」が展開されるようになったのである。(31) 制限措置が解除され,開放・自由化政策が進展するのに伴い,国内経済の安定に寄与する諸制度は脆弱化していく。

4 「埋め込みの解除」の先にあるもの

表6-2は，内閣官房国家戦略室がまとめた日本における「第三の開国」というレトリックである。TPPはこの「第三の開国」と合わせて推進され，自由貿易の利益を享受すると期待されている（表6-2，C-④-b）[32]。何をもって「開国」や「鎖国」であるのか明らかにされないまま，「国を開く」ことによる利益が喧伝されている。この言説には注意が必要である。「第一の開国」では関税自主権の放棄や治外法権を認めており，そのコストがゆえに「アジアで唯一の列強」（A-⑤）になったわけではない。「第二の開国」は，アメリカの占領政策の下に進められたが，それだけの要因で「アジアで唯一の先進国」（B-⑤）になったわけでもない。いずれも，日本国内でそれぞれが大きな政治・経済・社会体制の変革を伴い，利益が自動的に得られたのではなかった。「国を開く」利益を過去の経験から学ぶ際には，その背景や光と陰を総合的に考慮すべきであり，それぞれの因果関係や相関関係を正確に検証する姿勢が必要である。さらに内閣官房国家戦略室は，「鎖国のリスク」として社会不安を挙げる一方で（C-③），「開国政策」を通じた自由貿易に期待する（C-④-b）。しかしながら，近年の「貿易」協定は「21世紀型の協定」として単なる財（モノ）の取引だけでなく，幅広い分野を含む（表6-1）。財の取引以外の分野も含めた，全体的な影響を考慮する必要がある。国内の雇用や生活に影響する内容の開放や自由化が進むことで，逆に社会不安が高まる可能性があり，そのため国内に反対勢力が存在している。それにもかかわらず「第三の開国」は「地域・国民からのグローバル化」を図り（C-④-c），その結果，「世界の課題解決先進国」という成果が得られると表現されている（C-⑤）。TPPをはじめとしたRTAが注目されるようになった経緯を考慮すると，利益が期待できる国内外の企業のための「開国」であるというのが実態であり，何が「地域・国民からのグローバル化」による利益なのか検証されなければならない。

「国境を越えてモノ，カネが自由に往来するときには，兵士は国境を越えず，

表 6-2 政府による「第三の開国」というレトリック

		第一の開国（A）	第二の開国（B）	第三の開国（C）
①国際環境		帝国主義	冷戦（米ソ対立）	グローバル化（アジアの成長）
②国内環境		幕藩体制の動揺	敗戦（経済基盤の消滅）	少子高齢化／社会の内向き化
③鎖国のリスク		欧米列強による植民地化	発展途上国化／共産主義化	経済停滞・悪化→国民負担増加→社会不安
④開国政策	a）政治システム	幕藩体制から中央集権へ	国民主権の確立	中央から地方へ、官から民へ
	b）経済システム	自由貿易（金本位制），殖産興業	自由貿易（GATT体制），産業政策による重工業化	自由貿易（APEC大のFTA）
	c）社会システム	上からの文明開化	外からの近代化	地域，国民からのグローバル化
⑤開国の成果		アジアで唯一の列強へ	アジアで唯一の先進国へ	世界の課題解決先進国へ

（出所）　内閣官房国家戦略室，2011，4頁。

モノ・カネが自由に国境を越えなくなると，兵士は国境を越えるものである」[33]。ここでいう「国境」の位置付けが，この半世紀で大きく変化してきた。企業は国境を越えて活動できるのに対し，国民や国家が国境を越えるのには相対的に困難や制約が伴う。国家の利益と企業別・産業別の利益は必ずしも一致せず，利害をめぐる国内外の対立は錯綜している。

こうした利害関係の実態と同様に注目すべきは，通商政策に関連するイメージ形成，認識の問題である。第1節で指摘したように，近年の「貿易」協定には投資や金融，電気通信サービス等幅広い内容が盛り込まれており，旧来の貿易協定という認識では事態を見誤る恐れがある。ケインズによると，長期的に危険なものは「既得権益ではなく思想である」[34]。ある思想や認識が何らかの目的のため巧みに正当化され，普及していくこともあり得る。国内における通常の政策過程では実現困難な政策目的をあえて国際交渉に盛り込み，国民が気付かないうちに，あるいは関与できない形で国内経済の諸制度が変更される可能性も否定できない。「新しい貿易協定は，本質的に非民主的である。交渉は秘密裏に進められ，協定が不評でも将来の政権が事実上撤回できないように構築されている」[35]側面が懸念される。

貿易協定や通商協定も自由化も，その国にとって最終目的ではない。本来は幅広い意味で自国に利益をもたらすためのものである。しかしながら，一国全体にとっての利益が明確化せず，国内における利害調整が困難で，利害関係も国内外で複雑化すれば，国内の世論がまとまらない。そこで政府は事態の打開を図るべく，いくつかの見解を提示しながら時には国民に危機感を与え，時には美辞麗句を連ねることで政策への支持を高めようとする。政府のいう「第三の開国」論にもその傾向がある。この時，報道機関や国民には貿易協定の利害をめぐるレトリックを検証し，中長期的な観点から政府の選択が自分たちの生活にとって適切なのか判断していく姿勢が求められる。

注

(1) 本章における貿易協定とは，国際取引に関連する協定という幅広いものを指し，各種の通商協定や経済協定，貿易摩擦を回避するための協定も含む。
(2) 国連の組織である United Nations Commission on International Trade Law (UNCITRAL) が「国際連合国際商取引法委員会」と訳されるように，実際，"International Trade" が「国際商取引」とされることもある。
(3) USTR, 2012, p.1, p.147.
(4) USTR, 2012, p.1, p.147，および OECD, 2003, p.14, WTO, 2011, p.53.
(5) 経済産業省『通商白書』(2001年版) 156-175頁，外務省，2011，191頁。
(6) Kelsey, 2010, 邦訳293-294頁。
(7) Kelsey, 2010, 邦訳293-294頁，および「日本は TPP 見送りを」(2012年3月12日付)時事通信社のウェブサイト，http://www.jiji.com/jc/zc?k=201203/2012031200827 (2012年3月25日閲覧)。
(8) GATT 第24条の詳細は，外務省経済局国際機関第一課編，1996，77-82頁。
(9) 国立国会図書館調査及び立法考査局編，2012，8頁。
(10) 『日本経済新聞』2012年2月14日。
(11) 『日本経済新聞』2003年2月18日，『朝日新聞』2003年5月5日。
(12) USTR, 2001, p.4.
(13) 外務省経済局，2002，2-4頁，110-111頁。
(14) この分類については，『通商白書』(2000年版) 第2部参照。
(15) 馬田，2005，1-2頁。
(16) WTO, 2003, pp.46-68，山本，2008，226頁，253-54頁。バンドワゴン効果については，内閣府，2011，115頁。
(17) Baldwin, 1993. RTA に関しては，Balassa, 1961による分類が代表的なものであるが，近年の実情を含めた新たな整理も必要であろう。
(18) WTO, 2011, pp.51-54，山本，2008，219頁。

⒆　WTO, 2011, pp. 51-54，山本，2008，221-27頁。
⒇　『通商白書』（1998年版）第3章第3節に詳しい。
㉑　山本，2008，252-253頁。
㉒　『通商白書』（2001年版）162頁。
㉓　馬田，2005，に詳しい。
㉔　Bhagwati, 1993, p. 26.
㉕　『通商白書』（2001年版）163頁，遠藤，2005，153頁。
㉖　WTO, 2003, pp. 46-68.
㉗　『日本経済新聞』2012年3月18日。
㉘　国際交渉を分析する際，国内調整と国際交渉の二つのレベルから考える理論（2レベル・ゲーム）については，Putnam, 1988以降，様々な展開がみられる。
㉙　セーフガードなど，制限的な貿易措置を例外として認めたのもこの一例である。
㉚　Ruggie, 1996, 邦訳171-174頁。
㉛　Ruggie, 1996, 邦訳173頁。
㉜　内閣官房国家戦略室，2011，4頁。これを批判するものとして宇沢・内橋，2011，本山，2011がある。
㉝　山本，2008，192頁。この言葉はアメリカの国務長官ハル（Cordell Hull）によるものとされるが，同時期のバスティア（Frederic Bastiat）の言葉をハルが引用したともいわれる。
㉞　Keynes, 1973, 邦訳386頁。
㉟　Davidson, 2010.

参考文献

宇沢弘文・内橋克人「TPPは社会的共通資本を破壊する」『世界』2011年4月号。
馬田啓一「重層的通商政策の意義と問題点」馬田啓一・浦田秀次郎・木村福成編『日本の新通商戦略』文眞堂，2005年。
遠藤正寛「FTAの経済効果と問題点」馬田・浦田・木村編，2005年。
外務省『外交青書（2011）』（平成23年版〔第54号〕）外務省，2011年。
外務省経済局『日本のFTA戦略』外務省，2002年。
外務省経済局国際機関第一課編『解説WTO協定』日本国際問題研究所，1996年。
経済産業省『通商白書（総論）』各年版，経済産業省。
国立国会図書館調査及び立法考査局編「環太平洋経済連携協定（TPP）をめぐる動向と課題」『調査と情報――Issue Brief』第735号，2012年2月2日。
内閣官房国家戦略室「平成の開国と私たちの暮らし（参考資料）」2011年，内閣官房国家戦略室ウェブサイト，http://www.npu.go.jp/policy/policy08/archive03.html（2012年3月30日閲覧）。
内閣府「年次経済財政報告（平成23年度）」内閣府，2011年。
本山美彦「『平成の開国』――四つの落とし穴」『世界』2011年4月号。
山本吉宣『国際レジームとガバナンス』有斐閣，2008年。
Balassa, Bela, *The Theory of Economic Integration*, Richard D. Irwin, Inc., 1961.（バ

ラッサ，B.／中島正信訳『経済統合の理論』ダイヤモンド社，1963年)。
Baldwin, Richard E., "A Domino Theory of Regionalism," *NBER Working Paper*, No. 4465, September 1993.
Bhagwati, J., "Regionalism and Multilateralism: An Overview," in de Melo, J. and Pamagariya, A. (eds.), *New Dimensions in Regional Integration*, Cambridge: Cambridge University Press, 1993.
Davidson, Kenneth, "Democracy a loser in trade free-for-all," *The Age*, March 29, 2010.
Kelsey, Jane, (ed.), *No Ordinary Deal: Unmasking the Trans-Pacific Partnership Free Trade Agreement*, Wellington, N. Z.: Bridget Williams Books, 2010. (ケルシー，ジェーン編著／環太平洋経済問題研究会・農林中金総合研究所共訳『異常な契約——TPPの仮面を剝ぐ』農文協，2011年)。
Keynes, John Maynard, *The General Theory of Employment, Interest and Money*, Macmillan: Cambridge University Press for the Royal Economic Society, 1973. (ケインズ，J. M.／塩野谷祐一訳『雇用・利子および貨幣の一般理論』東洋経済新報社，1995年)。
OECD, *Regionalism and Multilateral Trading System*, OECD, 2003.
Putnam, Robert D., "Diplomacy and Domestic Politics: The Logic of Two-Level Games," *International Organization*, Vol. 42, No. 3 (Summer), 1988.
Ruggie, John Gerard, *Winning the Peace: America and the World Order in the New Era*, New York: Columbia University Press, 1996. (ラギー，ジョン・ジェラルド／小野塚佳光・前田幸男訳『平和を勝ち取る』岩波書店，2009年)。
United States Trade Representative (USTR), *2001 Trade Policy Agenda and 2000 Annual Report of the President of the United States on the Trade Agreements Program*, USTR, 2001.
United States Trade Representative (USTR), *2012 Trade Policy Agenda and 2011 Annual Report of the President of the United States on the Trade Agreements Program*, U. S. Government Printing Office, 2012.
World Trade Organization (WTO), *World Trade Report 2003*, WTO, 2003.
World Trade Organization (WTO), *World Trade Report 2011*, WTO, 2011.

第7章

世界経済危機前後の日本貿易

保田明子

1　2007年の日本貿易：世界経済危機の序章

　2007年の日本貿易（通関ベース）は，輸出が6年連続で増加し83.9兆円（前年比12％増），輸入が5年連続で増加し73.1兆円（同9％増）となった。輸出は80兆円を超え，輸出依存度は過去最高の16.3％に達した。輸入についても，第4四半期に原油入着価格が高騰したため，70兆円を超えることとなった。その結果，貿易総額は157.1兆円（同10％増）となり，このうち対中国貿易が総額で27.9兆円（同13％増）と対米国の総額25.2兆円（同2％増）を初めて上回り，中国が最大の貿易相手国となった。貿易黒字は10.8兆円（同37％増）となり，3年ぶりに増加した。

（1）輸　出

　2007年の輸出を主要国・地域別にみると，中国向けは12.8兆円（前年比19％増）となり，9年連続で増加した。自動車が3200億円（同79％増）と大幅に増加した他，化学製品や電気機器も増加し，それぞれ1.8兆円（同27％増），3.5兆円（同20％増）となった。中国を含むアジア向けは40.4兆円（同13％増）となり，輸出の5割を占め，輸出総額の増加への寄与率は4割以上となった。

　米国向けは，サブプライムローン問題に端を発する米国経済の減速を反映し，16.9兆円（同0.2％減）とわずかながらも4年ぶりに減少に転じた。一般機械，電気機器が減少したが，4割を占める輸送用機器は横ばいにとどまった。

　その他の地域向けは，EU向けが12.4兆円（同13％増），ロシア向けが1.3兆円（同54％増），中東向けが3.1兆円（同38％増）となるなど，米国以外の地域

第 **7** 章　世界経済危機前後の日本貿易

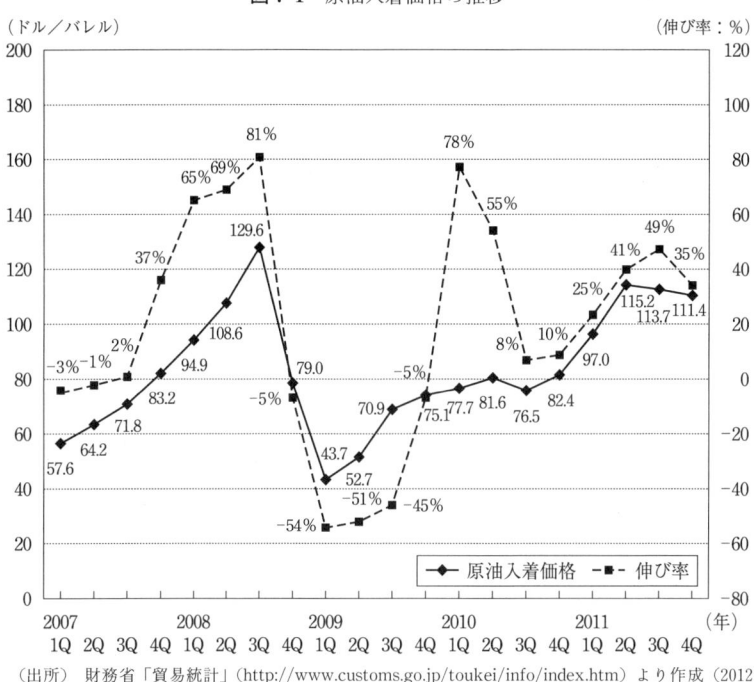

図 7-1　原油入着価格の推移

（出所）　財務省「貿易統計」（http://www.customs.go.jp/toukei/info/index.htm）より作成（2012年 2 月10日閲覧）。

向けは好調となり，2007年の輸出増加を牽引した。

（2）輸　入

　2007年の輸入を主要国・地域別にみると，2002年以降日本の最大の輸入相手国となっている中国からは15.0兆円（前年比 9 ％増）となり，9 年連続の増加となった。通信機（携帯電話など）が4800億円（同146％増），化学製品が8000億円（同29％増），電気機器が3.1兆円（同15％増）と増加した一方，中国産食品への安全性に対する懸念を背景に，食料品（魚介類，野菜など）は9200億円（同 1 ％減）と減少した。

　米国からは8.3兆円（同 6 ％増）と 3 年連続で増加した。食料品（穀物類など）が1.6兆円（同10％増），原料品が5700億円（同22％増），化学製品が1.1兆円（同10％増）と増加した。輸送用機器も7700億円（同14％増）となった。一方，

電気機器は1.4兆円（同2％減），一般機械は1.3兆円（同1％減）となった。

その他の地域からは，資源国・地域からの輸入が増加した。中東からは，第1四半期から第3四半期まで減少が続いていたが，原油入着価格が第4四半期に83.2ドル／バレルと急騰したことを受け，2007年は13.4兆円（同5％増）となった（図7-1）。資源大国オーストラリアからは3.7兆円（同13％増）となった。

2　2008年の日本貿易：世界経済危機の影響①

2008年の日本貿易（通関ベース）は，輸出が7年ぶりに減少に転じ81.0兆円（前年比4％減），輸入は6年連続で増加し78.9兆円（同8％増）となった。輸出は，2008年9月に起きたリーマン・ショック後の世界経済危機を反映し，第4四半期に前年同期比で23％減，特に12月はほぼ全ての品目が2ケタの減少となり，1979年1月の貿易統計開始以来，最大の減少幅となる35％減となった。一方で輸入は，上半期までの資源高を背景に増加が続いた。その結果，貿易総額は160.0兆円（同2％増）となり，貿易黒字は価格高騰による輸入の大幅な増加と輸出の不振を背景に2.1兆円（同81％減）と激減した。

（1）輸　出

2008年の輸出を主要国・地域別にみると，経済が後退局面入りした欧米向けが落ち込んだのに対し，新興国向けは比較的堅調に推移した。しかし，第4四半期にはほぼすべての地域で減少に転じた。

世界経済危機の震源地となった米国向けは，4割を占める輸送用機器が5.5兆円（同20％減）と落ち込んだ結果，14.2兆円（同16％減）と減少した。EU向けも，景気減速を背景に4分の1を占める輸送用機器が2.8兆円（同13％減）となり，11.4兆円（同8％減）と減少に転じた。

欧米向けの輸出が減少する一方で，新興国向けの輸出は比較的堅調となった。日本にとって最大の輸出国となりつつあった中国向けは12.9兆円（同1％増）となり，10年連続で増加し存在感を増した。2割を占める一般機械が2.4兆円（同2％増），鉄鋼が8600億円（同13％増）となり牽引した。ただし，中国向け

もリーマン・ショック以降は変調がみられ，11月には減少に転じた。中国が日本から部品・原材料などを輸入し，最終製品化して欧米に輸出する構造の中，欧米の消費停滞が中国の生産鈍化につながり，日本の中国向け輸出の減少につながった。

この他，ASEAN 向けは10.7兆円（同5％増）と増加した。一般機械や輸送用機器，鉄鋼が牽引した。また，中東，ロシア，ブラジルなど資源国・地域向けも2ケタ増となり好調であった。ただし，これらの国・地域でも，第4四半期には総じて減少に転じた。

(2) 輸　入

2008年の輸入を主要国・地域別にみると，欧米からの輸入は2007年と同水準で増加したが，鉱物性燃料の価格高騰を受け，資源国・地域から急激に増加した。

最大の輸入相手国である中国からの輸入は，10年ぶりに減少に転じ14.8兆円（前年比1％減）となった。中国産食品の安全性に対する懸念や中国検疫当局による検査強化などを背景に，食料品が7100億円（同23％減）と減少した。一方，石炭や原油及び粗油がそれぞれ2200億円（同57％増），400億円（同3.0倍）となるなど，鉱物性燃料が4300億円（同41％増）と増加した。化学製品も8900億円（同11％増）と増加した。

米国からは，日本経済の減速を背景に8.0兆円（同4％減）となり，4年ぶりに減少に転じた。EU からも7.3兆円（同5％減）と9年ぶりに減少に転じた。

一方，資源国・地域からは大幅に増加した。特に，総額の2割超を占める中東からは17.4兆円（同30％増）となり，原油入着価格が129.6ドル／バレルを記録した第3四半期には65％増となった（図7-1）。また，オーストラリアからは4.9兆円（同34％増），ロシアからは1.4兆円（同12％増），ブラジルからは9400億円（同34％増）となった。

3 2009年の日本貿易：世界経済危機の影響②

　2009年の日本貿易は，輸出が2年連続で減少し54.2兆円（前年比33％減），輸入が7年ぶりに減少に転じ51.5兆円（同35％減）となった（**表7-1，表7-2**）。輸出入とも減少したのは，アジア通貨危機後の1998年，1999年以来である。また，これらの減少幅は，戦後の日本貿易において，ともに終戦直後1945年に記録した70％減，51％減に次ぐ水準であった。貿易総額は105.7兆円（同34％減）となり，貿易黒字は，輸入の減少額が輸出の減少額を上回ったため，2年ぶりに増加し2.7兆円（同30％増）となった。

（1）輸　出

　輸出は，2008年10月に減少に転じてから，2009年2月に過去最悪の49％減を記録，3月以降アジア向けの回復を中心に徐々に減少幅が縮小に向かったものの，11月まで14ヶ月連続の減少が続いた。

　2009年の輸出を主要国・地域別にみると，ほぼすべての主要国・地域向けに減少したが，減少幅は2月を底に徐々に縮小し，11月にアジア，中国向けが増加に転じた。

　米国向けは，他の地域に先がけて2007年9月に減少に転じていたが，2009年2月に過去最悪の58％減を記録し，12月まで28ヶ月連続の減少が続いた結果，8.7兆円（前年比39％減）と3年連続で減少した。4割弱を占める輸送用機器は3.1兆円（同44％減）となり，ピークとなった2006年の半分以下にまで落ち込んだ。特に自動車は，信用収縮から消費が落ち込み，2.3兆円（同47％減）となった。この他，2割を占める一般機械も，原動機が3700億円（同38％減）となるなど，1.8兆円（同42％減）と3年連続で減少した。

　EU向けは，米国向けよりもやや遅れて2008年5月に減少に転じ，2009年3月に過去最悪の56％減を記録，11月まで16ヶ月連続の減少が続いた結果，6.7兆円（同41％減）と2年連続で減少した。2割超を占める輸送用機器が1.5兆円（同46％減）と米国同様に半減したことに加え，2割超を占める一般機械が，

第7章　世界経済危機前後の日本貿易

表7-1　日本の輸出（主要国・地域別）

（単位：億円）

	2007	2008	2009	2010	2011
輸入総額	839,314	810,181	541,706	673,996	655,551
アジア	404,001	399,662	293,383	378,274	366,901
中　国	128,390	129,499	102,356	130,856	129,043
香　港	45,717	41,778	29,751	37,048	34,203
台　湾	52,743	47,816	33,987	45,942	40,578
大韓民国	63,840	61,683	44,097	54,602	52,686
シンガポール	25,661	27,576	19,332	22,091	21,710
タ　イ	30,093	30,515	20,697	29,937	29,884
マレーシア	17,690	17,054	12,001	15,446	14,966
インドネシア	10,645	13,036	8,697	13,945	14,125
フィリピン	11,139	10,344	7,672	9,688	8,941
ベトナム	6,659	8,102	6,078	7,156	7,640
インド	7,233	8,186	5,913	7,917	8,821
（アジアNIEs）	187,962	178,852	127,167	159,683	149,176
（ASEAN）	102,412	107,264	74,992	98,817	98,007
大洋州	21,041	21,997	14,094	17,957	17,783
オーストラリア	16,688	17,933	11,351	13,919	14,188
ニュージーランド	2,932	2,615	1,405	1,664	1,533
北　米	181,347	153,305	94,562	111,906	107,276
米　国	168,962	142,143	87,334	103,740	100,180
カナダ	12,384	11,162	7,228	8,166	7,095
中南米	41,304	42,468	30,851	38,738	35,276
ブラジル	4,693	6,132	3,950	5,430	4,943
メキシコ	12,045	10,315	6,366	8,383	8,145
チ　リ	1,856	2,851	1,249	2,375	1,868
西　欧	123,291	114,454	70,772	80,043	81,528
ドイツ	26,597	24,837	15,535	17,766	18,716
英　国	19,170	17,070	11,021	12,410	13,047
フランス	9,839	9,310	5,774	5,845	6,377
オランダ	21,809	21,851	12,603	14,305	14,289
イタリア	7,902	7,055	4,481	4,897	4,246
ベルギー	9,293	8,793	4,983	5,860	5,418
スイス	3,548	4,499	5,864	6,814	7,349
スウェーデン	2,311	2,279	1,350	1,608	1,536
アイルランド	1,880	1,324	700	784	711
スペイン	6,564	4,562	2,390	2,791	2,501
中東欧・ロシア等	23,889	29,322	9,052	14,347	16,702
ロシア	12,654	17,143	3,065	7,027	9,411
（EU）	123,979	114,298	67,492	76,158	76,196
中　東	30,780	35,083	20,133	22,165	19,559
アラブ首長国連邦	9,457	11,241	6,054	6,426	5,923
サウジアラビア	7,905	8,139	5,023	5,679	5,173
クウェート	1,956	2,175	1,148	1,245	1,074
イラン	1,565	1,955	1,533	1,824	1,361
アフリカ	13,655	13,890	8,859	10,567	10,528
南アフリカ共和国	5,417	4,798	2,432	3,354	3,437

（注）　シンガポールは，アジアNIEs，ASEAN双方に含まれる。
（出所）　財務省「貿易統計」(http://www.customs.go.jp/toukei/info/index.htm) より作成（2012年2月10日閲覧）。

建設・鉱山用機械の減少などから，1.5兆円（同48％減）と落ち込んだ。

中国向けは，2008年10月から減少に転じ，2009年1月に45％減を記録，10月まで13ヶ月連続の減少が続いた結果，10.2兆円（同21％減）と11年ぶりに減少に転じたが，米国・EUと比べて減少幅が小さく，米国向けを初めて上回った（表7-1）。中国は，2002年以降最大の輸入相手国となっていたが，リーマン・ショック後の世界経済危機によって，輸出においても最大の相手国となったのである。4分の1を占める電気機器が半導体等電子部品などの部品類を中心に2.6兆円（同22％減），一般機械が1.8兆円（同26％減），鉄鋼が6000億円（同30％減）となった。しかし，輸送用機器は，自動車が3600億円（同15％減）と減少したものの，自動車の部分品が5600億円（同11％増）となり，全体では9400億円（同1％減）となった。中国は2009年に自動車の生産ならびに販売台数が日本を抜いて世界一となった。(2)

この他，ASEAN向けも7.5兆円（同30％減）と減少に転じた。一般機械が1.4兆円（同35％減），電気機器が1.7兆円（同29％減）となった。また，韓国，台湾からも落ち込み，それぞれ4.4兆円（同29％減），3.4兆円（同29％減）となった。

（2）輸　入

輸入は，輸出より1ヶ月遅れの2008年11月に減少に転じ，2009年に入ってから10月まで3割を上回る減少が続き，12月まで14ヶ月連続で減少した。

主要国・地域別にみると，最大の輸入相手国である中国からは，2008年11月から減少に転じ，2009年2月に41％減を記録，12月まで14ヶ月連続の減少が続いた結果，11.4兆円（同23％減）と2年連続で減少した。2割を占める電気機器は，音響映像機器や重電機器が落ち込み，2.5兆円（同19％減）となった。また，安全性が心配された食料品は6400億円（同10％減）となった。

ASEANからは7.3兆円（同34％減）となった。3割を占める鉱物性燃料が2.1兆円（同50％減）となった。この他，韓国，台湾からは，それぞれ2.1兆円（同33％減），1.7兆円（同24％減）となった。

米国からの輸入は，2008年10月から減少に転じ，2009年12月まで15ヶ月連続

第7章 世界経済危機前後の日本貿易

表7-2 日本の輸入（主要国・地域別）

（単位：億円）

	2007	2008	2009	2010	2011
輸入総額	731,359	789,547	514,994	607,650	680,511
アジア	315,639	320,339	229,893	275,111	303,634
中　国	150,355	148,304	114,360	134,130	146,368
香　港	1,704	1,613	1,029	1,334	1,229
台　湾	23,345	22,582	17,107	20,246	18,517
大韓民国	32,096	30,520	20,510	25,040	31,690
シンガポール	8,289	8,166	5,705	7,152	6,905
タ　イ	21,536	21,523	14,952	18,400	19,515
マレーシア	20,469	23,976	15,584	19,874	24,257
インドネシア	31,166	33,780	20,376	24,762	27,122
フィリピン	10,262	8,725	5,983	6,948	7,104
ベトナム	7,198	9,417	6,490	7,157	9,201
インド	4,906	5,442	3,478	4,989	5,424
（アジアNIEs）	65,433	62,881	44,352	53,772	58,340
（ASEAN）	102,388	110,758	72,676	88,444	99,308
大洋州	41,886	53,781	35,421	43,268	48,769
オーストラリア	36,732	49,216	32,423	39,482	44,967
ニュージーランド	3,165	3,013	1,981	2,374	2,474
北　米	95,304	93,710	63,782	68,763	69,607
米　国	83,487	80,396	55,123	59,114	59,221
カナダ	11,741	13,228	8,575	9,580	10,315
中南米	28,416	28,632	18,784	24,847	27,972
ブラジル	7,050	9,433	5,926	8,595	10,188
メキシコ	3,711	3,948	2,611	3,047	3,172
チ　リ	9,590	8,202	4,950	6,782	7,945
西　欧	82,986	79,992	61,370	64,190	70,071
ドイツ	22,836	21,591	15,634	16,890	18,557
英　国	8,865	7,738	5,309	5,593	5,784
フランス	11,801	11,004	8,541	9,013	9,366
オランダ	3,293	3,958	3,228	3,476	4,486
イタリア	8,537	8,244	5,945	5,950	6,912
ベルギー	2,274	2,134	1,697	2,056	2,674
スイス	6,136	6,650	5,856	5,958	6,241
スウェーデン	2,636	2,161	1,580	1,812	2,037
アイルランド	4,824	4,300	4,348	3,767	3,300
スペイン	2,327	2,591	2,191	2,291	2,664
中東欧・ロシア等	16,025	17,840	10,847	17,290	18,510
ロシア	12,415	13,893	8,255	14,120	15,107
（EU）	76,627	72,917	55,176	58,210	63,880
中　東	133,699	173,511	86,396	103,866	128,322
アラブ首長国連邦	38,037	48,719	21,146	25,688	34,167
サウジアラビア	41,475	52,927	27,197	31,494	40,222
クウェート	11,655	15,841	8,363	9,010	10,442
イラン	14,850	18,966	8,667	9,804	10,273
アフリカ	17,361	21,720	8,491	10,312	13,622
南アフリカ共和国	9,086	9,302	4,654	6,361	6,710

（注）　シンガポールは，アジアNIEs，ASEAN双方に含まれる。
（出所）　財務省「貿易統計」(http://www.customs.go.jp/toukei/info/index.htm) より作成（2012年2月10日閲覧）。

の減少が続いた結果，5.5兆円（同32％減）と2年連続で減少した。2割超を占める食料品が，穀物価格の反落により4800億円（同44％減）となった。輸送用機器は4500億円（同36％減）となった。

EUからも2008年10月以降減少に転じ，2009年2月から6月まで3割前後の減少が続き，12月まで15ヶ月連続の減少が続いた結果，5.5兆円（同24％減）と2年連続で減少した。ただし，3分の1を占める化学製品は，新型インフルエンザ発生に伴い医薬品が7500億円（同12％増）と増加したことから，全体では1.8兆円（同5％減）となった。

一方，原油入着価格が2008年の103.5ドル／バレルから2009年は60.4ドル／バレル（同42％低）と大幅に下落したことから，原油及び粗油の9割を占める中東からは8.6兆円（同50％減）と半減し，輸入総額の減少に対する寄与率が3割となった。

4　2010年の日本貿易：世界経済危機からの回復

2010年の日本貿易は，輸出が3年ぶり，輸入が2年ぶりに増加に転じ，それぞれ67.4兆円（前年比24％増），60.7兆円（同18％増）となった。世界経済危機後の輸出入の減少が一巡し，アジア・新興国が牽引する世界経済の回復に伴い，全ての地域との輸出入が増加した。貿易総額は128.2兆円（同21％増）となった。貿易黒字は，輸出の増加額が輸入の増加額を上回ったことにより，6.6兆円（同2.5倍）となった。

（1）　輸　出

2010年の輸出を主要国・地域別にみると，2009年の大幅減から一転して，ほとんどの国・地域向けに2ケタ増となったが，ピークとなった2007年と比べると8割の水準にとどまった。

2009年に最大の輸出相手国となった中国向けは13.1兆円（前年比28％増）となった。輸出総額の増加に対する寄与率は2割を超え，輸出を牽引した。世界的な需要回復もあり，IT関連製品では半導体等電子部品や半導体等製造装置

などが大きく増加した。また，輸送用機器も，自動車，自動車の部分品とも大幅に増加し，1.4兆円（同41％増）と輸出の1割を占めるまでとなった。中国は2年連続で自動車生産ならびに新車販売台数で世界一となるなど，自動車市場は活況を呈した。[3]

NIEs向けも，台湾向けをはじめとして増加し，16.0兆円（同26％増）となった。ASEAN向けは，インドネシア，タイ向けが大幅に増加し，9.9兆円（同32％増）となり，これらの地域も中国とともに日本の輸出増を牽引した。

米国向けは，10.4兆円（同19％増）と4年ぶりに増加に転じた。4割を占める輸送用機器が3.8兆円（同23％増）と輸出回復に貢献したが，2007年と比べると6割の水準にとどまった。一般機械，電気機器もそれぞれ2.2兆円（同25％増），1.6兆円（同13％増）と回復したが，いずれも輸送用機器同様，2007年の6割の水準であった。

EU向けは，ドイツが1.8兆円（同14％増），オランダが1.4兆円（同14％増）と好調となったが，フランス向けは5800億円（同1％増）となるなど伸び悩んだ国もあり，全体では7.6兆円（同13％増）にとどまった。2割を占める輸送用機器，4分の1を占める一般機械などは回復したものの，2007年と比べ6割弱の水準となった。

（2）輸　入

2010年の輸入を主要国・地域別にみると，ほぼすべての主要国・地域から増加した。欧米からの輸入が第4四半期にやや息切れしたのに対し，中国をはじめとするアジアからの輸入は大幅な増加が続いた。

中国からは13.4兆円（同17％増）となり，世界経済危機前の2008年の水準を上回った。4分の1を占める電気機器は，通信機が7800億円（同50％増），音響映像機器（含部品）が1.0兆円（同58％増）と大幅に増加し，全体では3.5兆円（同38％増）となった。

ASEANからは8.8兆円（同22％増）となった。LNG（液化天然ガス）の価格上昇を背景に，マレーシアから2.0兆円（同28％増），インドネシアから2.5兆円（同22％増）と増加した。タイからは，1.8兆円（同23％増）となった。2010

年7月に日産自動車がタイで現地生産したマーチの輸入販売を開始したこともあり，タイからの輸送用機器は930億円（同118％増）と大幅に増加した。また，台湾からは，半導体等電子部品が急回復したことにより，2.0兆円（同18％増）となった。韓国からは，鉄鋼や軽油が増加したことから，2.5兆円（同22％増）と増加した。

米国からも5.9兆円（同7％増）と増加したが，アジアの増加が大きかったこともあり，輸入総額に占めるシェアは9.7％と戦後初めて10％を割り込んだ。半導体等電子部品，医薬品が増加したことから，電気機器，化学製品が全体を牽引した。

EUからは5.8兆円（同6％増）となった。輸送用機器は，ドイツからの輸入が世界金融危機前の水準に回復し，6500億円（同16％増）となった。また，化学製品は，医薬品がドイツ，フランスから増加し，1.8兆円（同4％増）となった。

一方，2010年の原油入着価格が79.4ドル／バレル（同32％高）と上昇したことにより，中東からは10.4兆円（同20％増）となり，輸入総額の増加への寄与率は2割となった。

5　2011年の日本貿易と今後

2011年の日本貿易は，輸出が65.6兆円（前年比3％減），輸入が68.1兆円（同12％増）となり，貿易収支は2.5兆円の赤字となった。これは第2次石油危機後の1980年に記録した2.6兆円の赤字以来31年ぶり，過去2番目の水準であった。これによって，これまで巨額の貿易黒字を積み上げてきた貿易立国が深刻な転換期を迎えているといわれるようになった。

2008年のリーマン・ショックを契機とする世界経済危機後，2009年の輸出は，輸送用機器（自動車），電気機器（半導体等電子部品）といった主要品目が大きな打撃を受け，高付加価値の品目に特化した日本の輸出が抱えるリスクが顕著となった。しかし，中国をはじめとする新興国の需要に支えられ世界経済が回復へと向かう中，2010年にはこれら輸送用機器，電気機器の輸出も増加に転じ

た。

　ところが2011年の日本貿易は，3月11日に発生した東日本大震災，その後のサプライチェーンの寸断，さらなる円高などに直面し，輸出が再び減少に転じた。一方で輸入は，中東・北アフリカの地政学的リスクからくる原油価格の高止まり，原子力発電所の事故によるLNG（液化天然ガス）の輸入増加を主因に，2ケタの増加となった。その結果，2011年の貿易収支は31年ぶりに赤字となり，今後も日本貿易が黒字を維持できるかどうかに関心が高まっている。

　商社の業界団体である日本貿易会が2011年12月2日に発表した「2012年度わが国貿易収支，経常収支の見通し」によれば，2012年度の貿易収支は通関ベースで3.2兆円の黒字に戻ると見通されている。[4]輸出入品目についてヒアリングを実施し，品目ごとの予測を作成して積み上げた結果，輸送用機器，一般機械，電気機器など主力輸出品目は2012年度にはそろって回復する見通しとなり，意外と逞しい日本経済の姿をうかがうことができた。

　日本のモノづくりの基盤が消失してしまうのではないかといった悲観論がある中，輸送用機器（自動車），電機機器の他，新たな輸出産業を切り拓くことも必要である。円高を克服した様々な業種において今後の成長を期待したい。今後の貿易収支の行方は，日本企業が世界に向けてどのような売れ筋商品を提供していけるかが重要となってくる。

注
(1) 輸出÷名目GDP
(2) 2009年の自動車生産は中国1379万994台，米国573万1397台（国際自動車工業連合会ホームページ，http://oica.net，2012年2月10日閲覧）。
(3) 2010年の自動車生産は中国1826万4667台，米国776万1443台（前掲）。
(4) 2012年度は輸出69.2兆円，輸入66.0兆円を見込んでいる。

第8章

日系縫製産業の東アジア生産ネットワーク

佐々木純一郎

1　日本から中国へ、そして中国から東アジア全体へ

　筆者は2002年に、縫製産業の日中国際分業を考察した[1]。そこでは岐阜県から青森県に生産移転した後、中国に再移転する状況を説明した。その10年後の2011年、中国における賃金の上昇・人手不足により、「チャイナ・プラス・ワン」と呼ばれるように、中国に加え、中国以外の国への縫製産業の再々移転が進んでいる。他方、日本国内への生産回帰の動きもうかがえる。本章では日系縫製企業を対象として、東アジア生産ネットワークを考察したい。下請けである縫製業の多くは、アパレルメーカー（以下、アパレル）からのコスト切り下げに対応して、海外に生産を移転し、日本国内でも外国人研修生を活用してきた。例えば、日本国内でも「中国工賃」がベースの受注条件という、国際競争の中でのコスト切り下げの現実がある[2]。だが、2011年の東日本大震災を契機として、顧客・消費者の価値観に「適正な価格で、価値のあるもの、確かなもの」を買い求める傾向が強まるという変化がみられる一方、アパレル経営者は「消費者の変化を読み切れていないか、気づいていたとしても、従来の発想に固執しモノ作りまで発想が及ばないのが一般的」であるという指摘もある[3]。以上のように、労働コスト要因に加え、衣料品産業全体の動向も考慮し、分析を進めたい。

2 チャイナ・ドリームの成功例：株式会社小島衣料

（1） 企業の概要

①チャイナ・ドリームからチャイナ・プラス・ワンへ

株式会社小島衣料（以下，小島衣料）は，1952年に岐阜県岐阜市で創業した（1979年，株式会社化）。88年，現在の小島オーナーの決断により海外生産に挑戦する。90年に中国生産を開始し，91年，湖北美島服装有限公司（中国湖北省黄石市，以下，美島）が設立される。中国では規模の拡大を一貫して追求し，短期間に5工場1万人までの規模拡大に成功したチャイナ・ドリームの成功例である。2001年の中国のWTO加盟に際し，現和田博顧問のもと，「選択と集中」路線に転換する。2005年，小島衣料（琿春）服装有限公司（中国吉林省琿春辺境経済合作区，以下琿春）を設立し，チャイナ・プラス・ワンとして，2010年，KOJIMA LYRIC GARMENTS LIMITED（バングラディシュ・ダッカ）を設立した。

②成功要因は経営理念に基づく経営判断

小島衣料の海外生産の成功要因は，「攻めの経営に徹する」という経営理念に基づく経営判断にあると思われる。小島オーナーは次のように語っている。

　　「あえて経営理念はと聞かれれば，まず『攻めの経営に徹する』と答えます。日本の岐阜で20年間，縫製企業を経営し，その後，豪州・タイ・韓国・中国・ミャンマーと縫製工場経営にたずさわり，ヨルダン・マダガスカルなどの縫製工場を運営に参画し，香港・ニューヨークにも会社や事務所を設立しました。そのすべてを自らの手で立ち上げてきました」。

（2） 中国における生産

小島衣料の中国生産について，同社の和田顧問は次のように述べている。

①中国の幹部人材不足による規模縮小

1990年代初頭，日本国内生産では赤字となり，追いつめられて中国に進出した。小島衣料の中国生産の規模は最大時で1万人規模に達した。ただし人材，

特に幹部が不足し，仕方なく売却した。この「損切り」により，無借金経営が出来ているのは，小島オーナーの巧みな舵取りによる。美島は，売上が縮小し，成長が停滞している。中国経済のバブル崩壊後も不透明である。

②基幹工場は中国

微妙で流動的要素はあるが，今後10年間，基幹工場は中国である。婦人服を扱う当社の場合，リードタイムの部分で中国とプラス・ワン諸国とは違う。さらに，この20年間で構築してきた企業内部および地方政府等との人間関係，そして1000人以上の工場規模は，中国の強みである。

以上の和田顧問の説明は次のように要約できる。

第一に，中国生産の課題は，幹部人材の不足である。第二に，最大時1万人を雇用した中国生産の「損切り」においても，企業トップの経営判断の重要性を再確認できる。第三に，婦人服を扱う同社の場合，日本との時間距離や人間関係などにより，基幹工場は中国のままである。

（3） チャイナ・プラス・ワンとしてのバングラディシュ

小島衣料のバングラディシュでの生産について，和田顧問は次のように述べている。
(6)

①ミャンマー進出の失敗をこえたバングラディシュ進出

ミャンマーに進出した日系企業が評価されている。だが，進出から数年間は赤字のところが多かったはずで，2010年，中国の旧正月明けの人手不足で脚光を浴びた。当社は1996年に進出したが，ヤンゴン工場を2000年に日本企業へ売却した失敗がある。当社は，2010年1月に，小島オーナーと前川社長の経営判断により，バングラディシュ進出を決定した。小島オーナーには「他人の行かないところに行く」という哲学，先見の明がある。バングラディシュは人口大国であり，生産キャパシティの拡大可能性が大きい。輸出品の約8割が衣料品であり，製造業雇用の45％が縫製関連の縫製大国である。当社のバングラディシュでの生産規模は，現在8ライン，700人である。この規模では顧客のリクエストに応えられないので，2012年夏には24ライン，2000人規模に拡大することを想定している。

②バングラディシュの競争力と中国・琿春との役割分担

バングラディシュにはWTOルールの一般特恵関税制度（GSP）が適用される。日本との時間距離では，片道航空便，片道船便を利用して60＋αの日数であり，往復船便を利用した場合のベトナムと同じ日数となる。人件費の安さを考慮すると片道航空便を利用してもバングラディシュに競争力がある。

北朝鮮は原石の段階である。2009年の実験では，新潟から船便により半日でロシアの旧ザルビノに到着し，保税輸送のまま，北朝鮮との国境に近い中国の琿春で通関すると2日目の17時に到着できた。これは，陸路を利用した岐阜—青森の時間距離に相当する。琿春は500人規模だが，付近に衛星工場をつくることが可能で，計1000人規模に拡大し，日本と同様の付加価値のある重衣料生産に取組みたい。

小島衣料全体の60〜70％は中国の売上・利益が占め，合弁のバングラディシュはリスク回避的役割を担うのではなかろうか。ただし，バングラディシュが利益を上げるにはあと3年（立ち上げからトータル5年）はかかる。

③日本と中国のビジネス上の親近感：バングラディシュとの相違

日本と中国とでは，ビジネス上の親近感があり，商売がやりやすい。歴史的な交流や通商の蓄積がある。これがバングラディシュとのビジネスとは異なる。

10年単位で振り返ると，1980年代は対米輸出であった。90年代は国内生産が衰退し，中国に進出して規模を拡大した。2000年代，量販店向けは製品輸入の一般貿易が主流となったが，当社は百貨店向けの商品生産にシフトすることで成功した。そして2010年代は，チャイナ・プラス・ワンとして，中国とバングラディシュの時代になりつつある。2020年の中国では，合弁の美島から独資の琿春へと中国の戦略拠点が入れ替わり，バングラディシュと役割分担することになろう。またこれまでの委託加工から，OEM／ODMを重視することになる。

同社の琿春工場担当，村山文夫は次のように語っている。

「琿春工場は，中国に最後まで残る工場になるというのが使命です。要は戦う相手は中国国内の工場ではなく，品質，納期で日本の国内工場に対抗出来るレベルにしたい……小島衣料の中での琿春工場の位置づけは，中

国拠点の中で人件費，コストは安いが，納期はバングラディシュほど長く待てないというお客さまへの選択肢です」。[7]

以上の和田顧問の説明と村山の発言は次のように要約できる。

第一に，中国と同様，経営トップの判断により，バングラディシュ進出が決定された。進出理由は，人口大国であり，生産キャパシティの拡大可能性が大きいことである。第二に，中国では美島に替わり，中朝国境に近い琿春の役割が高まりつつある。琿春工場は，日本国内工場と品質や納期で競争すると予想され，今後の日系縫製産業の東アジア生産ネットワークの行方を考える上で，焦点になろう。第三に，中国とバングラディシュは，役割分担し得る。なお日本と中国のビジネス上の親近感は，後述する奥田縫製も指摘しており，労働コストのみではない海外生産の要因として確認したい。

（4） メード・バイ・ジャパンのものづくりを目指す

和田顧問は，中国人研修生に依存した日本国内縫製工場の限界を指摘し，「NPO法人アジア・アパレルものづくりネットワーク」の立ち上げに参画している。[8]なお同NPO法人の役員は，相談役が常川公男・株式会社サンテイ（日本の中国進出のさきがけ）社長，代表理事が小島正憲・小島衣料オーナー，理事兼事務局長が和田・小島衣料顧問である。[9]このようにNPO法人を立ち上げて，「メード・バイ・ジャパン」のものづくりを目指している。

3　縫製工場のブランド化を目指す国内生産：岩手モリヤ株式会社

（1） 企業の概要

岩手モリヤ株式会社（以下，岩手モリヤ）は，1988年に設立された。従業員数は153人で，本社と工場は，岩手県久慈市にある。同社は2011年2月より，縫製の前段階をスケジュール化し，パターン，裁断，縫製がそれぞれの情報を共有する仕組みを導入した。それに合わせてCAD（コンピューターによる設計）のスペックを上げる投資も行った。生産性向上につながっている。[10]また同社は，高級婦人既製服を縫製しており，前述した小島衣料と対比しやすい。さらに

2010年度第33回繊研賞(繊研新聞社)を受賞している。

(2) 衣料品産業の構造的課題(取引慣習)と構造改革

衣料品産業の構造的課題について,岩手モリヤの森奥信孝社長は次のように述べている。(11)

①下請けの縫製加工賃と衣料品産業の構造的課題(取引慣習)

縫製加工賃は,原価の積み上げではなく,上代が設定されてから決まる。加工賃低下の背景にある要因の一つに,アパレルから百貨店への委託販売という取引慣習がある。(12)これが衣料品産業の構造的課題である。昔は,上代の30～35％が製造原価であり,そこに加工賃,生地,副資材や物流費が含まれた。今は,上代の10～20％である。アパレルから百貨店への委託販売では,昔は納入掛け率が70％前後であり,100％販売消化しなくても採算がとれた。今は納入掛け率が50～60％であり,結果として,アパレルも製造原価を引き下げざるを得ない。百貨店への販売比率が高いアパレルほど,厳しい現状である。

②工賃の切り下げによる品質低下,労働コストを追求する海外生産

例えば,鎌倉シャツは売価4900円台であるが,綿100％,貝ボタンにこだわり,すべて国産で製造原価は60％もある。顧客にとってよいもの=「価値」があるから売れる。反対に,工賃や原価の切り下げでは品質低下につながる。労働コストを追求して海外生産に向かえば,国内の生産基盤は脆弱になる。アパレルの多くはOEMとして商社に丸投げし,商社は中間マージンを求め,高い工賃を払いたくない。商社は,納期とそこそこの品質でできるだけ安くつくればよいので,ものづくりとかけ離れた姿勢である。自社で縫製工場をもつアパレルは少ない。

③適正な製造原価の仕組みづくり

委託販売ではアパレルも厳しいので,売れるモノがつくられない。プロパー消化率80～90％はほしいところ,50～60％に設定している。様々なマイナス要因が工賃にしわ寄せされている。目先の労働コスト削減とは異なる,トータルコストの引き下げ,日本国内で適正な製造原価で作る仕組みづくりの構造改革が必要である。

以上の森奥社長の説明は次のように要約できる。

第一に，衣料品産業の取引慣習が構造的課題である。発注者であるアパレルは百貨店への委託販売を行い，製造原価の引き下げのため，下請けの縫製加工賃が引き下げられている。第二に，国内での工賃の切り下げは，品質低下につながる。他方で安い労働コストだけを追求した海外生産では，国内の生産基盤が脆弱になる。第三に，目先の労働コスト削減とは異なるトータルコスト引き下げの仕組み＝日本国内において適正な製造原価での仕組みづくりの構造改革が必要である。

（3） 岩手モリヤの取り組み：顧客の声，そして工場ブランド

岩手モリヤの国内生産の取り組みについて，森奥社長は次のように述べている。[13]

①日本国内の高付加価値品生産

日本の衣料品産業の輸入浸透率は数量ベースでは95％もあり，国内生産は5％にすぎない。だが2009年度の「経産省工業統計」（衣服・その他の繊維製品）によれば，国産品の製造出荷額＝製造原価は約2兆円ある。製造原価の2倍にあたる約4兆円が国産の小売価格であるとし，日本の衣料小売市場が2009年・総額約9兆円とすれば，販売額では国内市場の44％のシェアを国産品が占めていると推計できる。国内20万人の雇用だけでなく，高付加価値品を生産している。

②顧客・消費者の声

当社は下請けなので，顧客の声を直接聴くことができない。ところがTVで放送されてから，20分後には全国の一般消費者から「どこで買えるのか」と電話があった。[14]安いモノがほしいわけではなく，着たいモノがあれば，是非，購入したいといわれた。アパレルには消費者の声が聴こえていないのではないか。

③日本のブランド力を支える国内工場の思いと技術力

店頭に並んでいる時に，高級品＝高くてもよい服は，感動をあたえ，着やすく，軽くて美しくみえるものである。メード・イン・ジャパンとはそういうも

のである。一般的な工業製品とは異なり，主観や美的感覚に頼る要素が大きい。モノづくりの現場の思いがなければ，このような商品はできない。縫製工場の技術が，日本の技術力を向上させる。目先のコストだけ追求して，技術がなくなれば世界に通用しない。中国富裕層向けもそうである。日本国内で縫製して付加価値をつけることが，日本のブランド力を後押しする。

④「すっぴん美人」のものづくりと縫製工場ブランド

高付加価値の服は，小ロット，凝ったかたち，難しい素材である。以前なら1000枚単位の生産だったが，100枚，20枚，10枚となり，サンプルやパターンづくりそして裁断などの付随的作業量が増えている。1000枚単位の生産をしていた頃と違い，仕事量が増え，段取り変更におわれ，予定をたてることができない。その日の仕事を当日決め，多忙なだけであった。そこで段取りを整理し，時間を短縮すると，約20％カットできた。その節約できた時間を活用して，よい服づくりのため，アパレルの仕様を上回る工程を付加し，高付加価値を生み出している。例えば，立体的にカーブをつけた袖などは，縫製後にアイロンがけをする厚化粧とは異なる「すっぴん美人」のものづくりである。以前なら，完成まで2週間だったが，当日中に完成できるようになった。

当社は，縫製工場のブランド化を試みたい。例えば，かつてのシャープの亀山工場のように，品質向上すれば，工場のブランド化につながる。

⑤中国人研修生をやめ，日本人の技術力を育成

以前働いていた中国人研修生は3年間で帰国した。日本人は4，5年たてば成長する。技術力を育成するために，人を大事にし，若手社員を班長などに抜擢している。2011年の東日本大震災の影響により，久慈市近郊の野田村にある仮設住宅から通っている女性社員もいる。また，障がいをもっている人も積極的に採用している。現場で技術をチェックし，指導する体制も整えている。国家資格の洋裁技能士1級，2級も受験させて，資格に応じた技能手当を支給している。

⑥全ての工程を内製し，「一枚流し」のために設備投資

以前，ボタン付け，ポケット付け，穴かがりなどを外注していたが，今では全ての工程を内製している。縫製途中で，しかかり品をつくると紐で結わえて

シワになるので，しかかり品をつくらないようにしている。「一枚流し」のために設備投資している。例えば，スウェーデン製のハンガーによる移動システムや，5分で生地としん地を貼り合わせ，圧着後の手作業を省くことができるイタリア製の機械を導入した。生地の性質も自社で検査し，加工後の生地の伸びを予測し，ロスを予防している。また納品担当者も配置せず，運送業者が伝票と照らし合わせてハンガーのままの完成品を梱包している。普通なら60～70％かかる直間比率を80％まで高めている。

　以上の森奥社長の説明は次のように要約できる。

　第一に，日本国内の縫製工場は高付加価値品を生産し，海外生産とのすみわけが可能である。第二に，顧客・消費者の声を活かし，モノづくりの思いと技術力を組み合わせることが重要である。第三に，例えば，アパレルの下請けにとどまらない，縫製工場独自の付加価値が高まれば，縫製工場ブランドが可能である。それを支えるために，日本人従業員の人材育成と設備投資が行われ，「すっぴん美人」のものづくりに結実している。

（4）「日本発ものづくり提言プロジェクト」，そして地域連携の意義

　日本国内の工場でつくられたものだけが「メード・イン・ジャパン」であるとして，森奥社長は，次のように強調している。[15]

　①業界の水平連携と「日本発ものづくり提言プロジェクト」

　衣料品業界は，今でも縦割りであり，アパレルから縫製，小売りまで含めた，横の水平連携が必要である。縫製業の場合，他の業界・団体のような交渉力・全国的な組織がなく，残念ながら，個別企業の声にとどまってしまいがちである。今こそ，国内において適正価格でモノづくりができる仕組みが必要であり，国内の構造改革が求められている。縫製工場の発言力も必要であり，提案力も求められている。例えばその一環として，国内生産の重要性を訴える「日本発ものづくり提言プロジェクト」（2010年9月設立）[16]に発起人として参画している。

　②久慈地域における地域連携

　久慈市管内の製造業の約2割は縫製業であり，繊維工業従事者の全国平均3.8％と比べ比重が大きい。[17]久慈市は縫製業に対し，より高度な技術力を習得

し競争力向上を目指すために，人材育成などの研修会開催を支援するなどの様々なフォローアップをしている。岩手県・県北広域振興局も縫製業は久慈地域の基幹産業であると認識し，支援体制を整えている。また，いわて産業振興センターは県北・沿岸地域の縫製業者を対象にしたセミナー開催や，「マッチングフォーラム」を開催するなど支援している。久慈商工会議所は久慈地域の縫製業を中心に毎月，異業種交流会を開催し情報交換している。このようにして地域ぐるみで縫製業を支えている。

4 メード・イン・ジャパンとメード・バイ・ジャパンの組み合わせ：株式会社奥田縫製

（1） 企業の概要

　株式会社奥田縫製（以下，奥田縫製）は，1960年に岐阜県岐阜市で創立された（1973年に株式会社化）。事業内容は，メンズスラックス・ジャケットの縫製・加工である。82年に青森県に木造工場を設立した（前年に秋田男鹿工場設立，84年に青森県柏工場，85年に同中里工場設立）。また，97年，中国・山東省に済南冠益制衣有限公司設立（中国では93年に上海，94年に無錫でも合弁企業を立ち上げ），98年，ダイヤモンドアロー設立，2003年，アジアローズ設立（いずれもミャンマー），そして2009年，ベトナムにバレイオクダを設立し，日本だけでなく，中国そして東南アジアにも生産を展開している。(18)

（2） 日本と中国での生産

　奥田縫製の日本と中国での生産について，同社の奥田武彦社長は次のように述べている。(19)

①中国の賃金上昇と日本のバブルの経験

2008年頃から，中国の縫製業では人手不足とそれに伴う賃金上昇が顕著になった。2011年に入り，少し落ち着いている。かつての日本経済のバブル崩壊を経験している日系企業は，慌ててはいない。

②技術重視の奥田縫製とコスト重視のアパレル

奥田縫製は「この国がダメなら他国に移る」という浮き草的な発想ではない。

なぜなら当社が重視する技術が育たないからである。中国生産も残すべきであり，むしろどのように残すか，どれだけ長く残せるかが焦点である。日本国内の工場を手本に中国に技術を移転し，地域密着で我慢強く取組みたい。縫製専業の当社と，アパレルメーカーや商社の縫製工場とでは，モノづくりの姿勢に違いがある。例えば，当社は他社に真似のできない技術（シロセット）を重視しているが，アパレルはコスト重視である。当社は技術を活かし，スラックスに特化した結果，価格競争力も有している。

③中国人管理層の課題

中国の問題として，いわゆるバブル経済の崩壊を，実感できていないのではなかろうか。日本の青森工場であれば，経済状況の厳しさを意識の上でも従業員と共有できる。他方，中国工場の場合，以前の計画経済の名残もあるのか，従業員，特に管理職の意識改革が必要である。

④中国の多様な素材の供給力と日本とのビジネス慣行の共通性

日系企業の縫製拠点として中国が残る最大の要因は，縫製面だけではなく，多様な素材の供給力にもある。他のアジア諸国には，中国ほどの多様性はないといってよい。また軽衣料の場合には，輸送コストも重要になる。これに加えて，ビジネス慣行も大事である。日本と中国のビジネスの仕方には，はっきりした共通性が認められるが，他のアジア諸国とは相違点が多いと感じている。

以上の奥田社長の説明は次のように要約できる。

第一に，独自技術を重視する同社は，生産を長期的視野で考えている。これは，短期的なコスト重視のアパレルや商社とは異なる。第二に，前述の小島衣料と同様，中国における経営課題として，管理層の課題（意識改革）を指摘し，日本と中国のビジネス慣行の共通性（小島衣料ではビジネス上の親近感）を強調している。日本と中国との国際分業を考える上で，輸送コストや素材供給の多様性と合わせ，労働コスト以外も考慮しなければならない。

（3） 中国とチャイナ・プラス・ワン

中国とチャイナ・プラス・ワンについて，奥田社長は次のように述べている。[20]

第8章　日系縫製産業の東アジア生産ネットワーク

①中国とチャイナ・プラス・ワンの投資環境の違い

　かつての中国での「成功経験」と，例えばミャンマーの政策による投資環境は全く異なる。鄧小平は，外貨獲得を重視し，国の政府だけでなく村の政府も資金を供給してきた。1993年に進出してから20年ほどたつが，中国で労務管理等の問題が発生しても，解決しやすく，人材募集も比較的楽だった。これは中国に進出した日系企業の「よい思い出」である。20年前なら，操業から3ヶ月もあれば採算がとれた。いまなら1年はかかる。中国に比べ，ミャンマーは7年かけてようやく成功した。ベトナムも同様の年数がかかる。このように，プラス・ワンでは，採算がとれるまで，時間がかかりすぎるのが現状である。むしろ，中国で生き残る方が，安く，問題が起きた場合の解決も早い。新規立ち上げでなければ，ミャンマーもベトナムも拡大可能であろう。

②ASEANにおける加工工程による原産地の選択

　ASEAN自由貿易地域の中でも，アイテムごとに加工工程により，原産地を選択できる。ベトナム進出の最大の理由の一つである。

　以上の奥田社長の説明は次のように要約できる。

　第一に，相手国の政策により投資環境が異なる。これまでの中国の積極的な外貨獲得政策と，近年の東南アジア諸国との政策対応には，明らかな相違がある。第二に，ASEANの経済統合が深化する中で，加工工程による原産地の選択が可能である。ミャンマーとベトナムに進出している強みでもある。

（4）メード・イン・ジャパン，海外生産の成功による勘違い，そして適正価格

　最後に，奥田社長は次のように3点を指摘している。(21)

①メード・イン・ジャパンの頑張り

　現在，青森工場は高齢化していることもあり，できるところまで頑張りたい。5年前には，中国からの研修生も受け入れたが，だんだん条件が厳しくなってきた。メード・イン・ジャパンとはいっても，日本人だけでつくるのは困難になってきているが，社員の協力を得て，頑張っている。

②海外生産の成功による勘違いと，適正価格

　日本国内の市場規模を思い起こすべきであろう。従業員1000人規模の工場は

次第になくなってきた。今の海外生産の規模は巨大化しすぎているのではないか。海外生産の成功のために，勘違いが生じているのかもしれない。よいモノを適正価格で納品することが大事である。生産規模の大小が問題なのではない。「地に足をつけたモノづくり」を構築することで活路をみいだすべきであろう。生き残ることができるという自信も必要である。

以上の奥田社長の説明は，縫製産業の東アジア生産ネットワークを考える上で，興味深い。すなわち，海外生産による「成功経験」が，縫製企業に過大な期待を抱かせているのではないかと懸念している。他方，日本国内生産においても，少し前までの外国人研修生に依存した仕組みへの反省を求めている。いずれにしても，従来通りの取り組みでは対応出来ない段階にきているといえるのではなかろうか。

5 東アジアの中における日系縫製産業

本章では，日系縫製産業の東アジア生産ネットワークについて，3社を対象に考察してきた。

全量海外生産する小島衣料の場合，中国生産による「チャイナ・ドリーム」を経験し，チャイナ・プラス・ワンのバングラディシュにも生産拠点を設けている。海外生産の経営判断には，経営トップの判断や経営理念・哲学が重要であった。今後は，中国内でも美島から琿春に基幹工場が替わり，琿春とバングラディシュの役割分担になる。特に，琿春は日本国内の縫製工場との競合が予想され，将来の日系縫製産業の東アジア生産ネットワークを分析する際に，焦点となる可能性を秘めている。

日本国内のみで生産する岩手モリヤの場合，衣料品業界の取引慣習という構造的課題に対し，構造改革の必要性を指摘している。その上で，縫製工場ブランドの可能性を目指したよい服づくりに取組み，日本人従業員だけでの生産を可能とする人材育成や設備投資を行ってきた。かくしてアパレルからの仕様を越えた高付加価値を実現している。また顧客の声の重視は，ブランドの大事な論点である。

日本と中国そして東南アジアで生産する奥田縫製の場合，短期的な労働コストによる生産移転を戒め，独自技術力を活かした長期的生産を展望している。小島衣料と同様，中国における管理人材の課題を指摘し，日本と中国におけるビジネス慣行の共通性（小島衣料ではビジネス上の親近感）を，他の諸国（プラス・ワン）との相違としている。また，海外生産による「成功経験」が，過大な期待を抱かせているのではないかと指摘し，生産規模の大小ではなく，よいものの適正価格での納品や「地に足をつけたモノづくり」等を指摘している。日本と海外の生産を両立させている立場から，客観的な分析がなされている。

以上のような縫製企業の動きに加え，「メード・バイ・ジャパン」（例：NPO法人アジア・アパレルものづくりネットワーク）と「メード・イン・ジャパン」（例：日本発ものづくり提言プロジェクト）の動きが広がっている。

例えば経済産業省の担当者は「日本は結局，メード・イン・ジャパンあるいはジャパンクオリティーに乗っかって稼いでいくしかない」，「日本のアパレル産業の拠って立つところはメード・イン・ジャパン。それだけで全てと言うつもりはないが，もう少しバランス良くやって欲しい」と指摘している。[22]

前述のように，顧客・消費者の価値観が変化し「適正な価格で価値のあるもの，確かなもの」を買い求める傾向が強まっている。アパレル経営者をはじめ，衣料品業界の関係者には，これまで以上に顧客・消費者の声や役割を尊重した発想や行動が求められている。その努力の積み重ねの結果が，構造的課題の改革につながるといえる。

注

(1) 佐々木純一郎「日系中小企業の国際展開――縫製産業の日中国際分業の事例」『日本貿易学会年報』第39号，2002年，9-16頁。
(2) 「縫製企業の存続へ　企業間・地域間連携　モノ作り高度化へ結集　岩手県久慈地区」『アパレル工業新聞』2010年11月1日。
(3) 「『日本発ものづくり』支持の輪　産業に取り込みを　日本にはまだ『スゴイ技術』」『アパレル工業新聞』2010年11月1日。
(4) 小島衣料ホームページ，http://www.kojima-iryo.com/（2011年11月29日閲覧）。
(5) 2011年9月2日，岐阜県岐阜市・小島衣料本社にて。
(6) 2011年9月2日，岐阜県岐阜市・小島衣料本社にて。

(7) 「CAMなど自動化へ　琿春工場担当　村山文夫氏」『アパレル工業新聞』2011年11月1日。
(8) 2011年9月2日、岐阜県岐阜市・小島衣料本社にて。
(9) 中小企業家同友会上海倶楽部代表・東アジアセンター外部研究員（協力理事会）小島正憲「『アジア・アパレル・ものづくりネットワーク』結成のご案内（ASIAN APAREL PRODUCTION NETWORK〔略称：AAP〕）」『京大東アジアセンターニュースレター』第360号、2011年3月21日、http://www.econ.kyoto-u.ac.jp/~shanghai/newsletter.html/110321news360.pdf（2011年11月29日閲覧）。
(10) 「"メード・イン・ジャパン"で市場の活性化めざそう　寄稿　岩手モリヤ社長　森奥信孝氏」『繊研新聞』2011年6月8日。
(11) 2011年9月26日、岩手県久慈市・岩手モリヤ本社にて。
(12) 森奥氏によれば「旧態依然とした取引慣習」（森奥信孝「岐路に立つ日本のファッション産業──今、服づくりの本質を問う」『繊維製品消費科学』第52巻、第1号、2011年、22-23頁）のことである。
(13) 2011年9月26日、岩手県久慈市・岩手モリヤ本社にて。
(14) 「岐路に立つ日本の洋服作り」NHK総合TV『おはよう日本』2010年11月10日。
(15) 2011年9月26日、岩手県久慈市・岩手モリヤ本社にて。
(16) 繊研新聞社「意見広告『日本発ものづくり提言プロジェクト』へのご賛同のお願い」http://www.senken.co.jp/advertise/monodskuri.htm（2011年11月29日閲覧）。
(17) 雇用保険被保険者数統計。『アパレル工業新聞』2010年11月1日。
(18) 奥田縫製ホームページ、http://www.okuda-sewing.co.jp/index.html（2011年11月29日閲覧）、佐々木、2002。
(19) 2011年9月1日、岐阜県岐阜市・奥田縫製本社にて。
(20) 2011年9月1日、岐阜県岐阜市・奥田縫製本社にて。
(21) 2011年9月1日、岐阜県岐阜市・奥田縫製本社にて。
(22) 「アパレルに必要なモノ作りの視点　メード・イン・ジャパン核に　経済産業省製造産業局繊維課長・田川和幸氏」『アパレル工業新聞』2011年11月1日。

第9章
タイにおける日系中小製造業のグローバル事業展開

前田啓一

1 輸出型経済発展を実現するタイ

　1980年代後半以降，タイが諸外国からの直接投資を積極的に受け入れ，それによる外需依存の輸出型経済発展を実現してきたことは周知の事実である。深刻なアジア通貨危機をはさんだ最近20年間でも着実な経済成長を実現し，市民生活の向上は目覚しい。

　ところで，2006年頃から2010年5月にかけて顕著となったタクシン派と反タクシン派との対立[1]，そして2011年秋頃からタイ中部～バンコク北郊外での大規模な洪水の広がりが懸念されたものの，投資先としてのタイの高い評価には今のところ揺るぎがない。

　本章では，今回行ったヒアリング調査の記録をもとに，近年におけるタイの外資導入政策，直接投資の受け皿としての工業団地の整備状況，そして日系中小製造業のグローバル展開について考えてみたい。

2 外資導入政策の発展

　タイで外国資本の積極的な誘致活動を展開している政府機関として BOI（Board of Investment：タイ国投資委員会）の存在がよく知られている[2]。投資奨励法に基づいて，実施責任を負うのが BOI であり，その役割は基本的に，投資政策の策定と重要投資案件の認可の二つである。投資政策の策定とは，投資奨励法による奨励業種，条件の決定・変更，特典の決定・変更などを指す[3]。タイのこのような外国資本誘致政策は，進出外国企業に対する各種税の恩典，ビ

ザ等外国人が就労するためのワンストップサービスの実施,外国人による土地所有制限の緩和の三つがセットになっている。

BOI の投資奨励策は,投資奨励業種に対して与えられる税制上ならびに税制以外の恩典の付与からなる。具体的には,産業の地方分散,地方産業の振興,所得格差の解消の観点から1987年より,タイの全土を3つのゾーンに区分し,税制上の恩典に差をつけている。単純化していえば,バンコクから遠く離れるにしたがって恩典が厚くなるというシステムである。

BOI による投資奨励を申請するための資格,基準・業種に共通な条件としては,国籍は問わない,当初投資額が土地代と運転資金を除き100万バーツ以上であること,近代的な生産方法および新しい機械を使用することなどがある。最近では土地代と運転資金を除く投資額が100万バーツ以下の小額案件についても一定の要件を満たせば同様の優遇が受けられる。そして,合弁のための基準については,製造業とサービス業とでその扱いが全く異なる。製造業では規制の対象でない限り,100％外資の企業による操業が認められている。

3 工業団地の整備

(1) 増加する工業団地の建設

タイでは,外国直接投資の受け皿整備策としての工業団地が,ゾーン1からゾーン3にまで続々と建設されている。これら工業団地の中には,後述するアマタナコンのように,日本のものと比べると規模がはるかに大きいものが多い。中でも,これら工業団地の多くは特にバンコク東南のチョンブリとラヨンの両県を中核とするイースタンシーボード工業地帯に集中している。このイースタンシーボード工業地帯はタイ政府が空港,深海港,道路網等の社会的インフラを重点的に整備しているエリアである。工業省所管の工業団地公社(IEAT)が国内で「統括」している工業団地はおよそ40ヶ所とかなりの数に上る。[4]

(2) アマタナコン工業団地

アマタナコン工業団地(Amata Nakorn Industrial Estate)はバンコク中心部

から57km，スワナプーン国際空港から40km，そしてタイ最大のコンテナ用港のレムチャバン港から46kmと交通の要衝にあり，1989年に設立された。バンコク市内からの通勤圏内にあり，自動車，家電，化学，食品など広範な製造業が多数立地し，その7割が日系企業である（2008年1月現在）。総開発面積は1万6577ライ（約2652.3km²〔1ライ=1600m²〕）と広大で，団地内企業に勤務しているものの数は12万人にものぼる。代表的な日系企業には，日立製作所，ソニー，ダイキン工業，三菱電機，小松製作所，デンソー，石川島播磨重工業，いすゞ自動車，日本精工，ブリヂストンなどの錚々たる大企業が含まれる。

同工業団地を開発・運営するのはAMATA Corporation Public Company Limited（以下，AMATAと略）という民間企業である。AMATAはアマタナコン工業団地を開発・運営するにあたり，"Perfect City"とのコンセプトのもと「工業団地から一つの街へ」と，従来の「工業団地」概念を超えた街づくりに努めている。同工業団地の優位性については4点が指摘できる。第一は，BOIの地域恩典や自動車産業の存在などの立地条件にある。第二は，道路，電気，給水，通信など高水準のユーティリティー，第三は，商業地区の充実，そして第四は，日系企業の集積とそれによる情報収集の利便性である。中でも，この工業団地を中心とする1時間圏内に主要な自動車メーカーが集中していることの強みは圧倒的である。

AMATA資料によれば，世界各地から企業が立地し，中でも日本企業が6割近くを占めて圧倒的な存在感を示している（AMATA作成の*Customer Directory 2009*，以下，AMATA（2009））。この他，合弁企業8社には，タイと日本の合弁が4社含まれている。また，タイの企業も17％あまりあることが注目され，地場資本の成長が明らかになっている。この他，東南アジア16社の内訳はシンガポール10社，マレーシア4社，フィリピン2社であり，シンガポールからの直接投資も結構多い。

また，**表9-1**は業種別の分類である。最も多いのが自動車関連で3分の1強，次いで鉄鋼・金属・プラスチック関連が5分の1，そして電気・電子機器12％弱などである。ただ，ヒアリングによると鉄鋼・金属・プラスチック関連や電気・電子機器といっても，そのエンド・ユーザーは自動車産業がほとんどであ

表9-1 立地企業の業種別分類
(単位：％)

業　種	比　率
自動車部品関連	34.5
鉄鋼・金属・プラスチック関連	20.5
電気・電子機器	11.7
一般消費財・ヘルスケア	7.9
化学関連	8.6
サービス・インフラ関連	9.7
その他製造	6.4
不　明	0.7
合　計	100.0

（出所）　AMATA CORPORATION PCL., *Customer Directory*, 2009 より，算出し作成。

るという。つまり，アマタナコン工業団地ではおよそ7割以上の企業が自動車部品産業ないしその周辺産業と推定される。アマタナコン工業団地には，世界各国の完成車メーカーと密接な取引ネットワークを構築している機械・金属やプラスチック分野など，そして電気・電子関連分野での多数の自動車部品サプラーヤーが集積していること，さらにその中核をなしているのが他ならぬ日本企業群であることが明らかなった。

さらに，AMATA（2009）から日本企業のみを取り出し，その業種を調べると**表9-2**の通りとなる。立地企業全体の傾向と比較すると，日本企業が自動車部品関連，鉄鋼・金属・プラスチック関連，そして電気・電子機器という3つの産業にいっそう傾斜していることが明らかである。

先にタイ地場企業の立地も相当数にのぼることを指摘したが，今度はその内実を探ってみることにしよう。**表9-3**は「国籍」がタイとされている企業について，その一つひとつの業種別分類を明らかにした結果を示している。ここでは，日本企業の場合とは異なり，自動車部品関連，鉄鋼・金属・プラスチック関連，電気・電子機器の産業の比率がぐっと低くなる。

さらに，AMATA（2009）において「タイ企業」と分類されてはいるものの，その内容を詳細に検討すると，日本企業との合弁であるものが相当数にのぼることが判明した。「合弁」ではなく，「タイ企業」とされた75社のうち，少なくとも14社はタイ・日合弁であると思われる。14社の内訳は，自動車部品関連6社，鉄鋼・金属・プラスチック関連4社，電気・電子機器1社，サービス・インフラ関連3社であり，これらは出資比率の関係で統計上はタイ企業とされている。しかしながら，その経営実態は日本側企業がイニシアチブを掌握していると考えられるケースも決して少なくはない。つまり，先に日本企業の圧倒的な存在と「タイ企業」の成長とを指摘したものの，「タイ企業」"成長"

表9-2 日本企業の業種別分類
(単位:％)

業　種	比　率
自動車部品関連	41.1
鉄鋼・金属・プラスチック関連	23.8
電気・電子機器	12.3
一般消費財・ヘルスケア	2.7
化学関連	8.1
サービス・インフラ関連	8.5
その他製造	3.1
不　明	0.4
合　計	100.0

(出所) 表9-1に同じ。

表9-3 タイ企業の業種別分類
(単位:％)

業　種	比　率
自動車部品関連	27.8
鉄鋼・金属・プラスチック関連	20.3
電気・電子機器	5.1
一般消費財・ヘルスケア	10.1
化学関連	6.3
サービス・インフラ関連	24.1
その他製造	6.3
不　明	0.0
合　計	100.0

(出所) 表9-1に同じ。

の内実としては，多数のタイ・日合弁企業の存在を無視しては語ることのできないことが明らかとなった。

4　日系中小企業の進出事例とその受け皿整備

(1) OTP (OTA TECHNO PARK)

2006年6月26日，アマタナコン工業団地の中に「OTA TECHNO PARK」（大田テクノパーク，以下OTPと略）が設立された。AMATAと日本の財団法人大田区産業振興協会とが，2005年7月に相互間での産業協力の推進に関する覚書に調印したことを契機として実現したものである。[11]

もとより，広大なアマタナコン工業団地の中でOTPは約2haという極めて小さな敷地面積での試みにすぎない。同団地は東西11km，南北5kmに及ぶが，その中でOTPは第7工期の一隅に位置する。大田区中小企業の側にとっては賃貸工場に入居することになるので海外進出する場合での資金不足を補うこととなるし，他方タイ側ではサポーティングインダストリーを集積させることにより工業団地内への企業誘致にいっそうの魅力を提供できるようになる。さらには，タイへの技術移転と雇用拡大も期待される。もっとも，OTPはAMATAが所有し入居企業に直接賃貸するというかたちがとられている。一方，大田区の側では工場建設に経費の負担をいっさい行っていない。

OTPの第1期としては，敷地面積が約7800m^{2}のところに8戸が入る連棟の工場（2560m^2）と事務棟（526m^2）が，それぞれ一つずつ建設されるというささやかな規模でのスタートであった。特徴についてはおおむね次の4点が指摘できる。第一は，日本の中小企業に適した操業が可能となるよう，床面積が小さく設定されていることである。タイでの通常の賃貸スペースでは空間が大きすぎるために，ここでは1ユニット320m^{2}とされ，複数ユニットの利用も可能である。第二は，日本人担当者が常駐することによるソフト面での支援サービスが受けられることである。中小企業が海外進出する場合に苦労する，BOIやIEATでの各種手続きはむろん，税務・会計，法人登記などの法務面，人材確保，住宅探し等に至るまでの支援が想定されている。第三は，入居企業が共同で使用できるファシリティー（総合受付，会議室，製品ショールーム等）が用意されていることである。そして第四に，アマタナコン工業団地内に集積する450社あまりの企業はもとより，周辺に立地する自動車メーカーなどとの新規取引や取引拡大の可能性があることである。

（2） OTPへの日系中小企業の進出事例

OTPでは現在（2009年12月）までに2期の工事が完了し中小企業6社が進出しており，合計で12ユニットを使用している。当初は大田区企業に入居を限定していたが，2008年11月より大田区以外の企業も入居が可能となっている。表9-4が現在の入居企業の一覧である。進出企業6社のうち，4社が自動車産業に関係している。今回は2社に対する訪問が可能となった。

① NAMBU CYL (THAILAND) Co., LTD.

OTP開所と同時に第1号として2006年6月に入居したのがNAMBU CYL (THAILAND) Co., LTD（以下，タイ・ナンブ）である。

タイ・ナンブの日本本社は東京都大田区に立地する株式会社南武（以下，南武）である。同社は「オンリーワン技術」を有するわが国屈指の油圧シリンダメーカーである。南武の主要製品には，製鉄巻き取り用ロータリーシリンダ，金型用中子抜きシリンダ，センサシリンダ（超小型センサシリンダ）などがある。製鉄所において圧延された鉄板をコイル状に巻き取る心棒となるのがロー

第 9 章　タイにおける日系中小製造業のグローバル事業展開

表 9-4　OTP 入居企業一覧

会社名（日本本社）	現地法人名（タイ）	日本本社の概要 （事業分野と本社所在地）	入居年月
株式会社南武	NAMBU CYL (THAILAND) Co., LTD.	油圧シリンダ専門メーカー，東京都大田区	2006年6月
江崎工業株式会社	EZAKI INDUSTRIAL (THAILAND) Co., LTD.	自動車・産業用パイプ，東京都大田区	2007年1月
株式会社西居製作所	NISHII FINE PRESS (THAILAND) Co., LTD.	精密プレス加工（ストロボ用反射板など），東京都大田区	2007年4月
新光機器株式会社	SHINKO WEL-TEC SERVICE Co., LTD.	溶接用電極，愛知県名古屋市	2007年8月
大和産業株式会社	DAIWA HARNESS (THAILAND) Co., LTD.	自動車産業用の摩擦材・照明部品，東京都大田区	2008年8月
FISA（フィーサ）株式会社	FISA Thai Techno Co., LTD.	静電気除去機他，東京都大田区	2009年3月

（出所）　AMATA 提供資料より抜粋し，作成。

タリーシリンダである。同社のセンサ付きロータリーシリンダは，一台のシリンダで任意のストロークが可能となることなどにより業界で高い評価を獲得し，国内はもとより韓国，中国，ブラジル，アメリカなど世界各国の大手鉄鋼所で導入されている。自動車のエンジンブロック等を製造するダイカスト用金型に付帯された基幹部品の金型用中子抜きシリンダでは，その国内シェアが70％と独走し，精密性，堅牢性，多様性において他企業の製品を上回っている。とりわけ，金型用特殊シリンダ（金型用スーパーロックシリンダ）は金型の小型化を実現させるもので，国際特許を取得したトヨタも採用する画期的な製品である。

同社は1996年に大田区産業振興協会が主催する「タイ・マレーシア」ミッションに参加した折に，タイでダイカスト用の離型材・潤滑材を製造・販売する花野商事と知り合い，販売面での提携関係を確立した。さらに，2002年には花野商事の現地法人であるハナノ・タイランドの工場の一部を借り受けて，南武の現地法人を設立させた。そして，2006年にはそのタイ工場が手狭になったことと大田区からの誘いを受けたことにより，OTPへ移転・拡張というかたちをとって3ユニットでの出発となった。営業担当と生産管理者の2名の日本人を含めて，従業者数が43名であった。出資比率は日本の南武が約90％，そしてエクスターアジアコーポレーション（旧ハナノ・タイランド）が10％である。

当地では，現在，油圧シリンダの完成品製造をメインとしている。当初は部品だけを生産しその全量を日本の本社工場に輸出していたが，タイに進出している日系メーカーの需要の盛り上がりに対応して完成品の直販体制も整え，OTP開業時での売り上げの半分は完成品となった。[16]これまでは本社工場で特殊シリンダ，そしてタイでは標準シリンダの生産という付加価値の高低に基づく分業を実施してきたが，市場の高質化をうけて次第に高級品需要も高まってきている。現在では当地において特殊品ができるようになったことから，販売市場に応じた分業を展開している。つまり，本社は日本国内と欧米そして中国，タイ工場はタイ国内・インドネシア・マレーシア・インド・ベトナム・中国華南をその主たる販売先としている。ここ1，2年でのOTP工場の販売先の国内外比率はタイ国内市場が約6割であるのに対して，輸出が4割である。輸出先としてはインドネシアが中心で，最近ではインドが増えているという。

　つまり，タイ・ナンブは，今日，日本へのもち帰り生産を前提としたたんなる低賃金活用の生産拠点ではなく，タイ国内からASEAN全域はむろん，インドなどでの市場獲得を目指すグローバルな最適分業の拠点と位置付けられている。また，今日の不況にもかかわらず，タイ・ナンブの業績は好調で利益を出している。[17]タイで拠点を拡大したおかげで，グループとしての利益確保に繋がっている。

　タイ・ナンブは，2012年5月1日に，これまでのOTPから同じアマタナコン工業団地内に自社工場を建設し拡張移転した。その理由について，同社では成長続くASEAN・インドの2輪・4輪市場からの需要増を取り込むためだとしている。[18]

② EZAKI INDUSTRIAL (THAILAND) Co., LTD.
　大田区南六郷の江崎工業株式会社（以下，江崎工業）[19]は，自動車・産業用エンジンにオイル・冷却水，排気などを循環させるための各種パイプの製造を行っている。国内ではいすゞ自動車・同関連企業に売り上げの7～9割を依存しており，いすゞ自動車の専属下請け的な性格が強い企業である。「つなぐ」「支える」という機能を担うパイプは，エンジンの構造上の複雑さや振動に対応し得ることが極めて重要であるために，曲げ・成形・接合等において高い技術力

が必要である。当社では多品種のパイプを製造しているが，その主力製品の一つにベローズ（じゃばら状）成形パイプがある。自動車エンジンの代表的負荷には振動と熱があり，パイプの中間をベローズ状に加工することで，振動を吸収する"スプリング効果"と，パイプの表面積が増えることによる"フィン効果"による冷却機能が発揮される。ベローズ成形を加えたオイル・パイプを試作品から量産まで供給できることに，特徴の一つがみられる。

　タイではOTP内に江崎工業の100％出資によるEZAKI　INDUSTRIAL (THAILAND) Co., LTD. が設立され，2007年2月から操業を開始した。[20]海外部品の調達，海外マーケットの伸び等への対応を検討中のところ，OTP工場アパートの賃貸という少額投資で進出可能であったことがその決断の背景にあった。現在の従業者は日本人3名と現地採用の13名である。今のところは過給器用潤滑油戻し管を中心に，日本本社向けの製品をメインに製造・輸出している。稼動してそれほどの期間が経過していないことから，OTPでの操業はいまだ本格化していない。

　OTP進出時には，ゼネラルモーターズといすゞ自動車との北米にある合弁企業への日本からの輸出分を，タイでの生産に転換すればよいとの考えであった。だが，2009年6月にゼネラルモーターズが米連邦破産法11条の申請を行ったことによる混乱のもとで，同合弁企業への輸出が全くなくなるという厳しい現実に直面した。つまり，OTPでやるべき仕事が皆無になるという状況に陥ってしまったのである。タイ工場では数少ないベローズ成形機を保有していることから，現在は進出している日系サプライヤーからの仕事も少しずつ増え，受注が戻りつつあるとのことではあるが，未だ黒字を計上するには至っていない。今後については，タイいすゞ自動車はむろん，新規顧客の開拓も期待している。

　江崎工業の生産拠点は，本社工場の他，栃木県岩舟町に栃木工場，そしてこのタイ工場である。同社のホームページによれば，[21]本社工場は町工場のスピリットが活かされる多品種小ロット品や試作品を手がけるマザー工場，栃木は加工工程の自動化が進められる量産品工場，そしてタイ工場は当社初の海外生産拠点でグローバルネットワークの確立を目指しているとされる。しかしながら，

本社ヒアリング時（2009年12月）での売り上げが例年の 6 割程度に留まっていたものの，同年 2 月での売り上げが 3 割（実に 7 割減）にまで落ち込んでいたことや，本社工場の周辺がマンションなどの住宅が多く操業が困難なことから，2010年 1 月に試作を含めて生産機能の全てを栃木工場に集約した。3 年前に今回の移転の可能性を見越して栃木工場の敷地を買い増しており，本社には営業・技術・総務部門だけが残ることとなる。当社では，今後はタイの生産拠点をいっそう重要視し，生産拡大を進めたいとしている。現状では，デザイン・試作は全て日本に任せ，タイ工場では量産機能のみである。将来においては本社―栃木工場―タイとの分業関係をいかなるかたちとするのかが，大きな課題になってこよう。

（3）　アマタナコン工業団地（OTP以外）への進出事例

次に，アマタナコン工業団地内にはあるものの，OTPに立地していない企業の事例もみておこう。

① MM (THAILAND) Co., LTD.

三重県の株式会社MS（社名を匿名化）はダイキャスト用金型の設計製作を業務内容として1979年 8 月に設立された。主要な取引先はアイシン精機株式会社やアイシン高丘株式会社など自動車部品のサプライヤーである。97年 1 月に同社はタイにMM (THAILAND) Co., LTD.(22)（以下，MMタイと略）を，さらに，2002年 1 月にはインドネシアに現地法人というように矢継ぎ早に海外現地法人を設立させ，ダイキャスト，プラスチック用金型の現地生産をスタートさせている。日本本社の従業員数は62名にすぎないが，このところ東南アジアで積極的な事業展開を行っている中小企業である。(23)

MMタイは，自動車やオートバイのアルミダイキャスト用金型や鍛造用の金型を生産している。エンジン全体の金型を手がけ，最近ではマグネシウム製が主体である。日本ではハイブリッド車のエンジン部品用だが，当地では従来車のエンジン用金型を製作している。タイ法人の昨年（2008年）の売り上げ構成は自動車と自動二輪車関係がそれぞれ 4 割，残りがその他の分野である。日本向けの輸出もあるが，タイに進出しているメーカーへの販売が中心である。

従業員は現在（2009年9月）48名で，うち日本人は2名である。資本の出資比率は，日本本社が7割，静岡の商社が15％，そして残りがタイ人による個人出資である。

　さて，タイには樹脂用の金型メーカーが多く見積もっておよそ400社があるのに対して，ダイキャスト型メーカーは当社を含め有力6社が存在するにすぎない。タイでダイキャストの金型メーカー数が少ない理由については，3点が指摘される。第一は，樹脂用に比べるとダイキャスト型金型の用途が限られることである。第二は，ダイキャスト用金型には熱処理を加える必要があることから削りにくく技術的に困難なことが挙げられる。そして第三に，樹脂用金型は比較的に長持ちするが，750度に溶解したアルミを入れるダイキャスト用金型はそれほど長持ちするものではない。おおよそ10万ショット前後で金型を新しいものに入れ替える必要が発生する。そのため，樹脂用金型と比べればメンテナンスの手間がかかる。

　MMタイで製造した金型の品質は日本のものとほとんど変わらない。同じ材料を使おうとすれば，日本から輸入しなければならないので価格を安くするのは困難である。また，時間あたりの工賃は確かに日本と比べると安いものの，現地では多能工化が難しいこともあってその分人数が多くかかる。つまり，現地でつくった金型と日本製とはほとんど価格差がなく，タイ製を日本に輸入すればかえって高くつくという。また，中国やローカル企業から半製品を調達し，それに最終工程を施して販売するというような仕事はやらないと明言している。つまり，みた目は同じであっても品質の最終保証ができないためである。いずれにしても，当社にあっては，タイ工場が安価な金型の調達拠点としてではなく，現地に進出している完成車メーカーから新しい仕事を獲得するための拠点として位置付けられている。

　② DAIKIN INDUSTRIES（Thailand）LTD.

　空調大手のダイキン工業はタイ国内でグループ企業として5社があり，中でも当社（DAIKIN INDUSTRIES〔Thailand〕LTD.，以下DITと略）[24]は空調機の生産・輸出拠点として，タイでは最も従業員規模が大きい。DITの従業員数は2009年3月末現在で正社員が1807名，そして支援従業員（パート）が849名

の合計2656名である（うち，日本人24名。なお，2010年1月末現在では，正社員1808名，支援従業員1498名）。タイ5社の総従業員数が4654名であるから，DITには6割弱の従業員が勤務していることになる。さて，DITの戦略的な位置付けとしては次の3点がある。第一は，全世界への空調製品供給のグローバル生産拠点，第二は冷房専用機の開発拠点，そして第三がアセアン・オセアニア地域での販売統括拠点である。

DITは1990年に設立され，翌91年からルームエアコンの生産操業を開始した。2005年にはアセアン向け商品の開発にも着手している。当地の敷地面積はおよそ210km^{2}と広大で，敷地内には冷房専用機の開発センターもあり，50名のエンジニアがアセアン，香港，ラテン・アメリカ向け商品の開発を進めている。DITの地域別売り上げ構成（2009年）をみると，ヨーロッパ21％，日本3％，アセアン・オーストラリア55％（うち，タイ国内9％），台湾・香港・インド等が20％となっている。日本市場向けには主に日本の工場が製造し，エアコン製品の組立工場としては，この他中国では上海と蘇州，ヨーロッパではチェコ（ピルゼン）とベルギー（オステンド）にそれぞれ2工場がある。タイの国内市場においてルームエアコンでは三菱電機が売り上げトップであるものの，基準がいっそう厳しい業務用・オフィス向けのパッケージエアコンについてはDITが第一位である。DITがタイに進出した理由に関して，同社ではBOIによる恩典とサプライヤーが集積していることのメリットを指摘している。このため現地調達率はおよそ85％と高い（中枢部品のコンプレッサーに関しても同様に85％である）。ただ，タイのローカル企業からの調達については2割にとどまっている。

これまでみてきたいくつかの事例からは，タイを量産品の生産基地と位置付けた上で日本との生産分業関係を構築しようとする中小企業も存在するが，一方で膨らみ続けるタイや他地域での内需獲得を目指して事業展開を進める中小企業も，そして大企業も，みられることを明らかにした。いずれにしても，タイでの生産拠点構築を睨んだ上でダイナミックともいえる企業活動を展開している（本章は『大阪商業大学論集』第6巻第1号〔通巻157号〕，2010年6月に掲載

第9章 タイにおける日系中小製造業のグローバル事業展開

した，前田啓一「タイの外資導入政策と我が国基盤技術型中小製造業のグローバル展開について」を大幅に圧縮し，一部で加筆修正を施した後，改題したものである）。

注
(1) 反タクシン派である PAD（民主主義市民連合）の大勢の人びとが，2008年8月に首相府を，同年11月にはバンコクのスワンナプーム国際空港も占拠した。さらに，翌2009年4月に今度はタクシン派が ASEAN＋3 首脳会議や東アジアサミットの会場予定地を占拠し，開催中止に追い込んだ。各国のマスコミは，大動員された黄色のTシャツ・グループ（反タクシン派）と赤色のTシャツを着たグループ（タクシン派）との対立を報じ続けた。
(2) BOI の活動内容に関しては，タイ王国政府投資委員会事務局「タイ国投資委員会ガイド（2007年3月改訂）」2007年3月を基本的に参照した。
(3) 外資政策の変遷については，「タイ国経済概況（2006／2007年版）」バンコク日本人商工会議所，2007年5月が詳しい。
(4) IEAT「タイ工業団地公社　タイ工業のバランスの取れた持続可能な発展」3頁。
(5) 概要に関しては，開発運営会社である AMATA の資料，ならびに「タイ工業団地情報　チョンブリ県内工業団地　アマタナコン工業団地」http://www.thaikojo.com/chonburi_1.html（2009年8月30日閲覧）を参照した。
(6) 「アマタナコーン工業団地　担当役員インタビュー」http://www.fact-link.com/interview/amata1.html（2009年8月30日閲覧）。
(7) AMATA 受領資料（AMATA「Welcome to AMATA」8頁）を参照。
(8) AMATA でのヒアリング（2009年9月24日）。
(9) 英語表記ではあるものの日本人と思われる人名が Managing Director, President, CEO などの役職にみられるケースを拾い上げた。
(10) 例えば，Siam Hitachi Automotive Products Ltd. の出資関係は，日立製作所35.3％，Hitachi Asia (Thailand) Co., Ltd. 15.7％，Siam Group 49％であり，タイ側の出資比率が64.7％であるものの，経営実態としては日立側がイニシアチブを掌握していることが明らかである。同じく Thai Auto Conversion Co., Ltd. の場合には，トヨタ車体40％，Toyota Tsusyo (Thailand) Co., Ltd. 21％，トヨタテクノクラフト9％，タイルーン・ユニオン・カーパブリック（タイ法人）30％である（「海外進出企業総覧　国別編　2008年版」『週刊東洋経済』第6140号，2008年）。
(11) http://www.fact-link.com/interview/amata1.html（2009年8月30日閲覧）を参照。
(12) AMATA の「Welcome to AMATA」12-13頁ならびに山田伸顯『日本のモノづくりイノベーション──大田区から世界の母工場へ』日刊工業新聞社，2009年，109頁などを参照した。
(13) 当初，OTP に入居するためには大田区に本社を残すことが必要とされていた。また，表9-4には名古屋市の新光機器株式会社の入居がみられるが，同社は大田区開設の工場

アパート「テクノフロント森が崎」に本社を設置し，OTPを分工場と位置づけている（山田，2009，114頁）。さらに，現在では大田区以外の企業も入居が可能とされる（ただし，同区内に製造現場・営業所・研究開発施設等の事業所を有することが条件とされている。http://www.pio-ota.jp/torihiki/thai.html〔2010年1月20日閲覧〕）。

(14) ここでの記述は，主としてNAMBU CYL (THAILAND) Co., LTD. (2009年9月24日)，株式会社南武（同年12月3日）での面談記録に基づく。

(15) 1941年に野村三郎が川崎市で操業を開始。野村は高校卒業後，三菱重工業に入社し，戦車部品の設計などに従事していた。その後，ハーレーダビットソン・モーターで設計と下請をまかされ，また進駐軍の軍用サイドカーを設計し成功した。55年に油圧シリンダと出会い，同年に横浜市で南武鉄工株式会社を設立。東横線のガード下からの出発であった。しかし，63年に火災で全焼し，倒産。とはいえ，65年12月に現在の礎となる株式会社南武鉄工を再起させる。その後，84年に野村和史が事業承継のために入社し，現在に至る（「先駆的モノづくり企業であるための技術力，設計力，人材力〈株式会社南武　代表取締役　野村和史氏　インタビュー〉」『IIST WORLD FORUM』2009年10月20日号などを参照）。

(16) 『日刊工業新聞』2006年7月6日付。

(17) 野村の以下の発言を参照。「今，タイ工場の業績はこの不況の中でも順調です。現地は50名足らずの会社で利益を出していますから，立派なものです。なぜ，そんなに忙しいかというと，タイからインドネシア，マレーシア，インドへ製品を輸出しているわけです。……値段は特殊シリンダ1本で約10万円もします。タタ自動車のナノがあんな値段ですから，なにしろ非常に高い。……タイでは難しいものは出来ませんが同品質のものができるし，値段がはるかに安いわけですから，タイの受注が増えても当然で，今忙しいんです」（『IIST WORLD FORUM』2009年10月20日号）。

(18) http://www.nambu-cyl.co.jp/network/overseasbranch_i.htm（2012年7月4日閲覧）。

(19) 1948年に江崎廣治が東京の世田谷区にて個人創業し，自動車用のフレキシブルチューブを製造開始。いすゞ自動車との取引が始まる。50年11月に法人化し，江崎工業株式会社を設立した。64年11月，現在地に本社・同工場を新設し，さらに，82年には栃木工場が新設された。この間，70年にベローズ・パイプの量産化に向けた開発が始まっている（2009年12月3日での江崎工業でのヒアリング）。

(20) 2009年9月24日にEZAKI INDUSTRIAL (THAILAND) Co., LTD. を訪問し面談することができた。

(21) http://www.ezaki.co.jp/seisan.html（2009年11月27日閲覧）。

(22) ここでの記述は主に，MM (THAILAND) Co., LTD. でのインタビュー記録（2009年9月23日）に依拠している。

(23) ここでの記述は，同社のホームページ http://www.meiwa-jpn.co.jp/company/index.html（2010年1月14日閲覧）を参照。

(24) ここでの記述はDAIKIN INDUSTRIES (Thailand) LTD. での面談記録（2009年9月24日）に基づく。

第10章

韓国の対日貿易赤字と日系企業の進出

遠藤敏幸

1 問題の所在

　韓国では長年，持続し拡大し続ける対日貿易赤字が問題視されている。韓国の対日貿易赤字の主因は韓国企業の対日部品素材依存である。近年，日系の部品素材メーカーを韓国に誘致することで対日貿易赤字を解消する動きが出ている。

　本章では韓国の対日貿易赤字問題が日系企業の進出とどのように関わっているかを，韓国側の視点から論じる。まず，韓国の対日貿易赤字の実情を説明した後，韓国の対日貿易赤字がどのように議論されてきたかを述べ，日系企業の誘致がいかに行われ，どのような現状になっているかを述べる。

2 韓国の対日貿易赤字の実情

　2008年2月に大統領に就任した李明博は公約の中で，対日貿易赤字[1]の削減を重要な政策課題として掲げた。対日貿易赤字は近年注目され始めた問題ではなく，韓国が本格的な工業化を開始してからの持続的な関心事項である。

　もともと工業化の基盤がないに等しかった韓国が本格的な工業化を開始するのは，1960年代になってからのことである。それまで主にとられてきた輸入代替工業化から輸出を前提とした輸出指向工業化へと，工業化戦略の重点がシフトされた。部品・素材の多くは外国からの輸入に頼り，組立に特化することで低賃金での比較優位を武器に国際競争に組み入ることを選択した。資金源の多くを外国借款に求めたため，外国借款を順調に循環させていくためには急速な

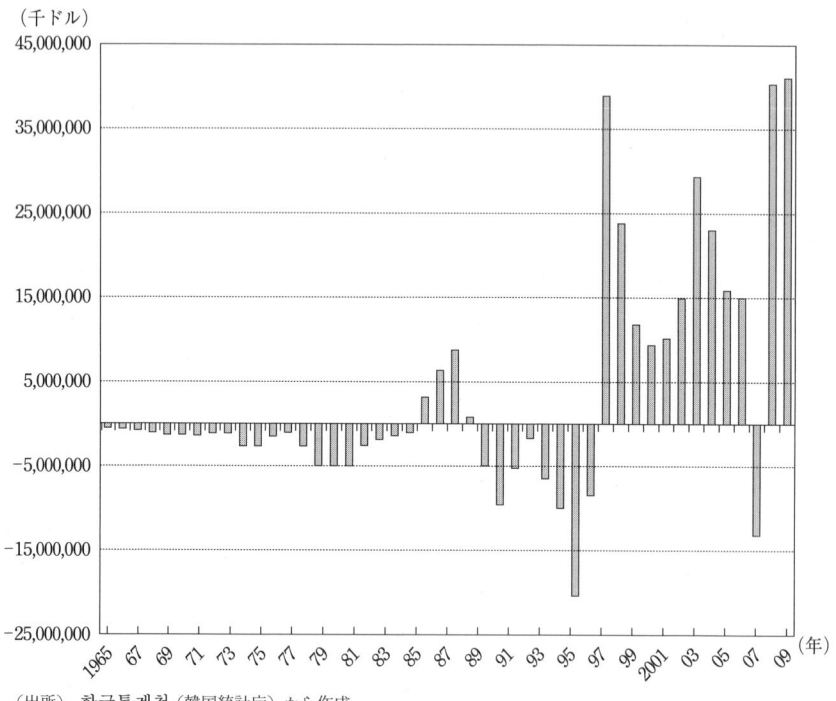

第II部　日本の貿易と日系企業の海外展開

図 10-1　韓国の貿易赤字

（出所）한국통계청（韓国統計庁）から作成。

工業化を実現する必要があった。またクーデターという形で政権を奪取し権威主義体制を敷いた時の朴正煕大統領にとって，自らの政権を正当化し維持するためには経済成長は必須のものであり，こうした政治的な理由からも急速な工業化，急速な産業高度化は必要不可欠なものであった。輸出指向工業化戦略への転換により韓国は持続的な高度経済成長を成し遂げることになるが，先述したような事情から工業化，産業の高度化は急速に行う必要があったため，60年代，70年代の高度経済成長期には，一つ一つの製品の国産化率を充分に高めていく余裕はなかった。そして部品・素材の主な輸入先として依拠されたのが，地理的な隣接性もある日本なのである。このようにして韓国の経済発展の動力である工業製品輸出が増えれば増えるほど，対日貿易赤字が深化していくという構造は固定化し，持続していくことになる。

図 10-1で確認されるように1986年から89年までの4年間を除き，97年の通

第 10 章　韓国の対日貿易赤字と日系企業の進出

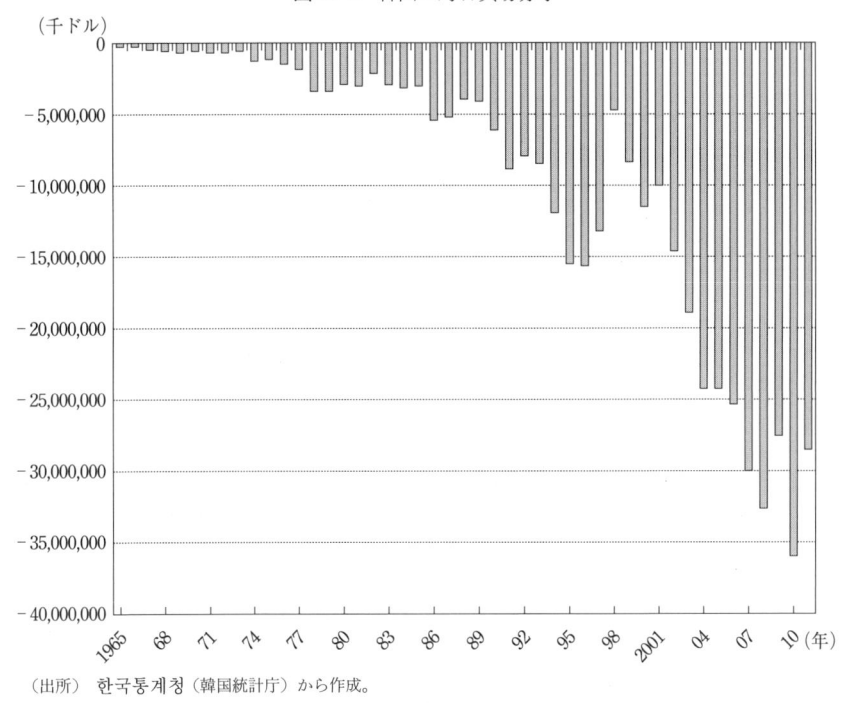

図 10-2　韓国の対日貿易赤字

(出所) 한국통계청（韓国統計庁）から作成。

貨危機が起こるまでの間，韓国の貿易赤字は常態化している。86年から89年の４年間貿易黒字を記録することができたのは，プラザ合意によるドル安で引き起こったウォン安と国際金利安，原油安という好条件が重なるという，いわゆる「三低景気」の到来によって輸出を大幅に伸ばすことができたからである。しかし，対日貿易は「三低景気」の時期にも赤字を記録し続け，その規模は増大する一方だった（図10-2）。通貨危機直後はウォンの大幅な下落による輸出の後押しと，それ以上に輸入が大きく停滞することによって貿易収支は黒字化した。その後，リーマン・ショックを受け一時的に景気が後退した2008年を除けば，通貨危機後は一貫して貿易黒字を定着させている。しかしその期間にも対日貿易赤字は解消されることはなく，むしろ加速度的に拡大する一方である。

　目立って対日貿易赤字が減少したのは，アジア通貨危機の翌年の1998年と世界金融危機の影響を受けた2009年だが，どちらも韓国企業の輸出不振から対日

第II部　日本の貿易と日系企業の海外展開

表10-1　貿易赤字国順位
（単位：千ドル）

	国　名	金　額
1	日　本	−36,119,836
2	サウジアラビア	−22,263,329
3	オーストラリア	−13,814,595
4	カタール	−11,442,784
5	クウェート	−9,801,667
6	アラブ首長国連邦	−6,683,087
7	インドネシア	−5,088,549
8	ドイツ	−3,602,716
9	オマーン	−3,431,803
10	マレーシア	−3,416,141
11	イラク	−3,226,948
12	イラン	−2,343,515
13	ロシア	−2,139,620
14	スイス	−1,633,668
15	ブルネイ	−1,456,449
16	フランス	−1,279,199
17	チ　リ	−1,274,341
18	ノルウェー	−871,876
19	スウェーデン	−777,250
20	赤道ギニア	−744,311

（出所）한국통계청（韓国統計庁）から作成。

輸入が減少し，対日貿易赤字が減少するという歓迎できない構造である。2010年の対日貿易赤字額は361億ドルと過去最高額を記録した。世界金融危機からの早い回復を成し遂げ，三星電子やLG電子をはじめとする韓国のグローバル企業が輸出を大幅に伸ばすことができた年であるが，これらの企業は中核部品や素材を日本企業に大きく依存しているため，輸出が増えれば増えるほど対日貿易赤字が深化していくという構造から抜け出せていない。[2]

2011年の対日赤字は286億ドルとなり，前年比で20.7％の減少となった。これは対日輸出を大きく伸ばすことができたことが一番の要因である。2011年の対日輸出は過去最高の397億ドルとなり，前年比で40.9％の増加となった。LG電子の3Dテレビをはじめ，これまで韓国が最も参入するのが難しかった日本市場へ食い込んでいく明るい兆しがみえてきた。また，対日貿易赤字の減少は2011年3月11日に発生した東日本大震災の影響も多分にある。東日本大震災で石油精製施設が大きな被害を受けたが，このことで韓国は日本への石油製品の輸出を前年比で130％増加させた。しかし一方で韓国の部品・素材の対日依存は継続しており，2011年も対日輸入に占める部品・素材の割合は60％以上であって，対日貿易赤字の決定的な要因となっている。[3]

3　なぜ対日貿易赤字が問題なのか

貿易赤字が常態化している国は何も日本ばかりではないのにかかわらず，なぜ韓国ではことさら対日貿易が問題視されるのだろうか。表10-1で確認されるように，貿易赤字国の上位の多くは資源国である。ゆえに日本と他国の貿易

第10章　韓国の対日貿易赤字と日系企業の進出

表10-2　年度別部品・素材の主要国家別貿易現況

(単位：億ドル)

	2001年			2003年			2006年			2009年			2010年		
	輸出	輸入	数値	輸出	輸入	数値	輸出	輸入	数値	輸出	輸入	数値	輸出	輸入	数値
対世界	620	593	27	820	758	62	1,487	1,140	347	1,710	1,197	513	2,293	1,514	779
中　国	96	56	41	195	90	106	430	231	198	613	276	337	832	373	459
日　本	62	167	−105	77	216	−139	136	292	−156	102	303	−201	138	381	−243
中　東	27	7	20	32	8	24	58	12	46	96	13	83	102	19	83
ヨーロッパ	83	93	−10	103	118	−15	187	173	14	203	197	6	277	220	57
アメリカ	101	117	−16	100	129	−29	158	160	−2	131	127	4	195	164	31
中南米	32	7	25	28	12	16	70	23	47	94	25	70	121	31	89
ASEAN	92	71	21	113	83	30	173	111	62	180	122	58	252	139	113
その他	127	76	52	174	103	71	276	138	137	290	134	156	376	186	190

(出所)　지식경제부『보도자료』(知識経済部『報道資料』) 2011年1月10日から作成。

図10-3　素材・部品の対日逆調および対日輸入依存度推移

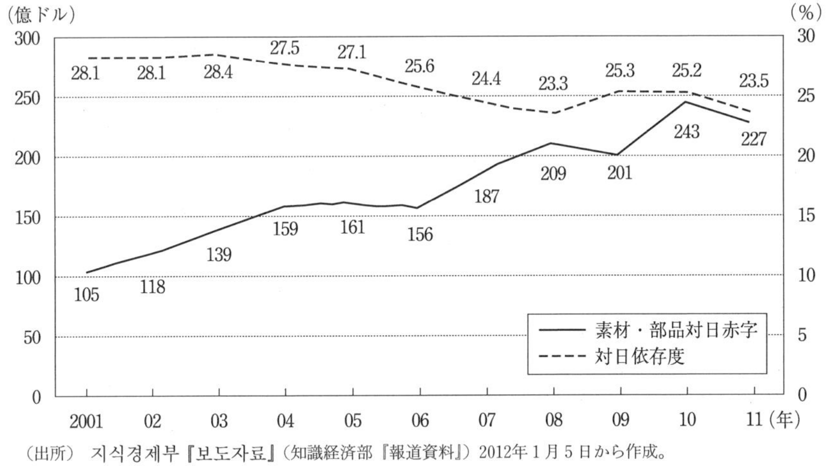

(億ドル)　　　　　　　　　　　　　　　　　　　　　　　(％)

年	素材・部品対日赤字	対日依存度
2001	105	28.1
02	118	28.1
03	139	28.4
04	159	27.5
05	161	27.1
06	156	25.6
07	187	24.4
08	209	23.3
09	201	25.3
10	243	25.2
11	227	23.5

(出所)　지식경제부『보도자료』(知識経済部『報道資料』) 2012年1月5日から作成。

赤字が抱える問題とは所在が異なる。

　対日貿易赤字の根源的な原因は韓国企業の部品・素材の対日依存である。部品・素材に絞って国家別貿易現況をみると，日本の赤字幅は他国に比べて飛び抜けており，年々その規模は拡大している(**表10-2**)。2000年代，対日輸入依存度(素材・部品輸入のうち対日輸入が占める比重)は少しずつ下がっているとはいえ，海外から調達する素材・部品の実に4分の1程度が日本からの調達なのである(**図10-3**)。また，2010年の素材・部品の対日貿易の現況をみると，

表10-3　素材・部品の業種別輸出入実績：対日本（2010年）

（単位：億ドル）

	輸出	輸入	数値
全産業	282	643	−361
素材・部品産業	138	381	−243
素　材	60	202	−142
繊維製品	2	2	0
化合物および化学製品	22	67	−45
ゴムおよびプラスティック製品	6	37	−31
非金属鉱物	2	21	−19
第一次金属	29	75	−46
部　品	78	179	−101
組立金属製品	3	4	−1
一般機械部品	17	45	−28
コンピュータ，事務機器	2	3	−1
電気機械部品	6	27	−21
電子部品	40	61	−21
精密機器部品	3	20	−17
輸送機械部品	7	19	−12

（出所）　지식경제부『보도자료』（知識経済部『報道資料』）2012年1月5日から作成。

　素材では化合物およびプラスティック製品，非金属鉱物，第一次金属が対日貿易で赤字であり，部品では組立金属製品，一般機械部品，コンピュータ，事務機器，電気機械部品，電子部品，精密機械部品，輸送機械部品で赤字となっている。素材全体，部品全体でともに大幅な赤字となっている（表10-3）。

　これまで韓国の対日貿易赤字についてどのような議論が展開されてきたのだろうか。例えば，渡辺利夫によると，1960年代，70年代の韓国経済を支えていた労働集約的な工業製品輸出は先進国（主に日本）からの生産財輸入に依拠した加工貿易であり，日韓貿易関係は垂直的補完関係ができあがっていた。その上，工業製品の輸出先は主に欧米向けであり，「ワンセット自給型」の日本への市場参入は難しく，韓国では工業化が進めば進むほど対日貿易が深化していくという構造ができあがった。また，金完淳・方燆烈は，対日貿易赤字が生じているのは比較優位による自由貿易の結果ではなく，絶対優位に立脚した日本の貿易構造によるものであると主張した。さらに，対日輸出が伸びないのは日本の関税・非関税などの自由貿易の制限によるものであるとして日本との従属的関係を強調し，激しく日本側の姿勢を批判している。

このような一方的な対日依存関係は1990年代までの韓国経済には強くあてはまるものであるが，三星電子や現代自動車といったグローバル企業に躍進した企業も出現し，製品によっては日本企業の製品の競争力を上回るものまで生産するようになり，先進国に限りなく近づいた近年の韓国経済を説明できる論理ではない。韓国経済のあり方が変化したのにもかかわらず，対日赤字の持続，拡大が依然存在することを説明するには，新たな分析視点が必要になってくる。

　例えば服部民夫は「組立型工業化論」という独自の論を展開している[6]。服部は，まず技術を「組立技術」と「加工技術」に分けて考える必要があることを提起する。技術の程度の低いものを「標準」とし，高いものを「先端」とするならば，日本は通常途上国が取り得る「組立／標準」という組み合わせから工業化を開始した。そして「加工／標準」へシフトしていきながら，「加工／先端」までたどり着いたという。一方，韓国は同じく「組立／標準」から工業化を開始したが，「加工技術」へシフトしていくのではなく，「組立技術」の技術力を上げていくことで「組立／先端」に上昇したのだという。これは決して韓国がいつまでたっても技術力が備わっていかなかったということではなく，「組立技術」に特化することで「技術・技能節約的発展」という，日本とは違った工業化の過程をたどってきたという説明である。また，水野順子は，現在の韓国の主力商品は大規模な設備投資よりも，日本の主力商品を戦略的に選択することで短期間に国際競争力のある商品に押し上げたものであり，世界で形成される技術ネットワークをフルに活用した結果であると主張している[7]。韓国の対日貿易赤字は，韓国企業が水野のいう「戦略的技術選択」をした結果であるといえる。

　実は韓国の主力産業こそ，部品・素材を対日輸入に大きく依存しているのである。例えば韓国の主力産業である半導体産業は，中核の素材・部品であるシリコンウェハー，フォトレジスト，CMPスリラーを海外からの輸入に頼っている。また，ディスプレイ産業はTAGフィルム，PVAフィルム，反射防止フィル，液晶材料などを，携帯電話産業では携帯電話モデムチップ，音源チップなどを，自動車産業では先端エンジン部品および電装部品の多くを海外から調達しており，その調達先としての日本の存在は欠かせない[8]。

企業の最大の目的はどれだけ利潤をあげることができるかであるので，韓国の対日貿易赤字は韓国企業にとっては関心の外にある。とりわけ韓国でグローバル企業に成長した製造企業の多くが採る成長戦略は，対日貿易赤字を必然的にもたらすものとなっているともいえるだろう。このように対日貿易赤字に関しては，韓国企業の成長と韓国経済の安定が二律背反的な状態にあるという側面があり，韓国政府は両者の間にどうバランスを取り，調整していくかに悩まされている。

4 対日貿易赤字と日系企業の誘致

対日貿易赤字の主因が韓国企業の対日部品・素材依存であることから，韓国政府は対日貿易赤字解消のために二つの対策を講じている。

一つはこれまでの経済発展の過程で育成することができなかった部品・素材企業を育成することである。2009年1月に「部品・素材専門企業等の育成に関する特別措置法」を制定し，国家科学技術委員会を通じて部品・素材開発の支援体制を強化した。これまで部品・素材の開発は，企業，大学，研究所などの自助努力に委ねていたところが大きかったが，政府の積極的な支援で部品・素材の開発を促していく方針を掲げた[9]。また，技術への資金的援助だけでなく，韓国企業と海外企業のM&Aの積極的支援も行っていく方針を固めた[10]。

もう一つは日系企業の部品・素材メーカーを韓国に誘致することである。

韓日産業技術協力財団の報告書によると，日系企業の韓国への進出ブームはこれまで三つの時期があった[11]。一つめは第1次石油危機直後，生産原価節減のために日本企業が海外に積極的に進出する一環として韓国に投資された時期である。二つめは1980年代後半にプラザ合意による円高と貿易摩擦回避のため日本企業の海外進出の一環として投資された時期である。三つめは韓国で通貨危機が起こった1997年以後の数年間である。通貨危機によりウォン，韓国企業株が大幅に下落したのに加え，IMFの介入により抜本的な規制緩和がなされ進出要件が整えられたからである。

2007年時点では日本は企業の対韓進出件数こそ最も多い国であるが[12]，世界全

体に比して投資金額が少ない場合が多く，持分率も低く，単独出資は少ない場合が多い。そして少ない金額での投資を選好するため，大企業よりも中小企業に対する投資が多い。また業種別では，もともと通信，金融，保険といったサービス業への投資が多かった。韓国の対日貿易赤字は日本からの部品・素材の輸入が一番の原因であるのにかかわらず，製造業よりサービス業への投資が多いことは対日貿易赤字問題上，憂慮すべき実態であった。もっとも90年代以降の日系企業の対韓投資は，製造業の比重が上昇していくが，充分な投資状況ではない。

　日系の製造業企業が対韓進出をすることを躊躇する環境が韓国にはある。韓国は1960年代以降外資の積極的導入を図っているが，植民地期の記憶を喚起するものとして直接投資に関しては大きく制限をしてきた。90年代以降段階的な対外開放が進められ，通貨危機後には投資要件の制限はほとんどなくなったが，この頃になるとすでに韓国の賃金，物価は上昇した上，中国の台頭も重なり，韓国は日系企業にとって魅力的な投資先ではなくなった。また，韓国の労働者の管理の難しさもよく指摘される。韓国は87年に民主化されるまで労働組合の活動は制限され，賃金も抑制されていた。民主化以後はこれまでの反動から労働争議が頻発するようになり，韓国の賃金は実質賃金以上に跳ね上がっていった。97年の通貨危機以後は労働市場改革で整理解雇制度が実用化され，労働者派遣制度も導入されたことで韓国の労働市場はより柔軟になった。しかし民主化以降常態化しているもともとの労働者の強い権利要求体質がある上，通貨危機以後，労働市場改革の名のもと行われた労働環境の悪化は労働者の権利要求を意識レベルで逆に強固なものにしている。韓国へ進出する際，韓国人労働者を雇用する難しさを指摘する日系企業は多い。

　韓国政府は日系の部品・素材製造企業を誘致すべく，部品素材専用工業団地の造成を行った。部品素材専用団地は2008年4月の日韓首脳会談で李明博が日本に対する対韓投資と日韓の戦略的パートナシップの促進を提案したことを受け，知識経済部，貿易投資振興公社，部品素地投資機関協議会の連携で進められている一大事業である。部品素材専用団地には30％以上の出資で指定された業種に該当すれば入居できる。法人税，所得税，地方税を一定期間免除できる

他，土地購入費用や建物の建設費用の一部支援，雇用補助金，教育訓練補助金，施設補助金などの支援が受けられる。⁽¹⁵⁾

　工業団地造成の候補先として慶尚北道の亀尾市，浦項市，全羅北道の益山市，釜山鎮海経済自由区域が選定された。いずれも主要都市からのアクセスがよく，主要企業が多く存在する。亀尾市には三星電子，LG，LS電線，大宇電子などの大企業が入居しており，電気・電子，ディスプレイ，半導体などのIT産業が集中している。浦項市にはPOSCO，現代製鉄，東国製鋼などの大手鉄鋼会社が数多く存在する。益山市はカーボン素材，乗用車・商用車，農業機械の3大産業クラスターの造成を国家主導で計画している。釜山市は世界のハブ港であり，現代重工業，三星重工業，大宇造船海洋などの大手造船会社が存在し，近隣には現代自動車蔚山工場やルノーサムスン自動車などの機械メーカーが存在する。⁽¹⁶⁾部品素材専用工業団地に大企業が隣接していることは重要なことだ。なぜなら対日貿易赤字の主因である部品素材の対日輸入を占める大部分は，韓国の大企業によるものだからだ。

　ここ数年，日系企業の韓国進出が相次いでいる。2011年3月に東レが亀尾工業団地に炭素繊維工場を設置した。また，住友化学は三星グループとの合弁で京畿道平沢市にスマートフォンの部品工場を建設することを決めた。宇部興産は忠清南道牙山市にプラスチック樹脂工場を操業することとなった。精密機械メーカーのエアフォルクは江原道東海市に，自動車エンジン部品メーカーの安永は全羅道益山市に工場を設置することを決めた。これまでの日系企業の海外進出の主流であった低賃金の労働集約的産業ではなく，ハイテク産業の進出が目立つのが特徴である。⁽¹⁷⁾

　今後韓国への日系企業，とりわけ部品素材産業の誘致を順調に進めていくことができれば韓国は対日貿易赤字問題から解放されるかもしれない。ただし，それだけでは韓国企業の構造的問題を看過してしまうことになる。韓国企業の対日部品素材依存は韓国企業の選択と集中の結果であり，必ずしもマイナスではない。しかし，一方的依存に甘んじている状態が続けば，韓国企業は潜在的な脆弱性を孕んだままであろう。日系企業からの技術移転，あるいは良好な戦略的提携をいかに進めていくことができるかが，韓国企業の持続的発展の鍵に

第 10 章　韓国の対日貿易赤字と日系企業の進出

なってくるだろう。

注
(1)　韓国では対日貿易赤字を対日貿易逆調と表現されることも多く，「逆調」という表現が象徴的なように，対日貿易赤字問題は経済的な問題だけでなく，政治的，外交的な問題も多分に含まれている。
(2)　『産経新聞』2011年1月27日。
(3)　『朝鮮日報』2012年1月17日。
(4)　渡辺利夫『現代韓国経済分析――開発経済学と現代アジア』勁草書房，1982年。
(5)　金完淳・方熽烈「韓・日間　貿易　逆調問題 의 再考察」『일본연구논총』제5권，1986（金完淳・方熽烈「韓・日間　貿易　逆調問題の再考察」『日本研究論叢』第5巻，1986年）。
(6)　服部民夫『東アジアの経済発展と日本――組立型工業化と貿易関係』東京大学出版会，2007年。
(7)　水野順子「対日赤字の原因品目とその背景――輸出戦略と技術ネットワーク」水野順子編『韓国の輸出戦略と技術ネットワーク――家電・情報産業にみる対日赤字問題』アジア経済研究所，2011年。
(8)　韓国知識経済部・韓国貿易投資振興公社・韓国部品素材投資機関協議会・韓国全国人連合会「部品素材専用工業団地投資誘致説明会」2008年。
(9)　『聯合ニュース』2009年1月13日。
(10)　『聯合ニュース』2009年1月19日。
(11)　한일산업기술협력재단『한국진출 일본계기업의 특징 및 시사점』2007（韓日産業技術協力財団「韓国進出日本系企業の特徴および示唆点」2007年），3-6頁。
(12)　韓日産業技術協力財団，2007，2頁。
(13)　韓日産業技術協力財団，2007，7-11頁。
(14)　韓国で通貨危機以後，整理解雇制度が導入されたといわれることがあるが，正確には整理解雇制度は通貨危機以前にも存在した。整理解雇は勤労基準法の中でその可能性が明記されていたが，条文のあいまいさから事実上整理解雇を発動することが難しい状態であった。1998年2月に勤労基準法を改正し明文化することで，整理解雇を実用化したというのが正確な理解である（高安雄一『韓国の構造改革』NTT出版，2005年，141-148頁）。
(15)　ジェトロ・ソウルセンター『韓国における外国人投資環境』2010年，42-43頁。
(16)　韓国知識経済部・韓国貿易投資振興公社・韓国部品素材投資機関協議会・韓国全国人連合会，2008。
(17)　『朝鮮日報』2011年6月29日。2011年の日系企業の対韓進出には東日本大震災による影響も大きい。

第11章

日本にとってのアフリカ，CFAフラン諸国
―― 1990年以降の日本とCFAフラン諸国の経済関係 ――

木村公一

1　CFAフラン諸国の特徴

　日本とアフリカ諸国との経済関係は，北米地域やアジア地域に比べるとそれほど強くないといえるだろう。本章で取り上げるCFAフラン諸国は，旧フランス植民地を起源とするギニア湾沿岸の地域を示している。

　本章ではこのCFAフラン諸国地域と日本との経済関係を，貿易関係と直接投資の2面から分析を行う。CFAフラン諸国は確かに地理的にみても歴史的にみても，日本とそれほどつながりが強いとはいえないが，アフリカ地域の中では人口，経済ともにそれなりの規模を有する重要な地域である。またギニア湾沿岸は，原油や非鉄金属など地下資源も豊富で，戦略的に重要な地域となっているのもまた事実である。

　本章で定義するCFAフラン諸国とは，「アフリカ財政共同体フラン（Franc de la Communauté Financière Africaine／Franc CFA）[1]」が通用する国々と，「アフリカ財政協力フラン（Franc de la Coopération Financière Africaine／Franc CFA）[2]」が通用する国々を合わせたものである。このCFAフラン諸国は図11-1で示したように，「アフリカ財政共同体フラン」は西アフリカ地域に，「アフリカ財政協力フラン」は中部アフリカ地域にある。両通貨とも略称がCFAフランであり，1ユーロ＝655.957CFAフランで，ユーロとの同一固定レート[3]での交換が保証されているため，本章では特別な場合を除き便宜上一つの通貨として扱うことにする[4]。前者の「アフリカ財政共同体フラン」が通用する国は，西よりセネガル共和国，ギニアビサウ共和国[5]，マリ共和国，コートディボワール共和国，ブルキナファソ，ベナン共和国，トーゴ共和国，ニジェール共和国，

第11章 日本にとってのアフリカ，CFA フラン諸国

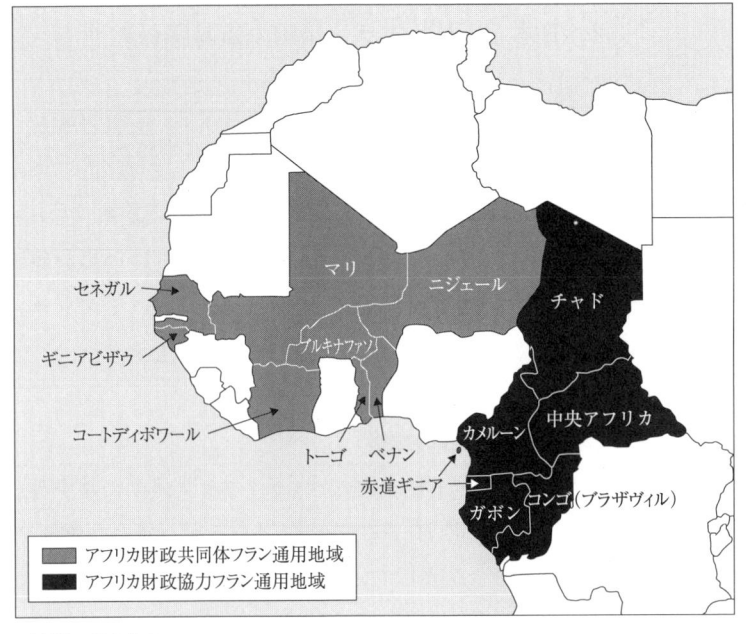

図 11-1　CFA フラン諸国

- アフリカ財政共同体フラン通用地域
- アフリカ財政協力フラン通用地域

（出所）筆者作成。

の8ヶ国である。一方後者の「アフリカ財政協力フラン」が通用する国は，北よりチャド共和国，カメルーン共和国，中央アフリカ共和国，赤道ギニア共和国[6]，コンゴ共和国[7]，ガボン共和国，の6ヶ国である。フランスの委任統治領であったトーゴとカメルーン[8]，旧ポルトガル領のギニアビザウ，旧スペイン領の赤道ギニアを除くと，旧フランス領の地域となる。ほとんどが旧フランス植民地であったという歴史的背景から，政治的にも経済的にもフランスおよびEUとのつながりが非常に強い地域である。

この CFA フラン諸国は共通通貨を背景に，アフリカの中では比較的大きな経済圏を有しており，無視し得ない存在であることも事実である。また域内に1億3000万人を超える人口を有しており，潜在的な市場としても重要な位置を占めているのもまた事実である。

2 日本とCFAフラン諸国の貿易関係

　CFAフラン諸国は大西洋に面するアフリカ地域である。元来日本からかなり遠い地域であり，地理的にはつながりの強い地域とはいえず，なじみが薄いというのが実情である。日本の総貿易額の中でCFAフラン諸国が占める割合は，輸出入とも0.5％にも満たず（後述），日本にとって重要度の高い地域とはいえない状況にある。日本との貿易に関係が希薄と思われるCFAフラン諸国であるが，1990年代から2000年代にかけて大きな変化がみられる。

（1） 対CFAフラン諸国貿易額の推移

　図11-2は1991年から2008年の間における，CFAフラン諸国に対する日本の貿易額を表している。さらに**図11-3**は同一期間の日本の貿易総額に対するCFAフラン諸国の占める割合を表している。

　日本とCFAフラン諸国の貿易関係は2004年までは輸出入がほぼ均衡に近い状態を保っていたが，2005年以降急速に日本側の輸入超過に陥っていることがこれらの図から読みとることができる。まず1990年代から2000年代にかけての日本からCFAフラン諸国への輸出額であるが，金額はほぼ横ばいからやや減少といえる状況にある。1991年の日本のCFAフラン諸国への総輸出額は約436億9330万円であり，2008年の輸出額は約351億1740万円となっている。しかし，日本の輸出総額に対するCFA諸国の占める割合は徐々に低下しており，91年では約0.103％であったのが2008年には約0.043％と半減している。

　このように日本からCFAフラン諸国への輸出は低迷しているといえるが，日本のCFAフラン諸国からの輸入は逆に増加の傾向がある。1991年の日本のCFAフラン諸国からの輸入額は約293億2934万円であったが，2008年では約1957億1996万円と金額的には約6.7倍へと大きく伸びている。また日本の輸入総額に対するCFAフラン諸国の占める割合は91年では0.092％出会ったのが，2008年では約0.248％となり，こちらも大きく伸びている。

第 11 章　日本にとってのアフリカ，CFA フラン諸国

図 11-2　日本の CFA フラン諸国に対する貿易額

(出所)　財務省「財務省貿易統計」「国別品別表」1991年から2008年より作成。

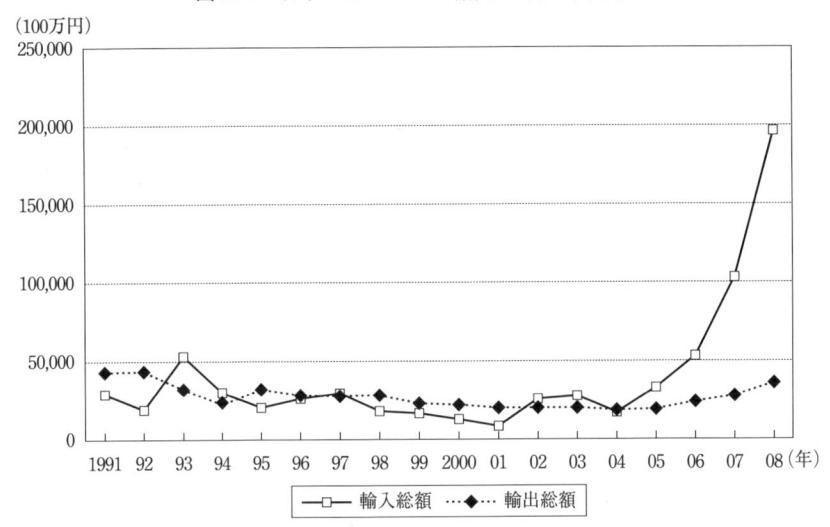

図 11-3　日本の貿易総額に対する CFA フラン諸国の占める割合

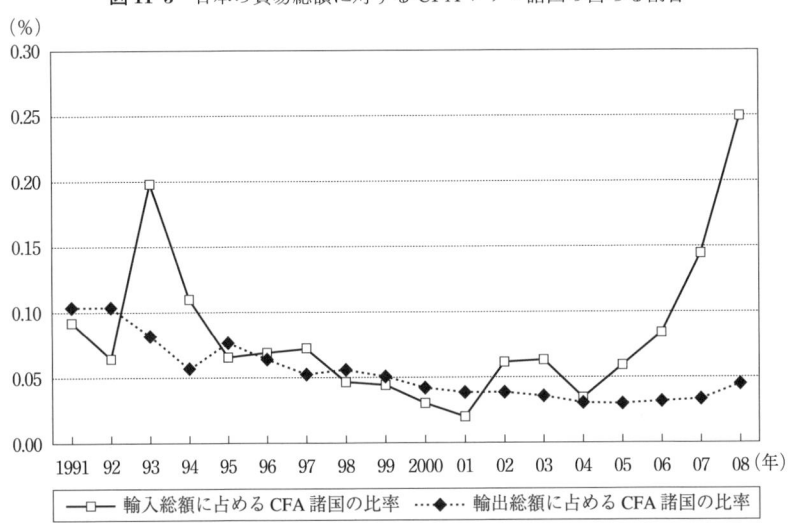

(出所)　財務省「財務省貿易統計」「国別品別表」1991年から2008年より作成。

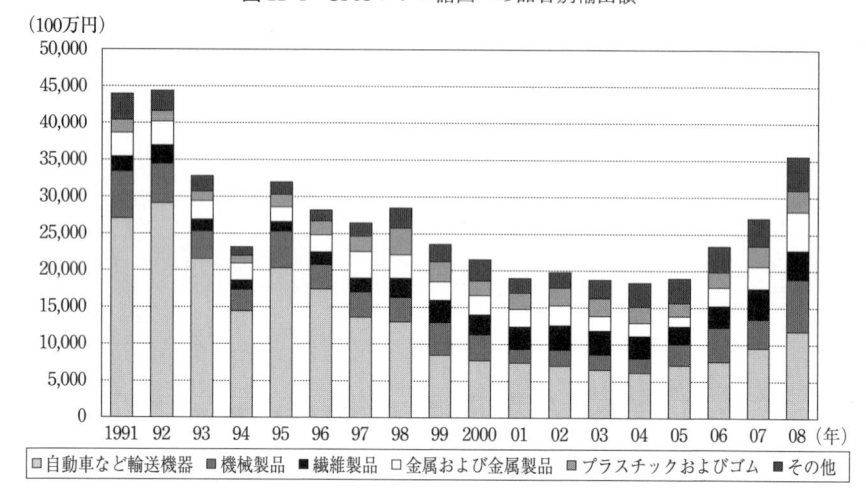

第II部　日本の貿易と日系企業の海外展開

図11-4　CFAフラン諸国への品目別輸出額

(100万円)

（出所）財務省「財務省貿易統計」「国別品別表」1991年から2008年より作成。

（2）対CFAフラン諸国貿易の品目別構成

では，貿易品目についてはどうであろうか。まず日本からCFAフラン諸国への輸出についてであるが，図11-4は日本からCFAフラン諸国への輸出の品目別内訳を示している。この品目別輸出額をみると，構成内容に大きな変化がみられることがわかる。1991年では，自動車など輸送機器が最大の輸出品目であった。輸出総額，約436億9330万円に対し，自動車など輸送機器の輸出額が約267億8352万円であり，全体の約61.2％を占めていた。ところが2008年になると自動車など輸送機器は依然として最大の輸出品目ではあるが，その割合はかなりの低下をみせている。同年の輸出総額，約351億1741万円に対し，輸送機器の輸出額が約113億0603万であり，全体の32.2％であった。1991年と比較して輸出額で約2.4分の1，日本のCFAフラン諸国に対する輸出総額に占める割合で約2分の1と大きく低下していることが見てとれる。

その一方で，繊維製品の輸出の増加がみられる。この繊維製品の大部分はナイロンなどの合成繊維であるが，自動車および輸送機器と同じく1991年と2008年を比較すると，輸出額で約20億1490万円から約40億4563万円と倍増している。また日本のCFAフラン諸国に対する輸出総額に占める割合も，約4.6％から

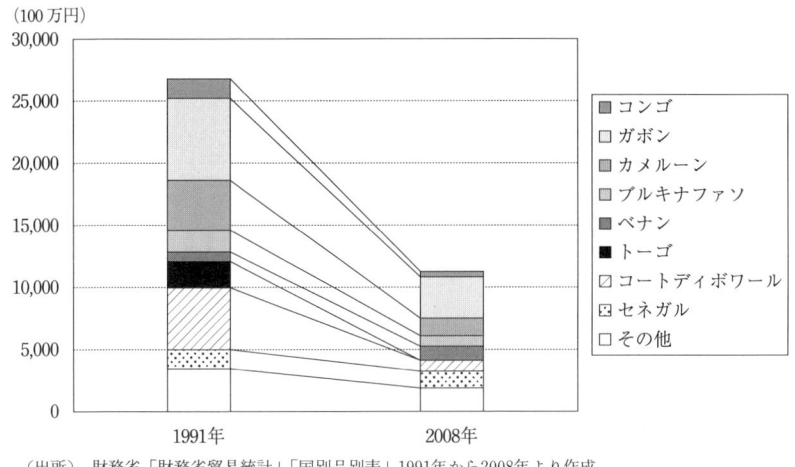

第 11 章　日本にとってのアフリカ，CFA フラン諸国

図 11-5　CFA フラン諸国に対する輸送機器の国別輸出額

（出所）　財務省「財務省貿易統計」「国別品別表」1991年から2008年より作成。

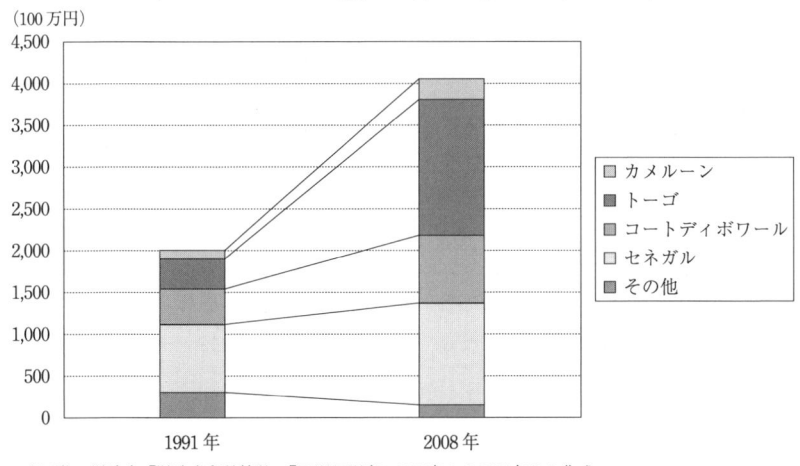

図 11-6　CFA フラン諸国に対する繊維製品の国別輸出額

（出所）　財務省「財務省貿易統計」「国別品別表」1991年から2008年より作成。

11.5％へと，約2.5倍に上昇している。

　日本の CFA フラン諸国に対する品目別輸出をさらに細かく分析してみよう。**図 11-5** は1991年と2008年の輸送機器の国別輸出額を示したものである。91年では，輸送機器の主要な輸出先はコートディボワールの約50億8063万円，カメルーンの約39億6083万円，そしてガボンの65億9179万円であった。しかし，

175

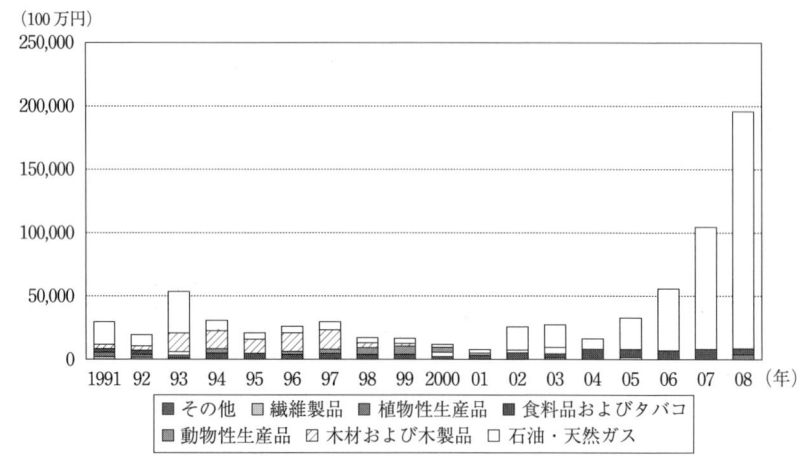

第II部　日本の貿易と日系企業の海外展開

図11-7　CFAフラン諸国からの品目別輸入額

(出所)　財務省「財務省貿易統計」「国別品別表」1991年から2008年より作成。

2008年では，コートディボワールに対して約8億5119万円，カメルーンに対して約14億1247万円，そしてガボンに対して約33億7239万円と大きく減少している。コートディボワールでは約6分の1に，カメルーンでも約2.8分の1，減少率が少なかったガボンですらほぼ半減といった状況である。それ以外の国々も軒並み減少傾向にあり，わずかにセネガルでのみほぼ横ばいという結果になっている。

次の図11-6は，1991年と2008年の日本のCFAフラン諸国に対する繊維製品の国別輸出額を示したものである。繊維製品の主要輸出先はセネガル，コートディボワールおよびトーゴであり，それは91年と2008年ともに変わらないが，この3ヶ国とも91年の輸出額に比べ2008年の輸出額が増加する結果となっている。具体的にはセネガルは91年の約8億1969万円から2008年の約12億3769万円の約1.5倍へ，コートディボワールは約4億2186万円から約8億1916万円の約1.9倍へ，トーゴに至っては約3億5842万円から16億0523万円の約4.5倍となっている。

一方，日本のCFAフラン諸国からの品目別輸入についてであるが，図11-7はCFAフラン諸国への品目別輸入額を示している。品目別輸入の最大の特徴は2000年代の石油・天然ガスの急増である。1991年の日本のCFAフラン諸国

176

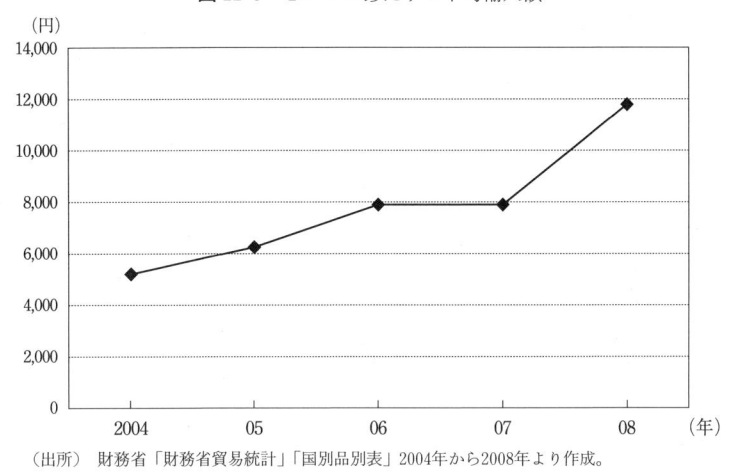

図 11-8　1バレルあたりの平均輸入額

(出所)　財務省「財務省貿易統計」「国別品別表」2004年から2008年より作成。

からの総輸入額が約293億2934万円であったが、石油・天然ガスの輸入額は約177億8305万円であり、全体の約60.6%を占めていた。1990年代末から2000年代初頭にかけて、石油・天然ガスの輸入がほとんどなくなる時期があるが、2002年以降急増し、2008年で、輸入総額が約1957億1996万円であったのに対し、石油・天然ガスの輸入額が約1873億3223万円と約95.7%を占めるまでになっている。

石油・天然ガス輸入額の増加の原因は、第一に、2007年以降赤道ギニアからの天然ガスの輸入が本格化したことが挙げられる。2007年で約158億6556万円、2008年には約1080億3016万円となり、同年の原油の輸入額である約793億0207万を上回る上昇をみせている。

第二の原因として、2000年代中頃から原油の輸入価格が上昇したことも影響している。図 11-8 はCFAフラン諸国から輸入した原油の1バレルあたりの年平均価格である。(9) 2004年には年平均が1バレルあたり5249円32銭だったものが、2008年には1万1780円49銭とほぼ2倍にまで上昇している。

さらに付け加えるなら原油の輸入量そのものも増加している。2004年の原油輸入が約146.9万バレルであったのに対し、2008年には約673.2万バレルとなっており、5年間で約4.9倍の増加を記録している。

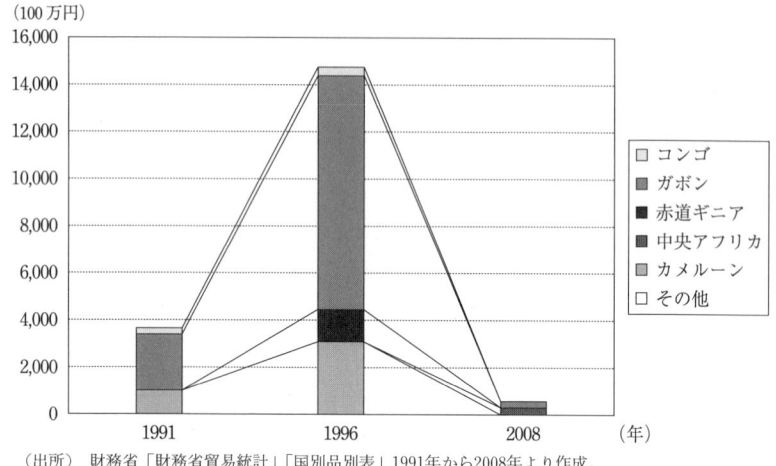

第II部　日本の貿易と日系企業の海外展開

図 11-9　CFA フラン諸国からの木材および木製品の国別輸入額

凡例：コンゴ／ガボン／赤道ギニア／中央アフリカ／カメルーン／その他

（出所）財務省「財務省貿易統計」「国別品別表」1991年から2008年より作成。

　こうした，石油・天然ガス輸入が急増する一方，1990年代に主要な輸入品であった木材および木製品が2000年代にほとんどなくなっている。この木材および木製品に含まれる主要なものは，オクメやオベチュ，シッポといった熱帯木材であり，カメルーンやガボンなどが主要な輸入元であったが，最盛期の96年を境に急速に輸入量を減らしている。**図 11-9** は木材および木製品の国別輸入額を表している。この図が示すように91年はCFAフラン諸国全体で約36億3366万円，96年には147億7055万円の木材の輸入があったが，2008年には約5億6596円と同時期最盛期の約20分の1にまで減少している。例えば，ガボンからは91年で約24億3499万円，96年で約99億6189万円の輸入があり，重要な輸入品の一つであったが，2008年には2億7321万円まで低下している。

　1990年代から2000年代にかけての日本とCFAフラン諸国の貿易関係は以下のように要約できる。第一に，2004年までは輸出入がほぼ均衡といっていい状態を示していたが，2005年以降急速に日本側の輸入超過が進んだ。第二に，日本からCFAフラン諸国への輸出は，自動車などの輸送機器が減少している一方で，化学繊維製品などが少しずつではあるが増加するといった，品目構成に変化がみられる。第三に，日本のCFAフラン諸国からの輸入は，2000年代半ば以降，原油と天然ガスの輸入が急速に拡大する一方，以前の主要な輸入品目

178

であった熱帯木材がほとんど輸入されなくなった。

3　CFA フラン諸国への直接投資

　日本企業の進出も他地域に比べれば少ないとはいえ，ある程度みられるようになっている。例えば，カメルーンでは1965年には大東カカオ株式会社と三井物産株式会社が現地の政府投資機関である S. N. I.（Socété Nationale d'Investissment／国立投資会社）と共同で Société Camerounaise de Cacao が操業を開始している。その後も70年代以降にいくつかの日本企業の現地進出がみられ，91年には13の企業が存在していた（後述）。

（1）　企業数の推移

　CFA フラン諸国を含めてサハラ以南のアフリカ地域への日本企業の直接投資は，北米地域やアジア地域などと比べて，件数および金額ともに小規模である。図 11-10 は CFA フラン諸国における国別の日本企業の数の推移を示しており，図 11-11 は，事業部門ごと推移を示している。なお本章で扱う日本企業とは，資本金に日本企業の出資が含まれる企業のことを示しており，大部分が現地資本もしくはフランスなどの他の外国資本が大部分を占めていても，法人ごとに1事業者として計上している。

　国別の企業数をみる限り，1990年代初めまではセネガル，コートディボワール，マリ，ブルキナファソ，ニジェール，カメルーン，そしてコンゴの7ヶ国，すなわち CFA フラン諸国の半数の国に日本企業の進出がみられる。一方進出がみられない国は，ギニアビサウ，トーゴ，ベナン，チャド，中央アフリカ，赤道ギニア，ガボンの7ヶ国である。

　1990年代初頭までは，広範な国々に様々な目的で直接投資がなされていたという特徴がある。資源獲得や漁業といったものから生産拠点，販売拠点，金融業までに及んでいる。もっとも，こうした直接投資にはアフリカ支援といった側面もあり，例えば日本長期信用銀行が10％資本参加していたコンゴ共和国の「コンゴ国際銀行（Le Banque Internationalé du Congo）」は，資本の51％をコン

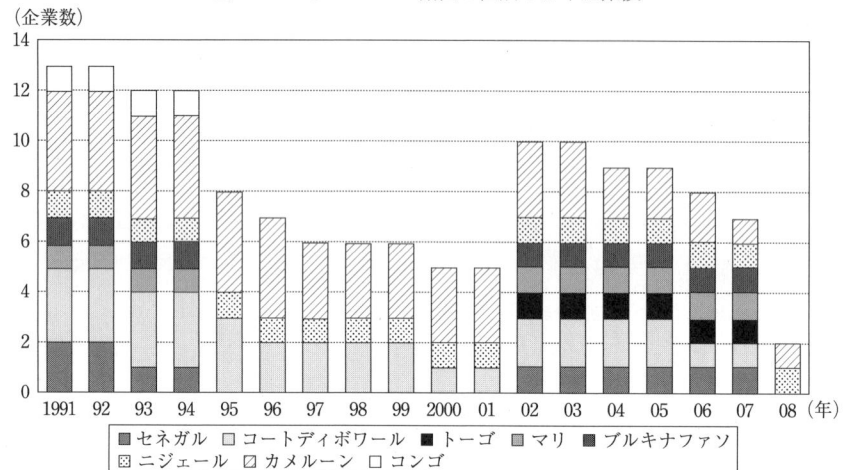

第II部　日本の貿易と日系企業の海外展開

図11-10　CFAフラン諸国の国別の日本企業数

凡例：セネガル／コートディボワール／トーゴ／マリ／ブルキナファソ／ニジェール／カメルーン／コンゴ

（出所）「海外進出企業総覧・国別編」『週刊東洋経済』1991年から2008年より作成。

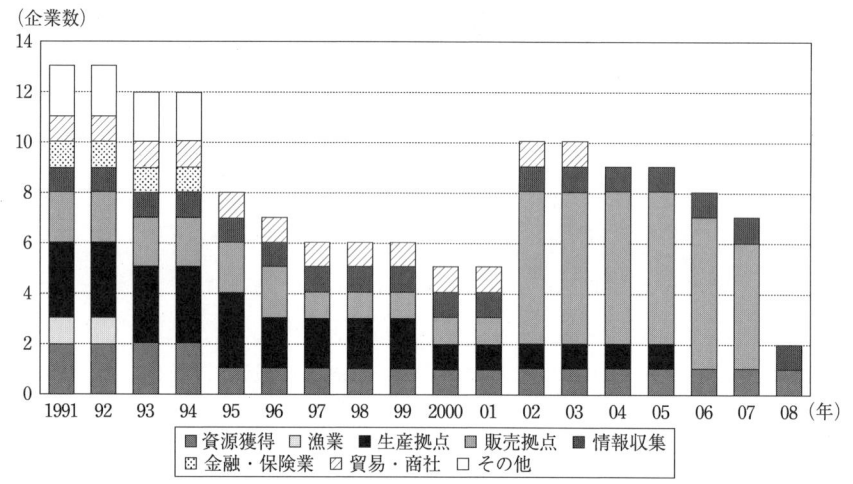

図11-11　CFAフラン諸国への種類別企業進出数

凡例：資源獲得／漁業／生産拠点／販売拠点／情報収集／金融・保険業／貿易・商社／その他

（出所）「海外進出企業総覧・国別編」『週刊東洋経済』1991年から2008年より作成。

ゴ政府が占める国営銀行といえるものであった。

　このように，ある程度広範に行われていたCFAフラン地域への投資であったが，その変化は90年代半ばに大きな転機を迎える。先ほどの図11-10および図11-11からもわかる通り，まず1995年に日本が出資していた企業が前年の12

第11章 日本にとってのアフリカ，CFAフラン諸国

社から4分の1減少して8社になった。しかも，進出国がそれ以前の7ヶ国から，コートディボワール，ニジェール，カメルーンの3ヶ国に減少している。

このうち，ニジェールに関しては「海外ウラン資源開発株式会社」[11]が「アクータ鉱業株式会社（Le Compagnie Miniere d'Akouta）」に対して出資しているものである。この海外ウラン資源開発株式会社は，ニジェール北部，アクーカン（Akokan）近郊に位置するアクータ（Akouta）ウラン鉱山開発へ出資するために日本国内の電力会社などの共同出資で設立されたものである。すなわち，ウラン開発のプロジェクト自体が日本の原子力政策と大きく関わるものであり，採算性などで撤退が即決できるような性格のものではない。

この日本の原子力政策に関係している特殊な企業進出を除けば，1995年時点においてCFAフラン諸国で日本企業が進出していた国は，コートディボワールとカメルーンだけということになる。この2国はCFAフラン諸国の中でも経済規模の大きな国であったことを考えると，経済規模の小さな国での活動が一気に停滞したといえよう。

CFAフラン諸国での日本の直接投資件数は，1990年代を通じ減少傾向にあったが，2002年に再度増加をみせる。具体的には，セネガル，コートディボワール，マリ，ブルキナファソ，トーゴにそれぞれ1社が計上され，結果的に前年より5社の増加となっている。この増加の原因は2001年にトーメンやニチメンが農業化学品分野などの事業統合によって新たに設立された，アリスタライフサイエンス株式会社[12]の海外資産として初めて計上されている。

このアリスタライフサイエンスの事例が例外的なものであると考えた場合，CFAフラン地域での日本企業の活動は，1990年代，2000年代を通じて減少傾向にあったといえる。

(2) 投資額の推移

次に投資額の推移をみてみよう。図11-12は1991年から2008年までの期間におけるCFAフラン地域に対する日本企業の直接投資残高をCFAフランベースで表したもので，図11-13は直接投資残高をUSドルで示したものである。

CFAフランベースでみた場合，1990年代，2000年代を通じて投資残高は減

第II部　日本の貿易と日系企業の海外展開

図11-12　CFAフラン諸国に対する日本の直接投資残高
（CFAフランベース／100万CFAフラン）

凡例：■セネガル　□コートディボワール　■トーゴ　■マリ　■ブルキナファソ　☒ニジェール　☒カメルーン　□コンゴ

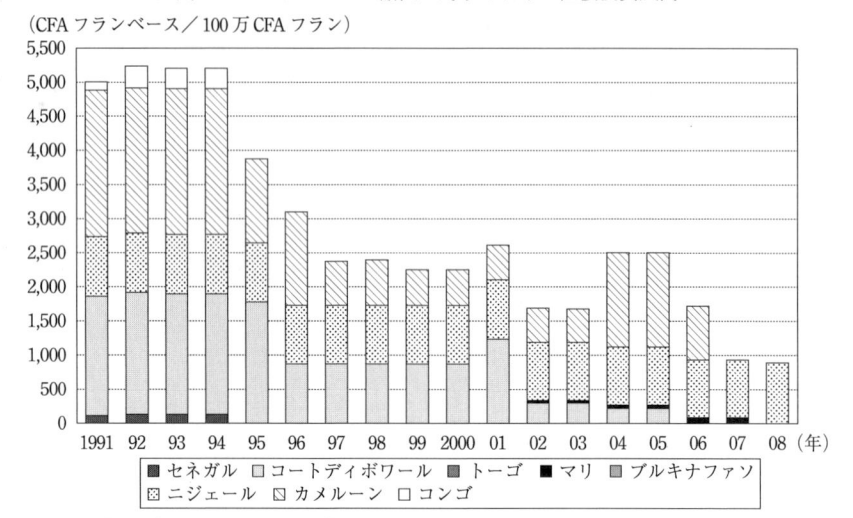

（出所）「海外進出企業総覧・国別編」『週刊東洋経済』1991年から2008年より作成。

図11-13　CFAフラン諸国に対する日本の直接投資残高
（USドルベース／1,000USドル）

凡例：■セネガル　□コートディボワール　■トーゴ　■マリ　■ブルキナファソ　☒ニジェール　☒カメルーン　□コンゴ

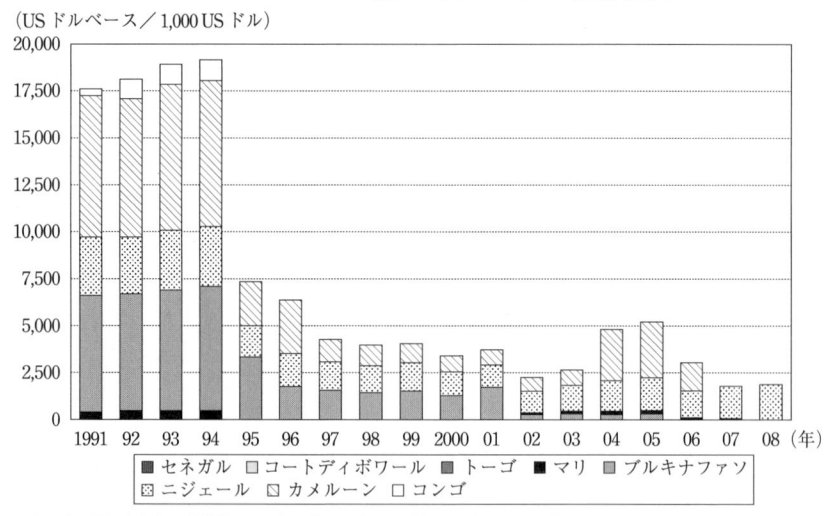

（出所）「海外進出企業総覧・国別編」『週刊東洋経済』1991年から2008年より作成。

第11章　日本にとってのアフリカ，CFAフラン諸国

少傾向にあることがわかる。90年代前半に主要な投資先としてなっているのは，ニジェールのアクータ鉱業株式会社という資源獲得を目的としたものの他に，生産拠点，販売拠点への投資の規模が大きくなっている。

　1991年を例に挙げると生産拠点として，コートディボワールに対し3つの企業が進出していた。紡績，綿布生産を行う「コートディボワール織物工業連合（Union Industrielle Textile de Côte d'Ivoire）」に対しユニチカが9億3800万CFAフラン（約329万USドル）、AV機器の製造を行う「コートディボワールナショナル電気（National Electric Côte d'Ivoire S. A.）」に対し松下電器産業（現パナソニック）が6億CFAフラン（約210万USドル），亜鉛鉄板（トタン板）の製造を行う「トゥールイボワール（Toles Ivoire S. A.）」に対し日商岩井が2億5800万CFAフラン（約91万USドル）の出資が行われていた。また，販売拠点として，カメルーンに対し以下の二つの企業が進出していた。三菱自動車の輸入販売を行う「カメルーンサミットモーター（Summit Motors Cameroun S. A.）」に対し住友商事が14億CFAフラン（491万USドル），日産自動車の輸入販売を行う「ミットカム（Mitcam S. A.）」に対し三井物産が7億CFAフラン（246万USドル）の出資が行われていた。これに加え前述の海外ウラン資源開発株式会社がニジェールにもつ「アクータ鉱業株式会社」に対し8億7500万CFAフラン（307万USドル）の出資が行われていた。

　USドルベースで示した図11-13をみるとわかるように，1995年を境にCFAフラン諸国への直接投資残高が1907.8万USドルから728.8万USドルへと急速に減少している。この直接的原因は94年にCFAフランの対フランスフランレートが，1FF＝50CFAから1FF＝100CFAに切り下げられたことによる。しかし，図11-12のCFAフランベースの残高をみてもわかるように，絶対額の減少も避けられなかった。特に96年にユニチカが「コートディボワール織物工業連合」から撤退したことが大きな影響を与えている。この「コートディボワール織物工業連合」は80年代に業績が悪化し，87年には欧州開発銀行に支援のための出資を受けたが，業績が回復せず撤退することになった。また97年には三井物産が出資していた「ミットカム」が事業を終了し，同年の直接投資残高は，23億7500万CFAフラン，429万USドルとなっている。この金

183

額はCFAフラン切り下げ直前の94年の残高，52億2400万CFAフラン，1908万USドルと比較すると，CFAフランベースで約55％の減少，USドルベースで約78％の減少ということになる。

2000年代に入るとさらなる変化が現れる。まず2002年に「コートディボワールナショナル電気」に出資する松下電器産業（現パナソニック株式会社）が，コートディボワールから撤退している。この撤退は同国の内戦の影響であると考えられる。さらに2007年にはカメルーンサミットモーターから住友商事が資本を引き揚げいる。この結果，CFAフラン諸国で実質的に活動を行っている日系企業はなくなり，唯一国際共同出資のニジェールの「アクータ鉱業株式会社」に出資する「海外ウラン資源開発株式会社」のみが同地域において直接投資を行っている日本企業ということになった。

このように西アフリカにおいて，CFAフラン地域に関して，日本企業は極めて低調な活動しか行っていないといえる。特に1990年以降，日本企業にとってCFAフラン地域の重要度は低下し，同時にCFAフラン地域にとっても日本企業の重要度は低下しているといわざるを得ない。

4　日本にとってのアフリカ，CFAフラン諸国

1990年代から2000年代にかけての日本とCFAフラン諸国との貿易関係および直接投資の状況を概観した。同諸国は，共通通貨を有するということで，アフリカ地域の中では一定の経済規模を有しており，また地下資源も豊富であり，将来的にも重要度が増す可能性のある地域でもある。

しかし日本にとってのCFAフラン諸国は，貿易相手としては，石油資源の獲得という点でのみ重要度は増しているといえるが，その他の点ではかなり重要度が低下しているといわざるを得ない。世界経済連携の深化が進む中で，日本とCFAフラン諸国の関係はむしろ希薄になっているといえるだろう。

注
(1) 岡田昭男『フラン圏の形成と発展（増補版）』信山社，1998年，255頁。

第11章　日本にとってのアフリカ，CFAフラン諸国

(2) CFAフランの日本語訳について，le franc de la Communauté Financière Africaine の日本語名を「アフリカ財政共同体フラン」，le franc de la Coopération Financière Africaineの日本語名を「アフリカ財政協力フラン」としたのは，岡田，1998における表記に従った。フランスの辞書，『プティロベール』（Alain REY, *Le Petit Robert, Dicitionqire de langue française*, Paris, Dictionnaires Le Robert, 1998）によると，フランス語における finance（形容詞 finiancièr）には，①金融（en échange d'argent），②財政（ensemble des recettes et des dépense de l'Etat et des collectivités publiques）の二つの意味が含まれる。またCFAフランの意味に含まれるニュアンスも二つの意味を内包していると考えられるが，それを端的に表す日本語がないため，岡田の表記に従った（岡田，1998，225頁）。

(3) 2001年以降のレート。それ以前は1フランスフラン＝100CFAフランであった。フランスフランの対ユーロレートが6.55957フランとされたため，EUのユーロ導入とともに自動的に1ユーロ＝655.957CFAフランとされた。

(4) 両CFAフランとも等価での交換が保証されているが，相互の地域で通用することは正式には認められていない。

(5) 旧ポルトガル領。1997年にCFAフランを導入。

(6) 旧スペイン領。1984年にCFAフランを導入。

(7) 隣国のザイール共和国（République du Zaïre）が1997年にコンゴ民主共和国（République Démocratique du Congo）と国名を変えたため，コンゴと呼ばれる国が現在2ヶ国ある。混同を避けるため本章ではコンゴ共和国をコンゴ＝ブラザヴィル（首都名）と表記する。

(8) 現カメルーン共和国のうち，北西州（Northwest Province），南西州（Southwest Province）はイギリスの委任統治領。

(9) 原油の年間輸入総額と年間輸入総量から計算。

(10) 認可は1956年。1975年まで操業。大東カカオ株式会社ホームページ「沿革，戦後～昭和後期」http://www.daitocacao.com/l5_g.html（2011年8月24日閲覧）。

(11) 海外ウラン資源開発株式会社ホームページ，http://www.ourd.co.jp/index.html（2011年6月18日閲覧）。

(12) アリスタライフサイエンス株式会社ホームページ「会社概要」http://www.agrofrontier.com/gaiyou/gaiyou_index.html（2011年6月18日閲覧）。

(13) 1USドル＝284.90CFAフランとして計算。

(14) 1980年代に，ナイジェリアやガーナといった周辺の国々は対USドル相場が下落傾向にあったが，CFAフランはフランスフランと1FF＝50FCFAに固定されていたため，他のアフリカ諸国の通貨に比べ相対的に対USドル相場が安定していた。さらに，USドルの事実上の切り下げを容認した85年のプラザ合意によって，むしろ対USドル相場が上昇する事態となった。このアフリカ地域におけるCFAフランの事実上の独歩高は，1次産品を中心とした輸出産業が大打撃をあたえていた。例えばコーヒーやカカオなど，CFAフラン諸国の主力輸出品は近隣諸国と重なることが多く，相対的なCFAフラン高の発生は，輸出競争力を直接奪う結果となる。その結果経済危機に陥ったため，1994年に1FF＝100FCFAに切り下げることとなった（Freud, Ellen Hanak, Petith-

uguenin, Philippe, Richard, Jacqyes, *Les Champs du cacao, Un défi de compétitivité Afrique-Asie*, Paris, Montpellier, Karthala, Cirad, 2000, p. 27)。
(15) European International Bank, Projects, UTEXI II, http://www.eib.org/projects/loans/1986/19861090.htm?lang=fr (2011年9月7日閲覧)。

第12章

世界の水ビジネスと日本企業

山本勝也

1 世界の水ビジネスの現状と国際社会の動き

(1) 水危機の現状

　世界における水危機が叫ばれて,久しい。水資源は地球上に偏在し,その確保をめぐって国家間,地域間,コミュニティ内など,様々なレベルで争いが生じている。国連ミレニアム開発目標(MDGs)では,水に関する目標として,安全な飲料水と基礎的な衛生設備へのアクセスをもたない人口の割合を2015年までに半減するとしているが,2010年の段階で,8億8400万人が未だ安全な飲料水を得ることができず,また26億人が改善された衛生設備を利用することができずにいる。[1]

　現在,日本はインフラストラクチャー(以下,インフラ)の海外輸出を重要な成長戦略として掲げている。官民一体となってパッケージとして日本の優れたインフラを海外へ展開するというものだが,特に,その重点インフラに挙げられているのが水関連インフラである。以下では,世界の水ビジネスの現状,日本の取り組みと日本企業の展開を追い,水ビジネスの問題点について考察する。

(2) 世界の水ビジネスの状況

　そもそも,水利用として圧倒的に多いのは農業用水なのだが,水ビジネスとして注目されているのは,①上水,②海水淡水化(脱塩処理による造水),③工業用水・工業下水,④再利用水,⑤下水,の5つの分野である。これらの分野は,**表12-1**のように,成長ゾーンとボリュームゾーンに分類できる。ここに

表 12-1　2025年における世界の水ビジネス市場

事業分野＼業務分野	素材・部材供給	コンサル・建設・設計	管理・運営サービス	合　計
上　水		19.0 (6.6)	19.8 (10.6)	38.8 (17.2)
海水淡水化		1.0 (0.5)	3.4 (0.7)	4.4 (1.2)
工業用水・工業下水		5.3 (2.2)	0.4 (0.2)	5.7 (2.4)
再利用水		2.1 (0.1)	—	2.1 (0.1)
下　水		21.1 (7.5)	14.4 (7.8)	35.5 (15.3)
合　計		48.5 (16.9)	38.0 (19.3)	86.5 (36.2)

(注)　1：単位：兆円，1ドル＝100円換算，（　）内は2007年の数値。
　　　2：Global Water Intelligence, *Global Water Market 2008*, 2007および経済産業省による試算。
　　　3：■：ボリュームゾーン（市場の伸び2倍以上，市場規模10兆円以上）。
　　　　　■：成長ゾーン（市場の伸び3倍以上）。
(出所)　水ビジネス国際展開研究会「水ビジネスの国際展開に向けた課題と具体的方策」2010年，6頁，http://www.meti.go.jp/report/downloadfiles/g100426b01j.pdf（2012年2月18日閲覧）。

挙げた経済産業省の試算では，2025年には約86.5兆円の規模になると見込まれているが，そのうち，85％の割合を占めるボリュームゾーン（市場の中心となる分野）が約74.3兆円，残り15％を占める成長ゾーン（今後の高成長を期待できる分野）が約12.2兆円である。ただし，これは水ビジネス市場全体の大きさであり，このうち「民営化された海外の水ビジネス市場」の規模は，2025年に31兆円程度になると見込まれており，日本はこの約6％に相当する1.8兆円のシェアを2025年に確保することを目指している。また地域別では，南アジア，中東，北アフリカが，国別では，中国，インド，サウジアラビアが高い市場成長率を見込まれている。

　これまで世界の水市場を牽引してきたのは，水メジャーと呼ばれる巨大多国籍水企業である。フランス系のヴェオリア・ウォーター（Veolia Water），スエズ・エンバイロメント（Suez Environment），イギリス系のテムズ・ウォーター（Thames Water）が水メジャー主要3社である。水メジャーの強みは，特に技術的に優れているということではなく，むしろ，長期にわたる施設の運

営維持管理の経験とノウハウの保持であるといわれる。(4)設計から操業まで一貫して引き受けることができるマネジメント力，長期の事業に関するリスク管理能力，リスクマネーを扱う資本力といった点で競争力をもっている。

　水ビジネスは，1980年代まで，国内でのビジネスにとどまっていたが，90年代になって欧州から海外への展開が図られるようになった。そして，2000年代には，GE，シーメンスなど新興の企業が台頭し始め，さらに，シンガポール，スペイン，韓国など新興国も水ビジネスを国家戦略として打ち出している。(5)政府によるトップセールス，戦略的な国家の支援計画などが緻密に組み合わされており，一例を挙げれば，シンガポールは国際的な水ビジネスの拠点を目指して「グローバル・ハイドロ・ハブ（Global Hydro Hub）構想」を進め，国際水週間として各種シンポジウムや展示会を開催している。また，海水淡水化，雨水利用，下水再処理（NEWater）など，マレーシアに50％も依存していた水資源の確保に乗り出している。(6)

(3) 国際社会の水ビジネス支援

　国連において初めて開かれた水に関する会議は，1977年の国連水会議（United Nations Water Conference）であり，マルデルプラタ行動計画が採択された。(7)これに基づいて，81年以降の10年間を「国際水供給と衛生の10年」とし，先進国の公営水道をモデルとして状況の改善を試みたが，90年代以降，徐々に新自由主義的な水道事業民営化に取って代わられていく。水ビジネスに関して重要なのは，92年水と環境に関する世界会議におけるダブリン声明と第2回世界水フォーラムでの「世界水ビジョン」である。ダブリン声明では，「水は経済的価値をもつものであり，経済財として扱われるべきである」という原則が打ち出され，これ以後，水問題の解決に関して市場メカニズムを利用し，水関連サービスへの民間企業の参入をさらに進めることになった。

　後者の「世界水ビジョン」では，水の供給にかかる費用を水道料金から全額回収しようという「フルコスト・プライシング（あるいは，フルコスト・リカバリー）」の導入が掲げられた。このフルコスト・プライシングは，民間企業に水事業における利潤を認めるものであり，水道料金の引き上げにつながり，途

上国の貧困層を苦しめるものだとNGOや市民団体からの非難が浴びせられている。(8)また，これらに先立つこと，新自由主義的イデオロギーが吹き荒れる中，すでに世界銀行やIMF，各地域開発銀行など国際金融機関も，途上国への融資条件に「水の自由化，民営化」を加えて，水メジャーの途上国での展開を後押ししていた。

こうして，1990年代は，新自由主義的水セクター改革＝水ビジネスの10年となったが，水セクターの民営化は，特に途上国ではほとんど成功していない。世界銀行も，水道サービスを拡大するための投資を獲得する手段として，民営化は機能しなかったことを認めている。そして，水メジャーは問題のあった多くの契約から撤退しており，そして，その視線は，先進国ないしは成長が著しく，水問題が深刻化している中国など新たな市場に向けられている。

民営化失敗の原因はいくつかあるが，民営化が約束したほどの結果をもたらさなかったことが大きい。民間企業が期待されたほどの投資を行わない，水道料金の上昇，通貨危機と経済危機の影響，貧困層に水を届けるという点において民営化は公営水道の実績を上回らないなどの現実が，途上国での民営化反対運動につながっていったのである。(9)

2　日本の戦略と日本企業の展開

(1)　「新成長戦略」と水ビジネス

日本が水ビジネスに積極的になる要因は，水ビジネス市場の成長力や日本の水関連企業のもつ高い技術力だけではない。日本の厳しい経済状況打開のためのビジネスチャンスの確保，関係する裾野産業の広さ，国内水道資産約38兆円の更新とその財源の確保，また国内での給水量の伸び悩みからくる収入低下や国内水道事業の低迷の打開，新たな収益源，技術の継承・発展および人材育成といった国内水関連事業に関わる事情も挙げられる。(10)

2010年6月に閣議決定された「新成長戦略――『元気な日本』復活のシナリオ」では，7つの戦略分野と21の国家戦略プロジェクトが定められている。戦略分野の一つには「アジア経済戦略」が挙げられ，「日本の技術・経験をアジ

第12章　世界の水ビジネスと日本企業

アの持続可能な成長のエンジンとして活用する」こと,「具体的には, 新幹線・都市交通, 水, エネルギーなどのインフラ整備支援や, 環境共生型都市の開発支援に官民あげて取り組む」という基本的な方針が打ち出された。

そして, アジアでのビジネス機会を活かすための国家戦略プロジェクトとして, 「パッケージ型インフラ海外展開」が選定されている。アジアの旺盛なインフラ需要に応えるために「ワンボイス・ワンパッケージ」でインフラ分野の民間企業の取り組みを支援する枠組みを整備し, 2020年までに, 19.7兆円の市場規模を目指している。中でも, 水関連では「自治体の水道局等の公益事業体の海外展開策を策定・推進する」とされている。[11]

これを受けたパッケージ型インフラ海外展開関係大臣会合では, インフラ分野にかかる日本企業の海外展開を支援するために, 個別の重点プロジェクトの取り組み支援, 重点分野の戦略策定などについて話し合われている。重点プロジェクトは, ①大型案件, 日本への波及効果 (経済・雇用面) が高い, ②今後の類似案件への波及効果が見込まれる, ③国際標準づくり等において重要な契機となる, ④日本に強みがあり, 国際競争に勝ち抜ける潜在力がある, という観点から判断・支援するとされ, また重点分野としては, 原子力発電, 高速鉄道・都市鉄道とともに, 水が挙げられている。

こうした方針に沿った具体的な施策として, 2011年度までに, 49ヶ国・56在外公館におけるインフラプロジェクト専門官の指名による海外情報収集体制の強化, JBIC (国際協力銀行) が行うことができる先進国向け投資金融に都市鉄道・水などを追加するための政令改正, といったことが行われており, さらに今後は, 重点国・重点分野を中心に政府一体となった政策対話の強化, コンサル分野の強化やFS (フィージビリティ調査) の拡充, 国際標準化の取り組み強化などを推進するとしている。さらに, 民間のリスク軽減として関係政府機関 (JBIC, JICA, NEXI) のファイナンス機能の強化が目指され, その結果, 国際協力銀行の日本政策金融公庫からの分離 (新JBICの設立), JICAの海外投融資再開などが行われている。[12]

以上の施策からもうかがえるように,「新成長戦略」は資金面においてODAの枠組みを積極的に有効利用する形で進められるようになっている。日

191

本のODA援助額はこの10年来減額され，世界第5位にまで落ち込んでいるが，実は，水と衛生分野におけるODA実績では日本は世界第1位の援助国である。2005年から2009年までの5年間において，この分野の年間平均援助額である約50億ドルのうち，日本が約20億ドルを支出している。内容は，上水下水の大規模システムおよび基本的な設備に関する援助が全体の約8割を占める。[13]

このODAにおける水と衛生分野での貢献が，現在の水ビジネス推進の底流にあることは確認しておく必要がある。これまでのODAから水ビジネスへ，あるいはODAの成果を水ビジネスへという転換を図ろうとしているのである。2008年に発表された「成長加速化のための官民パートナーシップ」以降，政府はODAにおける官民連携の推進に取り組み，特にODA事業の案件の発掘・形成の段階で，民間企業のニーズをいっそう取り入れるために，民間提案型制度の充実を図っている。具体的には，官民連携相談窓口を設置し，官民連携促進のための官民政策対話の実施，民間提案の事業化調査として協力準備調査（PPPインフラ）を実施している。[14]

2008年には，政府，学会，産業界，市民社会が連携した「チーム水・日本」が結成され，これを支援する「水の安全保障戦略機構」が2009年に設置された。「チーム水・日本」には，海外水循環システム協議会，下水道グローバルセンター，インドチームなど，具体的な35の行動チームが集まっている。さらに，海外水インフラPPP協議会が2010年に設置され，2012年2月に開催された第3回協議会では，国別水インフラセミナーが新設され，各国からの招聘者が各国の水インフラの開発計画等を説明し，それぞれの国に関心のある日本企業等から現地で提供可能な技術や事業の展開計画などを説明し，意見交換がなされている。

（2）　水ビジネスに関わる官民連携への法整備

以上のような水ビジネスへの戦略的支援に対して，官民連携（官民パートナーシップ，Public Private Partnership: PPP）という枠組みが積極的に推進されている。**表12-2**は，官民連携の諸形態であるが，海外での水ビジネスでの官民連携に多いのは，コンセッションやリース契約（アフェルマージュともいう）

表 12-2 官民連携の運営形態

	施設所有	インフラ整備の資金調達	経　営	民間収入	期　間
一部委託 仕様発注 アウトソーシング	公共	公共	公共	公共からの委託料	～1年
包括委託 性能発注 管理契約	公共	公共	公共（一部民間）	公共からの委託料	2～5年
リース契約（アフェルマージュ）	公共	公共	民間	消費者からの上下水道料金	10～15年
コンセッション	民間	民間	民間	消費者からの上下水道料金	20～30年
完全民営化	民間	民間	民間	消費者からの上下水道料金	無期限

（出所）服部聡之『水ビジネスの現状と展望――水メジャーの戦略・日本としての課題』丸善出版，2010年，84頁。

である。コンセッションとは，民間事業者が公的セクターから事業権を取得し，自ら建設・資金調達を行い，一定期間にわたり公共サービスに従事すること，あるいは事業権そのものである。建設された公共設備の所有権は公的セクターに所属し，民間事業者の投下資金は，この公共サービスの利用者からの対価で回収され，公共セクターからの支払いは通常ない。ただし途上国では，より広い概念で，ホスト国政府に所有権があるなしにかかわらず，民間企業が民活事業を行う権利と解釈されることが多い。リース契約は，公的セクターに属する設備を使い，民間事業者が事業権に定められた一定期間にわたり公共サービスを提供する。ただしリース契約では，設備更新などへの投資資金は公的セクターの負担である。[15]

これまでも日本では，2001年水道法改正，2003年地方自治法の一部改正によって，国内水道事業の民間委託を進めてきたが，国内水道事業への民間参入は限られている。そして，2011年に PFI（Private Finance Initiative）法が改正された。この改正により，国内民間企業はコンセッション方式によって国内のインフラ運営を受注できるようになった。既存の公営の事業に関して，民間企業は事業案を提案することができ，これを受けた地方自治体はその事業案を検討

し，回答する義務を負うこととなった。これは，民間企業が非効率と判断した公営事業を民間事業に置き換えることを，民間企業自身が提案できることを意味する。さらに，受注した民間企業は事業に関して運営権を設定し，この運営権を物権として利用できる（抵当権の設定が可能）。また，民間が受注した事業への公務員の派遣も認められることになった。国内水インフラの民間参入の拡大を狙った法改正であり，「官から民へ」の新自由主義的改革と根は一つである。

（3） 日本企業の特徴とその展開例

　日本企業が水ビジネスへの展開において優位をもっているのは，先にみたようにその技術力であるといわれる。膜処理技術，環境・省エネ技術などを駆使した設備，機器は非常に高い評価を得ているが，しかし他方で，マネジメント能力，事業の提案力，価格競争力，顧客のニーズに応じた仕様の適正化などが弱点として挙げられる。特に，価格競争力や仕様の適正化については，日本の技術力は高いが，価格も高いという状況を生んでおり，そのままでは現地のニーズに合わない。また，マネジメント，事業提案については，国内の水道運営事業は全て公営であることから，民間企業には運営管理のノウハウがなく，設備機器の納入が主になってしまうことが原因として挙げられる。

　また，水ビジネスをバリューチェーンでみると，「機器納入」「設計・建設」「運営・管理サービス」という流れの中で，特に，「運営・管理サービス」の部分での利益率が高いという[17]。しかし，これらの垣根を越えて，全体を一貫して担えるエンジニアリング会社がないことも問題として指摘される。したがって，運営管理のノウハウをもつ自治体など公共部門を水ビジネスに参画させることが重要とされている[18]。

　そこで，日本企業の水ビジネスにおける海外展開の方法として，①海外の水関連会社と提携して共同事業会社を設立する，②海外の水関連会社を買収する，③日本の地方自治体と共同事業会社を設立する，という三つが挙げられる[19]。それぞれを具体例でみれば，①としては，日揮とシンガポールのハイフラックスとの提携による中国での海水淡水化の共同事業会社設立（2009年），②の事例

としては，メキシコでの三井物産による下水処理会社の合併（2008年），ペルーでの丸紅による上水事業会社の合併（2009年），③は，自治体海外水ビジネス第一号案件として，JICA，北九州市，浜銀総合研究所によるカンボジアの浄水場建設事業の基本設計事業（2011年）が挙げられよう。また，これらの方法以外にも，荏原製作所，三菱商事，日揮による総合水事業会社，「水ing」（2010年）のような国内企業のみでの共同事業会社の設立なども進んでいる。

なお，自治体による水ビジネスの海外展開は，これまでODAでの技術協力やアドバイザリー業務に限られてきた。それは自治体が取れるリスクの限界でもあった。しかし，現在は，自治体の水道局等の公益事業体の海外展開推進については，地方公営企業法上の附帯事業という位置づけになっているという（ただし，本体事業に支障が出ないこと，採算性，議会や住民の理解を得ることが条件）[20]。また，東京都による東京水道サービス，横浜市による横浜ウォーターなどのように，自治体の出資により事業会社をつくり，これを中心に事業展開することも行われている。

しかし，海外展開に関しては，民間も自治体も経験・実績がないので，その面をカバーする商社の役割は重要である。現在進んでいる水ビジネスの案件にも商社が関わっているものが多く，商社によるコーディネーター的役割と，リスクテイキング能力への期待は大きい。そもそも，日本では，1990年代から，IWPP（独立造水発電事業）では，商社が中心となって活発な海外進出の動きがあったが，IWP（独立造水事業）では遅れを取っている状況であった。

2011年における水関連の主な成果案件としては，オーストラリアにおいて，三菱商事・日揮・産業革新機構等のコンソーシアムが買収したユナイテッド・ユーティリティーズ・オーストラリア社（UUA社，現TRILITY社）[21]が，西オーストラリア州の上下水道施設の設計・建設，資金調達から運営維持管理までを一括受注した。また，サウジアラビアでは，2011年9月にサウジアラビアの水電力省と日本の経済産業省，国土交通省の間で上下水管理の協力にかかる包括的な覚書を締結，横浜市・日揮等が基本設計書作成のためのFS（フィージビリティ調査）を実施中である。

3 水ビジネスにみる問題点

　日本そして日本企業が展開する水ビジネスへの動きは，従来の水メジャーの失敗に学んでいるのだろうか。海外の水ビジネスはコンセッションからリース契約や運営管理契約などのリスクの少ないものが主流になっている。コンセッション契約では水道の新規接続などの投資は，民間企業の責任で行うことになる。加えて，料金収入は現地通貨であり，為替リスクを伴う。場合によっては，請け負った事業の債務を負担しなければならない場合もある。為替リスクの中で，債務負担に耐えられなくなり，契約を変更することになり，現地でのトラブルが生じるということが過去の民営化の失敗の一因である時，日本の水ビジネスはそのリスクを回避する方法をもっているのだろうか。全体をパッケージで受注し，ODAでリスクを回避しながら官民連携で水ビジネスを推進するというのは，民間企業の海外展開のリスクを日本国民全体に分散させる手法ではないか。

　そして，水そのものの性質に関わることだが，あらゆる生命の生存に必須な水の特性は，決して経済財としてのみ水を扱うことを許さない。遅まきながら，2002年に国連も一般的意見第15号で「人権としての水に対する権利」を認めた。千賀裕太郎は水ビジネスに関して，「一般に市場は，資源の配分先を支払能力の優劣に応じて割り当て」るため，その過程で深刻な「水格差」が生じるという。この格差は，個人間に現れるというよりも，階層集団間，地域間，国家間に形成される。「資力のあるところへ，流域を越えて水は移動する」のである。[22] これが解消されない限り，人権侵害としての水問題を解決できるとは思えない。

　また，水ビジネスの積極的展開は，援助というオブラートに包まれていた先進国・多国籍企業の利益追求が，経済危機の中で露骨に行われるようになっていることの現れでもある。グローバリゼーションの中で，国家が自国企業とタッグを組み，世界における経済権益を確保しにかかっている。「援助のビジネスへの置き換え」という新自由主義的政策の中で，水ビジネスを考える必要がある。途上国住民の福祉向上という本来的な国際貢献の目的は，利潤追求とい

う動機の陰に隠れて,副次的なものになりはしまいか。事実,「新成長戦略」の重点プロジェクトは,大規模計画,日本経済への波及効果,経済・雇用面への影響,採算性などから判断されるのである。貧困地区への給水事業などは,これらの観点から採用されるのであろうか。それは採算性から序列づけられるのであり,緊急性からではない。

　M. グロネマイアーは,「援助」について,援助される側よりも援助する側の利益に根ざしている点,また途上国経済を欠陥のあるものとし,疑うことなくその「開発」を是とするという点から,その欺瞞を指摘しているが[23],現状は先進国自らの窮地を凌ぐために,その援助の建前をも捨てて,ビジネスにしようとしているといえよう。そして,それが新自由主義的国家戦略として制度化され,推進されているのが現代の世界経済におけるグローバル競争の特徴である。

　しかも,上下水道,浄水場などをはじめとする水関連インフラは,大規模なものになりがちである。しかし,大規模な開発援助やプロジェクトほど現地の住民の声を無視してきたというのが今までの開発援助の歴史ではなかったか。E. F. シューマッハーは,大きな規模よりも小さな規模を,手段よりも目的を重視した。大規模な手段を使用すると,最も貧しい人々たちが素通りされてしまい,現地住民の社会参加の機会を奪ってしまう。その結果,社会そのものが破壊される危険性を指摘したのであった[24]。

　水ビジネスのオルタナティブは,官と地域組織のパートナーシップ（public-collective partnership）にこそあるのではないか[25]。民間企業は,事業から撤退するという選択肢をもっているという点で,公営事業体や地域住民とは決定的に違う。水道事業を含め公共インフラには様々なステークホルダーが存在するが,外国から来た企業とそこに根ざして生活せざるを得ない住民や自治体との間には,その関わり方あるいは責任にはっきりした濃淡がある。水に関わる計画において主導的な役割を果たすべきは,やはり地元住民であり地元自治体である。採算性ではなく,生活上の緊急性を拾い上げることが重要であり,また機能しない公共サービスを民営化するのではなく,どうすれば公共水道が機能するのかを国際社会が連帯して考えることが必要であろう。事業の透明性,住

民の参加など，途上国の公共セクターが機能する制度づくりを支援することこそが，これからの日本の国際貢献として重要なのである。

注

(1) WHO & UNICEF, *Progress on Sanitation and Drinking-water: 2010 Update*, WHO Press, 2010, http://www.who.int/water_sanitation_health/publications/9789241563956/en/index.html（2012年 2 月16日閲覧）．
(2) 将来の市場規模については，この他にもいくつかの試算があり，およそ60～100兆円の間であろうといわれている．
(3) 水ビジネス国際展開研究会「水ビジネスの国際展開に向けた課題と具体的方策」2010年，36頁，http://www.meti.go.jp/report/data/g100426bj.html（2012年 2 月19日閲覧）．
(4) 水ビジネス国際展開研究会，2010，7 頁．
(5) 服部聡之『水ビジネスの戦略とビジョン──日本の進むべき道』丸善出版，2011年，第 2 章．
(6) 服部，2011，57-71頁．
(7) 国際社会の水問題への取り組みについては，国土交通省『平成23年版　日本の水資源』2011年，172-176頁，谷津龍太郎・竹本明生「国際的な水環境政策の動向──気候変動，特に適応との関連において」『環境研究』第159号，2010年，38-44頁．
(8) このフォーラムは，1996年に設立された世界水会議（World Water Council: WWC）によって開催されている．この会議には政府，国際機関，学識者，企業，NGO が広く加盟している．WWCについては，国際調査ジャーナリスト協会（ICIJ）／佐久間智子訳『世界の水が支配される！──グローバル水企業の恐るべき実態』作品社，2004年，28-31頁参照．
(9) トランスナショナル研究所（TNI），コーポレート・ヨーロッパ・オブザーバトリー（CEO）編／佐久間智子訳『世界の〈水道民営化〉の実態──新たな公共水道を目指して』作品社，2007年，27頁．後述する官民連携についても，実態は民営化と同様であり，民間セクターとの契約関係を表しているにすぎないと指摘している．
(10) 佐藤裕弥「官民連携による自治体水ビジネスの展開」『ベストパートナー』第23巻第 7 号，2011年．
(11) 「新成長戦略──『元気な日本』復活のシナリオ」2010年，21-22，41-42頁，http://www5.cao.go.jp/keizai2/keizai-syakai/pdf/seityou-senryaku.pdf#page＝1（2012年 2 月17日閲覧）．
(12) 内閣官房「パッケージ型インフラ海外展開の推進体制の強化について（パッケージ型インフラ海外展開大臣会合取りまとめ）」http://www.npu.go.jp/policy/policy04/pdf/20101221/siryou1.pdf（2012年 2 月17日閲覧）．
(13) 国土交通省，2011，22-23頁，外務省『2010年版　政府開発援助（ODA）白書』参考資料集，2011年，5 頁，http://www.mofa.go.jp/mofaj/gaiko/oda/shiryo/hakusyo.html（2012年 2 月16日閲覧）．

(14) 外務省ホームページ「成長加速化のための官民パートナーシップ」http://www.mofa.go.jp/mofaj/press/release/h20/4/1179209_906.html（2012年2月18日閲覧），外務省，2011，28頁。
(15) 加賀隆一『国際インフラ事業の仕組みと資金調達――事業リスクとインフラファイナンス』中央経済社，2010年，24頁。
(16) 齋藤理・小泉宏文「PFI法改正の概要」『ARES不動産証券化ジャーナル』第2号，2011年，93-103頁。
(17) 水ビジネス国際展開研究会，2010，13-14頁。
(18) 日本企業は，水道事業権付き国際入札に参加できる入札事前審査資格を有しているエンジニアリング会社がないという点も，海外水ビジネスへの参入を難しくしているという。国際入札の参加要件は，「複数の国で，例えば10万トン・日以上の浄水場を5年間以上の事業運営をした経験のある会社」といったものである（吉村和就「世界の水資源と水ビジネス」『環境研究』第159号，2010年，68-69頁）。
(19) 水ビジネス国際展開研究会，2010，22-23頁。
(20) 「水道の海外ビジネス展開――その展望と課題（速記録）」『水道協会雑誌』第80巻第2号，2011年，39頁。
(21) 官民連携を資金面から支えるために，2009年7月に政府と民間の出資により，中長期の産業資本を提供するファンドとして設立された株式会社。
(22) 千賀裕太郎「コモンズとしての水資源と水ビジネス」『都市問題』第101巻，2010年，11-15頁。
(23) グロネマイアー，M.／匝瑳玲子訳「援助」ザックス，V. 編／三浦清隆他訳『脱「開発」の時代』晶文社，1996年，81-104頁。
(24) シューマッハー，E. F.／小島慶三・酒井懋訳『スモール・イズ・ビューティフル』講談社，1986年。
(25) トランスナショナル研究所（TNI），コーポレート・ヨーロッパ・オブザーバトリー（CEO）編／佐久間智子訳，2007，219頁。

第Ⅲ部

金融危機後の世界

第13章
イギリス金融危機とBOEの信用秩序維持政策

松浦一悦

1 イギリス金融危機の発生

　アメリカのサブプライム・ローン問題に端を発する金融危機は，イギリスを含めた欧州を直撃した。特にロンドンのシティは世界中の資金を集め，それを運用する世界最大の国際仲介機能を果たしているので，国際的な資金フローの変容がシティに影響を及ぼすと，シティとの取引が深い欧州大陸の金融市場にも間接的な影響を及ぼした。したがって，イギリスの金融危機後，国際資金循環というシティの機能を取り戻すことは，欧州の金融市場に安定をもたらすためにも必要であった。リーマン・ショック以降，イギリス大手の銀行は巨額の不良債権を抱え込み，ロイヤル・バンク・オブ・スコットランド（RBS）は国有化され，いくつかの金融機関は破綻したことから，金融不安が深まった。しかし，やがて政策当局の銀行救済策が功を奏し，銀行は徐々に回復し，2010年8月にはイギリス大手銀行は経常利益の黒字を計上したと発表した。未曾有の金融危機と謳われながら，早急に金融機関が回復できたのは，通貨当局による危機対策によるところが大きいと思われる。

　金融危機に直面して，イギリスの通貨当局はどのような信用秩序政策を行ったのか。また，政策を実施することによって，金融システムにどのような副作用がもたらされたのか。そして，金融危機後，イギリスの銀行監督制度はどのように見直されたのか。このような問題意識のもとで，本章の課題について考察する。

　「2　BOEの信用秩序維持政策」で，イギリスの金融危機に対する同国の信用秩序政策の実際を紹介し，特にイングランド銀行（BOE）の流動性供給政策

と国債管理政策を考察する。「3　信用秩序政策の評価と帰結」では，信用秩序政策の実施によって生み出された帰結を踏まえ，政策の評価を行う。そして，金融危機後，刷新された銀行監督制度の内容と課題を述べる。最後に，金融政策でバブルの抑制は可能なのかという点を述べて，全体を締めくくりたい。

2　BOEの信用秩序維持政策

（1）　政府による銀行救済，銀行の国有化

　2007年9月に中堅銀行ノーザン・ロックを救済するため，BOEは緊急融資を実施した。その後，政府はノーザン・ロックに公的資本を注入し，同行は国有化された。さらに，2008年9月に大手銀行ハリファックス・バンク・オブ・スコットランド（HBOS）と中堅銀行ブラッドフォード・アンド・ビングレー（B&B）が破綻した。英政府の介入でHBOSが大手銀行ロイズによって救済合併された件について，英紙『フィナンシャル・タイムズ』は，買収総額は約120億ポンド（約2兆3000億円）と報じた。一方，B&Bは，政府による公的資本の投入によって事実上国有化されたのである。

　2008年10月に英政府は，①年末までに大手8行に計250億ポンドを資本注入し，自己資本を増強する，②必要に応じてイギリス内で事業展開する銀行向けにさらなる250億ポンドの資金調達枠を用意する，という銀行救済策の骨子を発表した。この約500億ポンドの資金規模は2008年の公的借入の2倍以上に達し，未曾有の速さで広がる金融危機に対する英政府の危機感を如実に示すものであった。

　しかし，2009年に入り信用不安はより強まり，銀行を取り巻く金融環境は悪化していく。同年3月にイギリス政府による民間銀行への公的資本注入はRBSに続き，政府はロイズ・バンク・グループの株式5割超を取得し，こうして大手銀行の2行を実質的に国有化した。ロイズの場合，2008年秋の公的資本注入では株式の政府保有比率が43％にとどめられていたが，優先株の普通株転換で65％に上昇した。政府の不良資産の損失保証に伴い，政府の保有比率はその後拡大が予想された。

政府による銀行への公的資金注入は、その後さらに強化される。2009年11月にRBSとロイズ・バンクへ追加投入が発表された。RBSへの資金投入額は255億ポンド（約3兆8000億円）であり、累積投入額は455億ポンドを超えた。[3]後に、これら2行への資本注入額は616億ポンド（約9兆円）と発表されたので、ロイズ・バンクへの公的資本注入額は361億ポンドとなる。1行だけに投入されたこの金額は、2008年秋に発表された大手8行への資本投入額を超えた。

（2） BOEによる流動性の供給

①実際の運営

信用秩序の維持を目的とする金融危機対策の要は、潤沢な資金を低金利で供給することである。BOEのベース金利は2008年秋以降断続的に引き下げられ、2009年3月に0.5％となり、それ以降同じ水準で推移している。

この超低金利は、2009年3月からBOEが国債買い入れを中心とする量的緩和を開始したことの表れである。また、量的緩和政策の効果は長期国債利回りの低下にも表れている。10年物国債の名目利回りは2009年3月に大きく低下した後、2010年4月まで上昇を続けて、再び低下するという動きをみせている。[4]このような長期国債利回りの変動を背景にして、10年国債利回りと、翌日金利の先行きを予想して取引する翌日物金利スワップ（OIS）の10年物ポンド建てレートのスプレッド（開き）が縮小した、つまり、相対的に国債利回りが低下したと主張されている10年物OISレートは、今後10年の銀行間翌日物金利の市場予測を反映したもので、そこには期間や財政プレミアムは含まれていない。[5]よって、スプレッドの低下は10年国債利回りに含まれるプレミアムの低下を表していると考えられる。確かにBOEの量的緩和策開始後、同スプレッドは大幅に低下した。しかし、スプレッドは2009年11月頃から急拡大し、2010年に入り量的緩和監視前の水準に戻ったが、2010年4月から再びスプレッドは縮小するという経過を辿っている。以上の点から、BOEによる国債購入を通じた量的緩和政策は一定の成果を上げたと評価できる。

② BOE の流動性供給政策

(i)オペレーションの対象担保の拡大

2008年秋の金融危機以前では，BOE はオペレーションに際して一定の高い格付けの国債と国際機関の債務（狭義の担保といわれる）だけを担保として受け入れた。BOE の流動性保証の規定に対する最も大きな変更は，民間部門の資産を含めて受け入れる担保の幅を広げたことである[6]。

すなわち，金融危機の中で，BOE は他の通貨当局と協力して，銀行制度における信頼を強化するために行動した。この対応の一つは，他の中央銀行と共通の既存のオペの種類を拡大し，銀行制度の流動性保証を提供するための新たな手段を導入したことである。特に BOE はオペにおいて受け入れ可能な民間部門の資産の担保として，居住者住宅担保証券（Residential Mortgage-Backed Securities, RMBS）とカバー付き債券を付け加えたのである。

すでに2007年末の貨幣市場の逼迫に対応するため，BOE は長期レポ操作についての変更を発表していた。3ヶ月満期で提供される金額は拡大され，この満期で受け入れられる高品質の担保の幅は高質の国債からトリプルA格付けの住宅モーゲイジ証券（MRBS）とカバー付き債券を含むものに拡大された。そして，2008年9月の金融危機を契機に，適格担保の幅はさらに商業モーゲイジ証券とカバー付き債券に保証される証券を含むまでに拡大された。2009年1月の間のピーク時に，担保拡張長期レポ（ELTRs）の残高のストックは1800億ポンドに達した。

(ii)米ドルのレポ操作

2008年9月のリーマン・ショックを契機に，欧州ではドル不足の事態が発生した。これを受けて，BOE は他の中央銀行と協調して米ドルのオーバーナイト貸付に参加した。すなわち，BOE は米連邦準備制度理事会（FRB）とともにスワップ融資の取り決めを行い，（米ドルをニューヨークの FRB から調達し，反対にポンドを貸し付けるという）これらの操作のために資金を提供したのである。当初は400億ポンドを提供した。さらに BOE はオーバーナイト貸付操作に沿って1週間物のドル貸付操作を導入した。2008年10月中旬に，米ドル操作に関与している中央銀行は，流動性を広く供給するために，確定した金額の既

存の変動金利入札は，制限のない固定金利入札に置き換えられることを発表した。[7]

(iii)オフバランス流動性保証融資

BOE は流動性を機動的に供給する工夫をオフバランスにおいても行った。それらは，特別流動性制度（Special Liquidity Scheme, SLS）と割引窓口融資（Discount Windows Facility, DWF）と呼ばれるものである。SLS と DWF は民間銀行の資産担保と BOE の財務省証券をスワップすることによって，民間銀行にとっては，財務証券の利用によって流動性を確保できる手段を意味した。それらはスワップ取引であるため，中央銀行の貸借対照表上には表れず，したがって，資金を供給する準備には全く影響しないという利点をもつものである。以下，それらの二つを述べておこう。

ａ）特別流動性枠組み

BOE は2008年4月に SLS を導入した。この手段を通じて，市中銀行は，良質であるけれども一時的に非流動的なモーゲイジ保証証券やその他の証券をイギリス財務省証券に交換することを可能にすることによって，銀行制度の流動性ポジションを改善することができた。この制度の導入のきっかけは，2007年にいくつかの資産保証証券市場が予期せぬ閉鎖に追い込まれたことである。[8]その時，市中銀行は貸借対照表上の資産項目である証券を処分すること，あるいは流動化することが困難になるという問題に直面したのである。その問題に対する解決策の一つが SLS であった。市中銀行は彼らの資産を担保にして借り入れる証券に対して手数料を支払うことが要求された。

SLS が実施される時，利用期間は6ヶ月とされ，そのため2008年10月には終了する予定であった。しかし，2008年9月の金融システムの混乱に直面して，BOE は SLS の利用期間の延長を発表し，SLS の利用窓口は2009年1月30日まで延長された。そして，SLS の利用期間の終了後，BOE は2009年2月に，およそ1850億ポンドの額面の大蔵省証券がこの方式で貸し出されていたことを発表した。[9]以上のように，BOE はオフバランス取引を通じて機動的な流動性の供給をしていたことが理解できる。

b）割引窓口融資

2008年9月のリーマン・ショックが起きると，BOEはSLSの規模を拡大させるべく，DWFを2008年10月に実施した。DWFのもとで，担保の種類と借入の大きさを反映させる手数料で，市中銀行は広い範囲の資産を担保にして国債を借り入れることができるようになった。その期間の設定は，商業銀行が将来により大きな流動性リスクを取るインセンティブの発生を避けることと矛盾しないように配慮された。それらはまた，中央銀行の貸借対照表に対するリスクからBOE自身を保護することを意図していた。DWFのもとでの取引は通常30日間である。しかし，金融市場の持続的な混乱を考慮して，BOEは2009年1月に0.25％の貨幣料金で，最大限364日間DEFからの借り入れを一時的に認めることを発表した。

さらに，BOEはDWFで使用するのに適格な担保を拡大することをさらに検討している。BOEは基礎となる資産を評価すること，また関連するリスクを管理ができなければならないという基本原則にしたがうと述べている。[10]

（3） BOEの担保リスク管理政策

次にBOEの資産担保のリスク管理政策について紹介しておこう。以下の内容は，『BOE四季報2010年』第II四半期号に掲載されている論文に依拠している。[11] ここでは，BOEは自行の貸借対照表上の資産保護を目的として，資産担保を実証的に検討するために，どのように担保リスク管理を実施しているのかについて紹介する。すなわち，BOEがバランスシートを保護する際の政策と手続きを概説し，そして，リスクは非常に極端なストレスのかかるシナリオで具体化するものであることを説明する。

① BOEによる流動性供給の利益と費用

BOEはオペレーションを通じて資金の貸し付けを行う場合，カウンター・パーティの信用リスクに対して自行自身を保護するために担保を引き取る。すなわち，BOEはオペレーションの実施に際して，借り手が返済しないかもしれないリスクを常に引き受ける。民間銀行が流動性リスクを慎重に管理するインセンティブを低下させる費用に対して，流動性保証を提供する利益は均衡し

なければならないし，またBOEの貸借対照表上に表れるリスクを最小化しようとする必要性が前提条件とならなければならない。BOEの恒常的な流動性保証ファシリティの計画，および，それを貸し付ける期間は，次のような二つの必要条件を満たすことを目的としている。[12]

第一に，民間銀行が過度な流動性リスクを取るインセンティブを生みだす費用に対してバランスを取るために，民間銀行が借入に支払う価格は，ストレスのある状態にだけ魅力的になるように設計される。このように，BOEは最初の貸し手というより最後の貸し手に留まっている。

第二に，貸借対照表に表れるリスクを最小化するために，BOEは支払い能力もしくは経営に深刻な問題があるどの銀行も，公共の業務から排除することを目指す。さらに，貸借対照表を保護するために，BOEは担保として効果的にリスク管理できる金融手段だけを受け入れる。[13]

これらの原則は1世紀前のバジョットの命題に沿ったものである。すなわち，中央銀行はパニックを鎮静化するために，良質の担保に対し，そして高い金利で早期にかつ自由に支払い能力のある企業に貸し付けるべきである。

② BOEの担保リスク管理

BOEはオペレーションで取り込む担保を精査する上で，ポイントとなるのは以下の三つの基本的手段である。①適格性：何を担保にBOEは行うか，②評価：どのくらい担保は評価されるか，③額面削減率：どのくらいBOEは担保の額面に対して貸し付けるか，である。BOEは全ての操作を通じて同じ原則を使いながら担保のリスクを管理し，取引相手を公平にかつ首尾一貫して扱う。

(i) 適格性

適格性は最も高い水準のリスク管理手段である。リスクが容易に評価されることができない時，あるいは評価や額面削減率によって管理されることができない証券は単純に不適格なので，BOEはそれらの証券を担保として利用することは許されない。

BOEは公開市場操作にとっての高水準の担保適格基準を公表し，それは受け入れられる担保の質にとっての基本線を設定するものとなる。一定の資産の

タイプに対する適格性を制限することによって，妥当な費用で評価できる証券だけを BOE は受け入れ，また，内在するリスクを数量化し，容易に管理できる証券だけを受け入れる。例えば，BOE は，商業財産が十分に多様化したプールによって保証される商業モーゲイジ保証証券（Commercial Mortgage-Backed Securities, CMBS）だけを受け入れた。

それゆえ，適格性を精査する過程の第一のステップは，証券が高水準の適格基準を満たすかどうかを決定することである。BOE は証券の適格基準を精査する上で，格付け機関による格付けを参考にするが，BOE は適格性をチェックするために提出された証券に関して，独自の分析を行う。

金融危機の間に BOE によって担保として受け入れられた証券のいくつかはそれまでに存在し，市場で取引されていた。これらの証券は市場ですでにテストされたものであり，中央銀行はたんに多くの証券保有者の一つに過ぎない。現在の格付けを含む，適格基準に現在従っているかどうかは毎日チェックされる[14]。

(ii) 評　価

担保についての BOE の評価は，カウンター・パーティの債務不履行の時の損失が生じる場合に，BOE を保護する点において主要な役割を担う。適用されるヘアカット（Haircuts, 担保掛け目の引き下げ）とともに，証券に割り当てられる価値は，BOE が証券と引き換えにどれだけ貸し付けるかを決定する。もしカウンター・パーティが満期に債務を返済することができなければ，BOE は損失を補塡するために，やがて担保を売却する予定を立てるであろう。それゆえ，BOE の証券評価は可能な限り現在の市場価格を反映することが重要である。

BOE は保有する担保が市場で売却可能であることを保証するために，日常的に担保を再評価する。もし，カウンター・パーティの担保のヘアカットで調整される金額が提供される流動性の金額以下に下がるならば，カウンター・パーティはより多くの担保を提供するよう要求されるか，あるいは適切であれば借入資金のいくらかを返済することが要求されることによって，追加的証拠金がつくられる。

(iii)ヘアカット

BOEは取り入れた担保の額面の満額に相当する金額を貸付ることはしない。追加的保証を取るため，またBOEが取引相手の倒産の場合に損失を被るという見込みを削減するため，BOEはヘアカットを適用する。[15]

ヘアカットは融資の金額に対する比率（Loan to value ratio, LTV）と考えられ，その比率は住宅価格の低下に対して貸し手を保護するためにモーゲイジ貸付に適用されるものに共通している。例えば，名目価値が100で（これは証券が買い戻される時に証券保有者が支払われるべきもの）現在価格が90としよう。その証券に適用される評価削減率は22%（BOEのSLS担保に適用される加重平均の評価削減率），すなわち，78%のLTV比率と同等なものである。BOEは証券に対し，90×（1−0.22）＝70.2まで貸し付けるだろう。ただし，モーゲイジの最大限のLTV比率はオリジネーターに対して設定されるが，結果的には貸し手の制御力を越えているので（例えば，もし住宅価格が下落すれば，LTV率は上昇するであろう），BOEの毎日の評価と証拠金の再追加によって，持続的にこの破産のための準備金を維持することをBOEは保証する。[16]

先述したように，2008年4月，市場での売却が困難なモーゲイジ証券を保有する民間銀行をBOEは支援するために，モーゲイジ証券と英国債との交換を通じた流動性対策を発表したが，BOEが受け入れるモーゲイジ証券については大幅なヘアカットが実施された。[17]

③緊急流動性支援と担保としての融資のリスク管理

公式の手段を通じた流動性保証を提供することに加えて，例外的な環境において金融システムに信用不信が広がるのを防止するために，BOEは双務的合意に基づき商業銀行に対する最後の貸し手として直接的に行動できる。[18]2008年秋に，BOEはそのような緊急流動性支援（Emergency Liquidity Assistance, ELA）をRBS，HBOSに対して行った。

ELAは，HBOSに対して2008年10月10日から2008年1月16日までの間に実施され，2008年11月13日に融資額のピークは254億ポンドに達した。ELAはRBSに対して2008年10月17日から2008年12月16日まで実施され，2008年10月17日に融資額はピークの366億ポンドに達した。[19]

この融資でBOEが引き受けた担保は様々な形態の原融資を含んでおり，モーゲイジのプール，個人融資，中小企業への融資などであった。BOEは同等水準の保護をしていることを保証するために，公的な融資で受け入れられた担保に適用される適格性，評価，ヘアカットに関する同じ原則を利用して，担保のリスク管理をした。BOEは，AAAヘアカット，評価ヘアカットおよび担保拡張長期レポ（ELTRs）において同等の証券に適用されるヘアカットの三つの要素によって構成される融資のそれぞれのプールに対して，ヘアカットを適用した。

これによって，彼らの融資担保ポートフォリオに対する総合的実効ヘアカットは，RBSの49％，HBOSの48％となった。この全体的なヘアカットは，広くはBOEのその他の操作で取られる全体の保護と比べて，両方の場合において保護の重要な程度を提供する。例えば，SLSにおいて，BOEが融資をしようとする金額（1900億ポンド）は担保の名目金額（2870億ポンド）の約34％以下であった。[20]

3　信用秩序政策の評価と帰結

（1）　財政赤字の拡大とBOEのバランスシートの変容

大蔵省は民間銀行へ投入すべき公的資金の調達を公債発行に求め，そして，BOEは増大する公債を担保として民間銀行へ貸付を行った。このようなイギリスの通貨当局の政策がもたらした帰結を述べておこう。

欧州金融危機の発生以降，BOEは政策金利の継続的な引き下げを行った。BOEのベース金利は，2008年9月の5％から2009年3月の0.5％になるまで引き下げられ，その後，0.5％の水準で推移している。

市場の超低金利を演出するためにBOEが大量の流動性を供給したことは，BOEの貸借対照表に質的変化をもたらした。2009年3月にBOEは中央銀行準備（市中銀行の預金残高）の発行によって融資される資産購入計画を実施することを発表した。これらの資産購入の目的は，中期のインフレ目標の2％を満たすために名目需要の成長率を高めることであった。2010年2月上旬までに，

2000億ポンドの資産購入がその計画のもとで実施された。購入された資産の大部分は国債であった。そして，2010年2月4日に金融政策員会は2000億ポンドで中央銀行準備の発行によって融資される資産購入を維持することを認めたのである。この点においてBOEの資産購入ファシリティ（APF）が重要な働きをした。

2009年1月に大蔵省の権限のもとで，BOEは資産購入ファシリティという子会社を設立した。その当初の目的は質の高い民間部門の資産を購買することによって，市場の流動性を改善することであった。その基金の会計は，政府の損失によって保証されているが，BOEの会計とは連結されていない。しかし，その基金はBOEからの融資によって補填されている。初期の段階では，BOEの基金への融資は，公債管理局（Deffit Management Office, DMO）による短期国債の発行によって融資された。2009年3月にその権限は，金融政策委員会（MPC）が金融政策の目的のために国債を含める資産の購入をするためにAPFを利用できるようにすることを広げた。この時期の間と2010年2月のMPC会合まで，BOEの融資は中央銀行準備の創造によってファイナンスが行われた。資産購入を融資するために創造される追加的準備は，民間銀行が月ごとに設定する自発的目標を満たすために必要な準備を，かなり超過したのである。

以上のように，BOEは国債や優良証券を担保として，負債上は市中銀行の預金準備の増加による信用創造によって，金融市場へ積極的な通貨供給を行ったのである。これは付加価値の生産の裏付けなしに，通貨発行が進行している事態に他ならない。そのような通貨発行は通貨価値の下落に導くものである。

ところで，2008年秋以降，経済成長の低下により税収が減少する中で，民間銀行への公的資本投入の発生によって歳出は増加したため，イギリス政府は巨額の財政赤字を抱え込んだ。大蔵省の財政赤字は2009年から大幅に増加し，中央政府の純借入額は対GDP比でみて2006～07年の2.4％から2009～11年の11.1％へと大幅に増加した。また，一般政府の財政赤字を対GDP比のストックベースで示せば，2006～07年の42.9％から2009～10年の77.9％へと急増した。

財政赤字の膨張は公債の大量発行を招くが，公債市場での資金需要が増加す

るので，金利の上昇をもたらす。しかし，BOEはベース金利を2009年3月以降，0.5％に維持する政策を実施しており，10年物国債金利も低下し続けている。このことは，金利の上昇を抑制するために，BOEによる大規模な国債購入を通じて，通貨供給が行われていることを示すものである。実際に先に触れたとおり，2010年2月4日に金融政策員会は2000億ポンドで中央銀行準備の創造によって融資される資産購入を維持することを認めたのであった。

（2） 銀行監督体制の刷新

　1997年5月の労働党政権発足後，翌年4月にイングランド銀行法が改正された。改正のポイントは，①インフレ目標は大蔵省によって決定され，BOEはその目標値を達成するために政策金利の決定を行い，金融政策の運営を行うこと，②証券投資委員会（Securities and Investment Board, SIB）を改組・拡充して金融サービス機構（Financial Service Authority, FSA）を設立し，金融機関への監督を一元化することであった。換言すれば，BOEは財務省によって決定されるインフレ率を目標とする金融政策に専念し，創設されたFSAが金融機関の監督業務と消費者保護業務を専管事項とすることとなった。

　2008年秋から始まる欧州金融危機を背景として，イギリスは大手銀行の実質的な経営破綻を経験した。この状況を受けて，当然のことながらFSAの銀行監督能力が問われることとなり，通貨当局による銀行監督体制の改善が求められた。この動きは，銀行の決済制度を保全するための信用秩序維持政策を通貨当局の政策目標の中にどのように位置づけるべきかという議論を生みだしたのである。先述したように，BOEは物価の安定だけを金融政策の目標にするという基本方針を採用したのであるが，2009年には，信用秩序の維持も金融政策の目標に掲げるという方針へ転換された。

　そして，2010年5月に政権が労働党から保守党へ交代すると，FSAの抜本的な改革が実行された。すなわち，FSAを分割して，個別金融機関を監督している部局はBOEの傘下に新設する健全性監督機構（PRA）に移し，FSAの消費者保護部局は独立した新組織である消費者保護・新機構（CPMA）へ移した。[23]これによって，BOEは通貨価値の安定と信用秩序の維持という二つの

目標を一体的なものとして掲げて，金融政策を遂行できる元の体制に戻された。

　通貨価値の安定と信用秩序の維持は相反する目標ではなく，それら二つは銀行制度にとって表裏一体のものとして，整合的に追求すべき目標である。なぜならば，信用秩序の維持の根幹は銀行の決済制度であり，決済制度を円滑に運営するためには，通貨価値の安定と通貨の安定的な供給が必要である。同時に，市場の需要に応じて通貨を安定的に供給するためには，決済制度の維持が必要である。つまり，物価の安定と信用秩序の維持は，相互補完の関係にあるといえる。

　その意味において，BOEは物価の安定を目標とする金融政策を実施しながら，決済システムの安定をもう一つの目標とする政策運営をするという本来の姿に戻された。しかし，これによって，決して再び金融危機の契機となった不動産バブルを防げるわけではない。問題は，二つの目標を同時に達成するための機関の統一というより，むしろ金融政策の運営のあり方にある。BOEは金融政策の実施にあたり，金融政策の目標である安定した物価水準の目標値は一般物価水準を対象にしており，地価や株価などの金融資産の動向は情報変数と考えるに留まっている。そのため，地価および株式価格の上昇率が一般物価水準のそれを大きく超える場合に，一般物価水準は基準値内に収まっていれば，銀行の信用創造による通貨供給がそのような資産価格の上昇を引き上げる要因であっても，BOEは直接資産価格の抑制を狙った政策を取ることはしない。そこで求められるのは，資産価格の変動を直接的な価格水準の指標にして金融政策を運営するという手法である。今後，BOEの中のマクロ・プルーデンス政策を決定し実施する金融安定化政策委員会（Financial Policy Committee, FPC）が，このような視点から政策の決定と実施できるかにかかっている。

4　金融政策とバブル

　全金融機関が保有する総資産に占める商業銀行の比率は他の金融機関を圧倒しており，商業銀行の貨幣供給残高を規定する中央銀行の金融政策は，金融市場と財市場の動向を強く左右する。しかし，他方で中央銀行の金融政策の有効

性を制限するいくつかの要因があることも認識する必要がある。

まず，資金余剰の経済において，銀行間市場の周りにオープン市場が拡大していることは，資金の需要者と供給者にとっての選択肢を広げることになるので，政策の効果を低下させる要因となる。もちろん，政策金利の変更は金融市場へのシグナル効果をもつだけでなく，銀行の貸出市場とオープン市場との間の資金交流メカニズムによって金利裁定が働くので，両市場の金利（あるいは利回り）は平準化されていくであろう。ただし，政策金利の変更が債券市場などのオープン市場へ伝播するにはタイムラグが生じるため，投機資金の動きをすぐに止めるのは容易でなく，その意味で金融引き締め効果を薄めるものである。

また，為替管理を撤廃している通貨制度のもとで，海外からの自由な資金流入が国内のマネーサプライに及ぼす影響を考えると，マネーサプライのコントロールは，ますます困難であるといえる。

アメリカのサブプライム・ローン問題に端を発するアメリカ金融危機とイギリスの金融危機の背景にある共通する要因には，不動産融資の成長と不動産市場の活況があった。土地は一般の商品とは異なり，適正価格を有しておらず，また弾力的に供給できる商品ではなく，さらに再生産不可能な商品である。この土地の売買を盛んにするための法整備が行われ，不動産融資を促進するための金融法がつくられることによって，土地は一般の商品と同じように投機の対象となった。しかし，そうした特殊な土地を市場で自由に取引可能とするところに市場の歪みの根本原因があるのではないだろうか。資本制社会である限り，市場に投機は付き物であり，投機なしの市場は存在しない。しかしながら，投機は市場の自由な取引の結果だからといって，市場メカニズムに委ねてしまえば，バブルの発生と破裂を繰り返すであろう。市場の投機に対する中央銀行の取り組みとして，市場の資金需要にアコモデートするような金融政策をとり続けた結果として，不動産市場の活況を伴うサブプライム・ローン問題が生じたが，現代の金融政策だけで投機を制御することは不可能であり，市場システム自体の修正なしには，問題は解決しないと思われる。

第13章　イギリス金融危機とBOEの信用秩序維持政策

注

(1) *The Economist*, "Counting the Cost," The Economist Newspaper Limited, Oct. 18, 2008, p. 37,『日本経済新聞』2008年10月9日付，朝刊。
(2) *The Economist*, "State owned Banking, Good Sport," March 14, 2009, p. 35,『日本経済新聞』2009年3月9日付，朝刊。
(3) *The Economist*, "New Banking measures, chipped, not broken," Nov. 7th 2009, pp. 35–36.
(4) BOEのデータより。
(5) 『日本経済新聞』2010年7月9日付，朝刊。
(6) BOE, *Quartery Belletn* (QB), 2010 Q1, "The Bank's Balance sheet during the crisis," p.37.
(7) BOE, QB, 2010 Q1, pp. 37-38.
(8) BOE, QB, 2010 Q1, p. 38.
(9) BOE, QB, 2010 Q1, p. 38.
(10) BOE, QB, 2010 Q1, p. 38.
(11) BOE, QB, 2010 Q2, Oct. 30, "Colateral risk mangement at the Bank of England".
(12) BOE, QB, 2010 Q2, p. 96.
(13) BOE, QB, 2010 Q2, p. 96.
(14) BOE, QB, 2010 Q2, pp. 97-98.
(15) いくら銀行が借り入れることができるかを決定するために適用される資産を評価する際の割引を意味する。一般的には，担保掛け目の引き下げと翻訳されている。
(16) BOE, QB, 2010 Q2, p. 98.
(17) 紙面の都合上，詳細な説明は割愛せざるを得ない。BOE, QB, 2010 Q2, pp. 99-100を参照。
(18) BOE, QB, 2010 Q2, p. 100.
(19) BOE, QB, 2010 Q2, p. 100.
(20) BOE, QB, 2010 Q2, p. 102.
(21) BOE, QB, 2010 Q1, "The Bank's Balance sheet during the crsis," p. 39.
(22) BOE, QB, 2010 Q1, p. 39.
(23) 『日本経済新聞』2010年7月31日，朝刊。
(24) BOE, QB, 2010 Q4, "Evolution of the UK banking system," p. 325.

参考文献

須藤時仁「イギリスにおける新しい規制体系案」『証券レビュー』第50巻第12号，127-150頁。
三木谷良一・石垣健一『中央銀行の独立性』東洋経済新報社，1998年。
Bank of England [BOE], Bank of England Quarterly Bulletin [B.E.Q.B.], Winter 2002.
BOE, B.E.Q.B., "Colateral risk mangement at the Bank of England," 2010, Oct. 30, Q2.
BOE, B.E.Q.B., "The Bank's money Market Framework," 2010 Q4.

BOE, B.E.Q.B., "The Bank's balance sheet during the crisis," 2010 Q1.
BOE, B.E.Q.B., "Evolution of the UK banking system," 2010 Q4.
Goodhart, C., "Bank of England : learning to live with the Euro," Dyson, K. and Marcussen, M. (eds)., *Central Banks in the Age of the Euro*, Oxford University Press, 2009.
Gola, C. and Roselli, A., *The UK Banking System and its Regulatory and Supervisiory Framework*, Palgrave Macmillan, 2009.
Haseler, S. and Reland, J., *Britain & Euroland: A collection of essays*, Federal Trust, 2000.
Office for National Statistics, *Statistical Bulletin*, "Balance of Payments," 2010 Q2.
Office for National Statistics, *United Kingdom Balance of Payments*, The Pink Book, 2010 edition.

第14章
人民元「国際化」の現状と限界

鳥谷一生

1　世界金融危機と人民元「国際化」の始動

　2008年アメリカ発世界金融危機を契機に、人民元の「国際化」策が急ピッチで進められている。実際、2009年6月、中国はマレーシア政府との首脳会談で、2国間貿易取引決済を人民元あるいはリンギ建で行うことで合意し、翌7月には香港金融管理局（HKMA: Hong Kong Monetary Authority、以下HKMA）と取り決めを結び、大陸本土と香港等特別行政区との間で人民元建貿易取引を認可、早くも7月6日には、在上海の企業が人民元建貿易取引を開始した。併せて香港金融市場に人民元建オフショア市場創設が表明されたことを受け、1993年以来長年にわたってHKMA長官の地位にあったJ. ヤムは、「香港は、中国の金融自由化と改革の『実験場』となる」と語った。

　こうして人民元「国際化」は、人民元建貿易取引と香港金融市場での人民元建オフショア市場創設の2本立てで始まった。もっとも、かかる「国際化」策の背景には、これまで中国が採ってきた対米ドル中心の為替相場制度が限界に達しつつあることが考えられる。というのも、中国の外貨準備高は世界最大の3兆6000億ドル台にまで膨れ上がる一方で、人民銀行による為替介入の結果、国内マネタリーベース／マネーストックは激増し、溢れ返った過剰流動性が近年猛烈なインフレーションと資産バブルを引き起こしてきたからである。したがって、後に詳しく記す通り、中国は、貿易取引において米ドル建取引を回避しつつ、国内に溢れかえった過剰流動性をオフショア銀行勘定に移そうとしたものと考えられる。

　しかし、為替相場制度と過剰流動性問題といった対外均衡と対内均衡の矛盾

をいわばオフショアの銀行勘定に移転して一線を画したところで，果たして問題は解決するのであろうか．また，その場合の人民元「国際化」とは何か，その意義・内容については改めて問われる必要があろう．

そこで本章は上記の課題に応えるべく，まず人民元「国際化」の対外・対内環境について論じ，次に人民元「国際化」策の経過と現状について概略的に取りまとめておく．その上で人民元「国際化」の「実験場」となった香港人民元建オフショア市場について分析し，最後に人民元「国際化」の限界について論じることにする．

2 人民元「国際化」の対外・対内環境と政策経過

(1) 人民元「国際化」の対外・対内環境

上記の通り，人民元「国際化」は二つの面で始まった．一つは人民元建貿易取引であり，もう一つは香港オフショア市場での人民元建市場の創設である．これら二つの施策は，いかにして論理的に結びついているのだろうか．この点を考えるためのヒントが，中国の国際収支と加熱する国内金融経済であり，各々は人民元「国際化」の対外・対内環境を成していると考える．

最近の中国の国際収支をみれば（**表14-1**），2009年経常収支黒字2433億ドル，資本収支黒字1945億ドルとなって，外貨準備は1年間で4003億ドルも激増した．こうした基調は2010年も引き続きうかがわれ，同年の経常収支黒字3054億ドル，資本収支黒字2214億ドル，外貨準備も4717億ドルの増嵩を計上している．つまり中国は，国際決済上受取超過の立場にあり，支払超過の立場にはないことをまず確認したい．

さて，今話を貿易取引に限定し，取引建通貨を全て人民元建として考えてみた場合，次のようにいうことができよう．すなわち，中国の貿易収支尻が長期構造的黒字を計上し続ける限り，輸入取引に対する支払いとしていったんは流出した非居住者保有の人民元残高も，対中国への支払い代金として早晩中国に戻ってこざるを得ないということである．したがって，現状において人民元建貿易取引を開始したとしても，人民元建国際流動性がネット・ベースで非居住

者保有残高として計上されることはない。その
ため，いうなれば中国経済の海外部門は慢性的
構造的な「人民元不足」のもとに置かれること
になる。この点は，対象を経常取引に拡張して
も同じである。

したがって，海外部門のかかる「人民元不
足」を解消すべく，国際的金融資本取引および
これに関わる為替取引が「自由化」され，人民
元建国際流動性の対外流出措置が講じられるこ
とが，一国国民通貨が国際通貨となるにあたっ
ての条件とならざるを得ない。だが，現状人民
元はそうした環境にはない。すなわち，上海金
融市場において海外の銀行・金融機関が人民元
建資金調達を行ったり，資本市場で非居住者が
債券・株式形態で資金・資本を調達したりして，
これを自由に米ドル等外貨に交換できる訳では
ない。逆に，経常取引以外にも，中国政府が認

表14-1 中国の国際収支
(単位：億ドル)

	2009年	2010年
経常収支	2,433	3,054
貿易収支	2,495	2,542
輸　出	12,038	15,814
輸　入	9,543	13,272
サービス収支	−83	−221
所得収支	433	304
経常移転収支	317	429
資本収支	1,945	2,214
直接投資	872	1,249
流　入	1,671	2,144
流　出	799	894
証券投資	271	240
流　入	1,102	636
流　出	831	395
その他投資	803	724
流　入	5,820	8,253
流　出	5,017	7,528
外貨準備	−4,003	−4,717
誤差脱漏	−414	−597
外貨準備高	23,992	28,473

(出所) 中国外汇管理局資料より作成。

可した直接投資や証券投資以外のルートを通じ，例えば非居住者が米ドルを自
由に人民元に交換することもできない。要するに，国際的金融資本取引および
これに関わる為替取引は，現状原則「規制」下にある。そのため，人民元建貿
易取引を開始したとしても，中国経済の海外部門は，常に「人民元不足」下に
置かれることになる。

そこでこうした海外部門の「人民元不足」問題を解消すべく，中国当局は輸
出取引では従来通り米ドル建で行いつつも，非居住者保有の人民元残高を増大
させるべく，近隣周辺諸国との輸入取引において人民元決済を優先させるとい
う跛行的措置を講じたのである。この措置により，例えば2010年1〜11月まで
に，大陸から香港に流出した人民元は180億元，逆に香港から大陸へ流出した
人民元は50億元で，差し引き130億元が流れ込むことになった。こうして香港
オフショア市場の人民元建預金は，この時期以降急膨張を遂げることになった

のであり，この措置の意義は，後に再び言及する。

　次に対内条件である。長年にわたる2桁台の高度経済成長により，中国国内の農工間の構造的不均衡，地方と都市の経済格差は著しく深刻化してきた。この間，2005年に中国は管理変動相場制度へ移行したものの，対米ドル中心の為替相場制度を敷き，為替相場の著しいオーバー・シュートに対しては，人民銀行が政策裁量的に為替市場介入を行ってきた。しかし，この為替介入の代価として国内には過剰流動性が蔓延し，これに2008年世界金融危機以降の60兆円相当額の内需拡大策も加わって，上に記した不均衡や格差はいっそう助長され，物価体系の歪みと金融・不動産資産価格の高騰が続いてきた。

　こうしたインフレやバブルの発生という現状を踏まえれば，中央銀行としては，人民元建国内金融・資本取引の「国際化」およびこれに関わる為替取引の「自由化」に対しブレーキをかけ，非居住者の人民元建取引が国内金融システムに深刻なダメージを与えることを極力回避しようとする立場に立たざるを得ない。なぜなら，米ドルを媒介に外貨が人民元に自由に転換されることを認めるや，為替相場がいっそうオーバー・シュートするだけでなく，国内のマネタリーベース／マネーストック，ひいては株価・不動産等資産価格もまた大きく乱高下，国内金融経済のコントローラビリティは著しく困難となるからである。これは97年東アジア危機からの教訓ともいえるものである。

　したがって，もし人民元の「国際化」を進めるとしても，それは当面香港金融市場を活用したオフショア形式で，換言すれば，香港オフショア市場の人民元建金融取引が，大陸内マネタリーベース／マネーストックに影響を与えることを原則排除した「内―外分離」の取引規制下において着手するしかない。この点で，輸入決済の人民元建化とは，国内に溢れ返る人民元建流動性の一部を非居住者にオフショア市場預金として保有させ，大陸内マネーストックから除外せんとする策であると考えられよう。

　以上，人民元「国際化」の対外条件と対内環境について記してきた。確かにこの間，香港オフショア市場の人民元建預金残高は急膨張を遂げてきた。しかし，そうした膨張を促した背景に国内過剰流動性問題が控え，その処理策としての輸入取引の人民元建化であり，香港オフショア市場はその決済勘定の受け

入れ先として創設されたのである。そこに読み取ることのできる政策意図は，いわば人民元建過剰流動性を「内―外」分離のオフショア市場に切り離して極力封じ込めようということである。もっとも，これによって，為替相場政策と過剰流動性問題といった対外均衡と対内均衡の矛盾は，大陸側金融システムの外部たる香港に転嫁・蓄積される点は留意を要する。

そこで次に，香港金融市場をも巻き込んだ人民元「国際化」策の経過と現状を記し，その具体的な展開をみていこう。

（2） 人民元「国際化」の経過と現状

冒頭記した通り，2008年アメリカ発世界金融危機を契機に，中国は人民元の「国際化」策を推進させてきた（**表14-2**）。一連の政策については，これを「周辺国際化」「地域国際化」「完全な国際化」の3工程に分けて示す見解がある[7]。それによれば，まず「周辺国際化」とは，「国境貿易での人民元使用により，国境を接する周辺国との間で用途を限定した国際化」の段階，次の「地域国際化」とは，「貿易・投融資での人民元使用により，特定の国・地域と人民元通貨圏が形成される」段階，そして「完全な国際化」とは，「自由兌換性の実現と資本取引の自由化により，国際決済通貨・国際準備通貨として世界で流通する」段階である。

ともあれ，以下では上記三つの工程に即して，人民元の「国際化」の経過と現状について記すとしよう。

第1工程「周辺国際化」。中国が人民元建貿易決済に大きく舵を切っていったのは[8]，「世界の工場」たる経済特区を世界金融危機が席巻していた2008年12月であった[9]。すなわち同月12日，国務院は「当面の金融による経済発展促進に関する若干の意見」（金融30条）の中で，人民元建貿易決済の試行について言及し，その数日後，国務院・外汇局（人民銀行が事実上は業務代行）は，「対外貿易の安定的成長に関する意見」において，長江デルタ地区（上海市，江蘇省，浙江省）・広東省と香港・澳門間，広西チワン族自治区・雲南省とASEANとの間で人民元貿易決済を試験的に導入することを決定した。そして2009年7月上旬，上海・広州・深圳・珠江・東莞の5都市を試行地域として人民元建貿易

表 14-2 人民元建て貿易決済に至るまでの政策的経緯

時　期	内　容
2003年6月	中国―香港間で「経済貿易緊密化協定（CEPA）」に調印。
2003年9月	22日，国家外為管理局，「国境貿易外為管理弁法」を公布（同年10月1日施行）。
2004年1月	人民元貯金の受入を香港の銀行に解禁（両替，送金を含む）。
2005年10月	特定7業種向け人民元預金の解禁（小売，飲食，宿泊，交通運輸，通信，医療，教育）。
	国際開発機関によるパンダ債（非居住者人民元建て債券）発行解禁を受け，IFC（国際金融公社）とADB（アジア開発銀行）が第1号債券を発行。
2007年7月	大陸系金融機関の香港人民元建て債券の発行解禁を受け，国家開発銀行が第1号債券を発行。
2008年12月	8日，国務院，「当面の金融による経済発展促進に関する若干の意見」（金融30条意見）の中に，人民元建て貿易決済のテスト構想を盛り込む。
	12日，中国人民銀行，韓国銀行と人民元建て通貨スワップを締結（1,800億元）。
	24日，国務院，「対外貿易の安定的成長の維持に関する意見」の中で，長江デルタ地区（上海市，江蘇省，浙江省）・広東省と香港・マカオ間，広西チワン族自治区・雲南省とASEAN間について，人民元建て貿易決済の試験的導入を決定。
2009年1月	8日，国務院，人民元建て貿易決済の国内テスト地域として，上海，及び広東省内の広州，深圳，珠海，東莞の5都市を選定。
	20日，中国人民銀行，香港金融管理局と人民元建て通貨スワップを締結（2,000億元）。その後，4国の中央銀行とも人民元建て通貨スワップを締結。
2009年4月	14日，国務院，上海の国際金融センターと国際運輸センター建設に関わる意見を公表。
2009年5月	8日，上海市政府，上海国際金融センターに関する実施意見の中で，人民元建て貿易決済にかかる人民元のクロスボーダーの支払・決済システムの構築を確認。
2009年6月	HSBCと東亜銀行の中国現地法人が香港人民元建て債券を発行。
	29日，中国人民銀行，香港金融管理局と人民元建て貿易決済のテストに関する覚書締結。
2009年7月	2日，中国人民銀行，財政部，商務部，税関総署，国家税務総局，中国銀行業監督管理委員会が連名で「クロスボーダー貿易人民元決済試行管理弁法」を公布（同日施行）。また，「中国人民銀行の関係責任者の「クロスボーダー貿易人民元決済試行管理弁法」の関係問題についての記者質疑応答」も公表。
	3日，中国人民銀行，「クロスボーダー貿易人民元決済試行管理弁法実施細則」を公布（同日施行）。
	6日，中国と香港との間で，人民元建て貿易取引スタート。
	8日，みずほコーポレート銀行，香港における人民元建て貿易取引に関する各種サービスの提供を発表。6日付で，みずほコーポレート銀行香港支店は，中国銀行上海市分行と人民元建て貿易決済口座開設に関する協定書を締結していた。他のメガ2行も，タイミングは別として，同様のライセンスを取得。
	28日，フィリピン中央銀行と中国銀行マニラ支店は「人民元現金売買・輸送契約」を締結し，中国銀行によるフィリピン国内での人民元業務を認可。31日に人民元業務開始。
2009年8月	17日，国務院は「東北地区等老工業基地振興戦略を更に実施するための若干の意見」を承認。同意見の9項目の改革開放の継続深化では，東北地区等（遼寧省，吉林省，黒龍江省，内蒙古自治区）での人民元建て貿易取引の推進を確認。
2009年9月	8日，中国政府による香港人民元建て国債（60億元）の発行の表明（実際の発行は同年10月27日）。

（原資料）　中国人民銀行，各種資料より野村資本市場研究所作成。
（出所）　野村資本市場研究所「中国の人民元国際化に向けた動きに関する調査（財務省委託調査）」2009年，42頁。

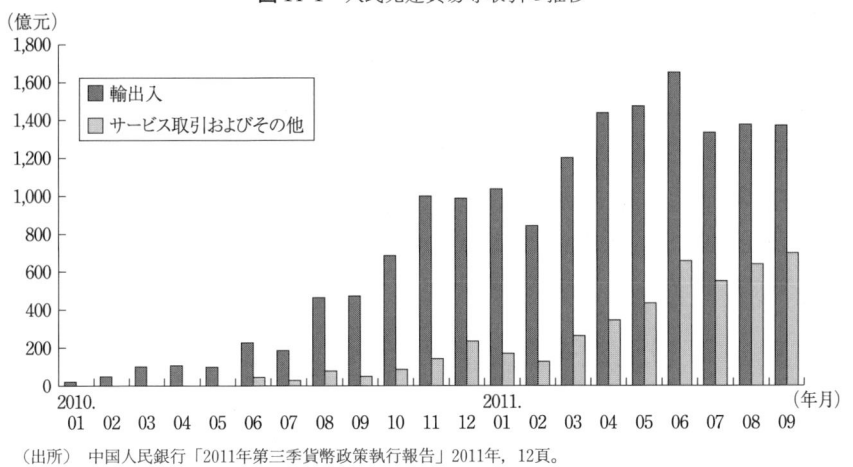

図 14-1 人民元建貿易等取引の推移

(出所) 中国人民銀行「2011年第三季貨幣政策執行報告」2011年, 12頁。

決済を解禁し，併せて香港・澳門・ASEAN 各国との間の人民元建貿易決済の解禁に着手，翌2010年6月末には，北京・天津・四川・チベット等（輸出の場合16，輸入の場合20）の省および直轄市へと試行地域は拡大され，2011年8月人民元建貿易決済はついに全国に拡大された。こうして，人民元建貿易取引は急増することになり（図14-1），2011年9月1ヶ月間で人民元建貿易決済額は1200億元に達した。

なお，2010年の輸出入総額は約2.9兆ドルで，1ドル＝6.5元で換算して約19兆元であったのに対し，人民元建貿易取引は5063億元となっており，貿易取引の約2.6％が今や人民元建となっている。

第2工程「地域国際化」。中国と周辺諸国との2国間での人民元建貿易決済が解禁されるにおよんで，非居住者である貿易関連企業および銀行には，一定程度の人民元建資金が運転資金として残ることになる。この非居住者が受け取る人民元建資金の受け皿となったのが，香港所在銀行に開設された人民元建預金である。

ところで，そもそも中国以外での人民元建預金受入については，2004年2月香港居住者に限って香港所在銀行への人民元建預金が解禁（2003年11月テスト・ケースとして開始）されたことに始まる。これがいわゆる人民元建オフシ

表 14-3　非大陸系香港所在銀行の提供する人民元建サービスの変化

	人民元建貿易取引解禁以前	人民元建貿易取引解禁以後
預金取り扱い	香港居住者及び「指定業種」（小売・飲食・宿泊・運輸・交通・通信・医療・教育の7業種）は，香港所在銀行に銀行預金を開設することができる。	解禁前（左）に同じ 本パイロット・スキーム内地域に所在し貿易に従事する企業も，香港所在銀行に銀行預金を開設することができる。その際の預金は貿易取引に因るのでなければならない。これは，パイロット企業が人民元建収益を海外で保持する上で，画期的な一歩である。この種の預金勘定に預託された人民元建資金は，香港で発行される人民元建債券投資にも利用可能である。
両　替	個人の場合，人民元から香港ドルへの交換（或いは，香港ドルから人民元への交換）は，現金の場合1人1回当たり2万人民元を上限とし，1人当たり預金勘定による1日の取引上限を2万人民元とする。 指定された取引業者においては，決められた取引方法をもって人民元を香港ドルに無制限に交換できる。	解禁前（左）に同じ 貿易企業は，実需の貿易取引をベースとする限り香港ドルを人民元に無制限に交換できるし，決められた取引方法であれば，人民元を香港ドルに無制限に交換できる。
送　金	香港居住者は，大陸の銀行に保有する自身の預金口座宛に人民元を送金できるが，1口座当り1日の上限額を8万人民元とする。また，香港で人民元建債券を発行した発行者は，債券発行の手取り金を大陸に送金することができる。	解禁前（左）に同じ 大陸外の選定地域内貿易企業もまた，実需の貿易取引をベースとする限り，大陸内のパイロット都市向けに人民元を送金することができる（逆も可能）。
貿易金融	利用不可	人民元建貿易金融は，大陸の指定企業との貿易取引に対して供与される。だが，その融資額は当該貿易取引相当額を超えてはならず，大陸の指定された企業に対して直接支払われる。貿易金融に関わる金利は商業ベースとし，銀行によって決定される。
小切手	香港参加銀行に置かれた当座勘定を引き当てに振り出される人民元建小切手は，香港でも大陸でも利用可能である。香港内での利用者は，人民元建債券への応募及び購入に関係する支払いや送金に利用できる。大陸側では，利用者が広東省内で支払いを行う場合，1日上限8万人民元を上限に，人民元建小切手を利用することができる。	貿易決済のために人民元建資金を預託すべく，同一企業が異なる銀行に「同一名義」で有する勘定間で資金振り替えを行う場合，人民元建小切手を利用することができる。企業はまた人民元建債券への応募及び購入のために，人民元建小切手での支払いを行うことができる。

（注）　上記（原資料）は HKMA の web サイトから入手可能であり，ここに（出所）として掲げた資料は，（原資料）を抜粋したものであることが確認できる。
（原資料）　HKMA, "Renminbi trade settlement pilot scheme," *Quarterly Bulletin*, Sept. 2009.
（出所）　Zheng, J. et al., "RMB cross-border trade settlement scheme: What are the potential implications?," *Economic Observatory*, BBVA Economic Research Department, Sept. 2009.

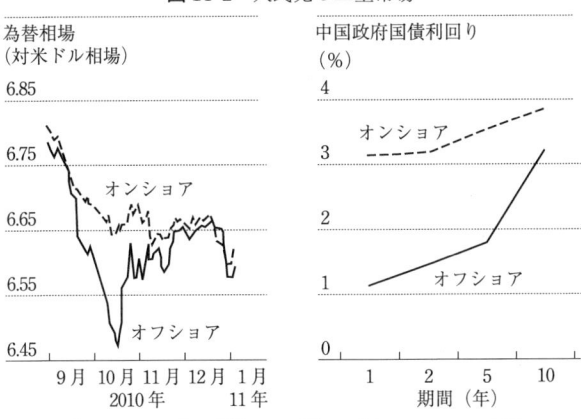

図14-2 人民元の二重市場

(出所) Cookson, R., "HK price differentials create renminbi openings," *Financial Times*, Jan. 10, 2011.

ョア預金の始まりであり，2005年11月には人民元建銀行預金が企業の一般的取引——ただし，小売・飲食・宿泊・交通運輸・通信・医療・教育の「7業種」に限定——にも開放されるに至った。もっとも，今日に至るも個人における人民元の両替・送金額は一日2万元までに制限されている一方で，取引主体・取引額についてはその後少しずつ規制が緩和されてきた。そして2009年7月の措置では，本試行域内に所在し貿易業務に従事する企業による香港所在銀行への人民元建預金預け入れが解禁され，かつその預け入れ額の制限が外されることになった(15)(表14-3)。なお，2011年8月段階で，試行地域は全国に拡大した。

他方，2010年7月19日，人民銀行とHKMAは香港における人民元業務に関し改めて取り決めを結んだ。柱は二つである。一つは，企業が行う人民元と香港ドルとの交換額の上限が撤廃されたことである。この結果，上海為替市場の米ドル／人民元とは別に，自由交換通貨たる香港ドルを媒介に人民元を取得するルートが新たに加わった(16)(17)。実際，この措置を契機に，香港の人民元建オフショア市場残高は短期間に急膨張することになった。もう一つは，香港所在銀行における人民元建預金口座開設への規制が撤廃され，同預金口座を通じた企業間および企業・個人間での人民元貸借が可能となったことである。これに伴い，大陸内のインター・バンク市場とは別に香港所在銀行間人民元建貸借市場が生まれることになった(18)(19)(図14-2)。

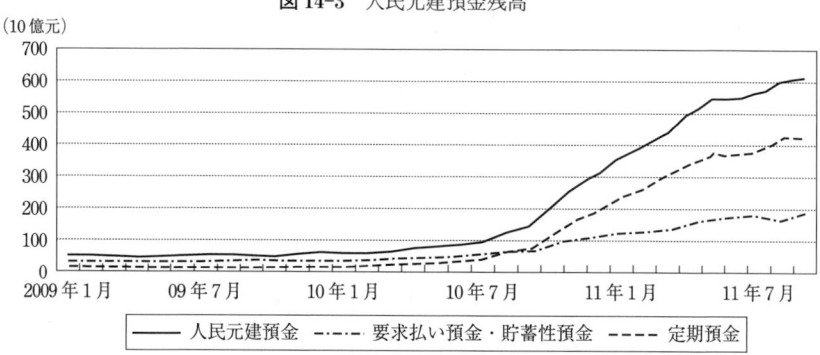

図14-3 人民元建預金残高

(出所) 香港金融管理局資料より作成。

凡例: 人民元建預金 ／ 要求払い預金・貯蓄性預金 ／ 定期預金

　こうして大陸と香港との「内―外分離」原則を堅持する一方で，香港オフショア市場の発展を促す一連の規制緩和策を通じ，香港所在銀行の人民元建預金勘定残高は2009年7月の500億人民元から2011年9月末には6000億人民元にまで急増した[21]（図14-3）。

　第3工程「完全な国際化」。人民元預金を受け入れた香港所在銀行は，これを運用しなければならない。この問題こそは，人民元の「自由兌換性の実現と資本取引の自由化により，国際決済通貨・国際準備通貨として世界で流通する」とした「完全な国際化」段階の問題と不可分の関係で結びついている。現状二つの施策が着手されている。

　第一は，2010年8月香港・澳門所在銀行および外国中央銀行の上海人民元建銀行間債券市場への取引参入解禁である。

　第二に，Dim Sum Bond Market（点心債券市場）の成立である。2007年1月中国の金融機関が人民元建債券を香港市場で発行することが解禁され，その第1号となる起債が，同年7月に行われた。この人民元建債券の起債者は当初中国政府機関・大陸系銀行等に限定されていたが，2010年8月非居住者の海外企業にまで門戸が開放された。同債券市場は，大陸内の人民銀行および金融当局の政策・規制を外れていることからユーロ人民元建債券ともいえ，クーポン金利は資金調達側・運用側双方に有利なものとなっているだけでなく，発行に際しての適債基準も緩和されている[22]。

これら一連の措置によって，人民元建貿易取引を行う非銀行部門は，人民元建決済資金を香港所在銀行に預金し，当該預金を決済勘定としつつ香港債券市場で発行される人民元建債券で運用——調達は不可——することができるようになった。また，人民元建預金を受け入れる香港所在銀行は，これを上海インター・バンク市場で運用することが可能となったのである。

とはいえ，上海金融市場を通じた国際的金融資本取引およびこれに関わる為替取引については，依然規制下にあることに変わりはない。例えば，証券取引の内外資本交流については，国務院証券監督管理委員会が許可する指定国外機関投資家（QFII: Qualified Foreign Institutional Investor）および指定国内機関投資家（QDII: Qualified Domestic Institutional Investor）の各制度を通じることとされている。確かに同委員会は，承認する機関投資家の取引残高制限を引き下げて，A株市場参加者の範囲拡大策を講じてはきた。しかし，広く外国人投資家が参加可能なオープンな株式市場とはいえない現実は依然として残っているし，国内金融機関の対外証券投資についても取引残高規制が存在している。そのため，こうした取引に関わる人民元と外貨との間の為替取引についても，実際問題として規制下におかれているのである。

そこで当面A株市場への外国人取引参入規制を堅持しつつも，香港株式市場における人民元建株式の発行・流通に着手するプランが進んでいる。いうなればそれは人民元建オフショア株式市場——巷ではGlobal Yuanというニックネームで称されている——の開設である。従来香港ドル建のH株——大陸で登記した企業で，香港証券取引市場に上場された株式[24]——市場における大型株上場に際し，香港ドルの為替相場が不安定化する局面があったが，このGlobal Yuan計画によって，こうした為替相場の不安定性は回避し得るといわれている。

以上，「周辺国際化」「地域国際化」「完全な国際化」の3工程区分を用いつつ，人民元「国際化」の現状について記してきた。この工程区分にしたがう限り，香港オフショア市場はまさに発展の一途を辿り，その将来展望もバラ色であるかにみられる。

しかし，人民元「国際化」と香港オフショア市場の発展の背景において，そ

こには中国と香港の両サイドの金融秩序において，憂慮すべき深刻な事態が発生しているといわざるを得ない。そこで次に，上の工程区分に記した一連の人民元「国際化」の受け皿となった香港オフショア市場に走る亀裂について分析し，人民元「国際化」の意義と限界について論じることにしよう。

3　人民元建香港オフショア市場の意義と限界

（1）　オフショア市場資金取引の原則と現実

　さて確認すれば，短期間の内に急拡大した香港オフショア市場の人民元建資金ルートとしては次の二つが存在した。一つは，大陸側からの旅行客等が，香港・澳門域内で購買手段として支出した人民幣である。もう一つは，大陸側の人民元建輸入決済取引であり，その際次の段取りを通じ，中国側のマネーストック相当額が香港側に移転している点に留意する必要がある。すなわち，中国側輸入元の国内取引先銀行預金勘定減は，次に同取引先銀行の国内コルレス先銀行預金勘定減となり，その相当額が中国銀行（香港）の名義に振り替えられる一方で，これと同額が中国銀行（香港）に開設されたオフショア市場参加銀行名義預金勘定に付け込まれ，最後にこれが輸出元の非居住者預金勘定に振り替えられるのである（図14-4）。⁽²⁵⁾

　ところで，人民元建香港市場がオフショア市場である以上，そこには二つの原則が存在した。

　第一に，オフショア市場が「内―外」分離規制下に置かれていることである。したがって，いったん香港オフショア市場に流出した人民元建資金が，大陸内人民元建銀行一般勘定へと逆戻りすることは原則不可能であって，この限りでは，香港オフショア市場の人民元建預金残高増大とは，香港における人民元建マネーストックの封印・塩付けともいえるのである。先に，輸入取引の人民元建化が国内過剰流動性対策の一環としての意義を有すると記した理由は，ここにある。

　第二に，香港金融市場それ自体は，大陸側の金融秩序・人民銀行の金融政策の領域外にあることである。したがって，人民元建とはいえ，香港オフショア

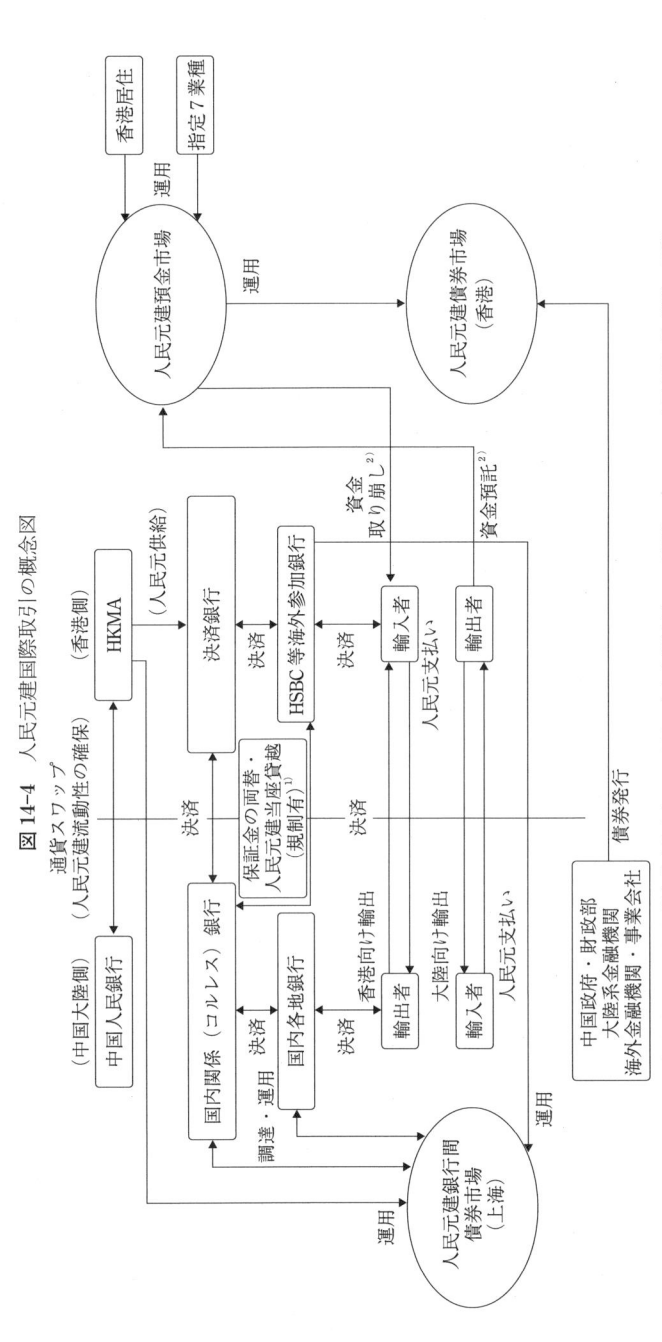

第14章 人民元「国際化」の現状と限界

図14-4 人民元建国際取引の概念図

(注) 1) 国内関係(コルレス)銀行からHSBC等海外参加銀行へ人民元建当座貸越額および期間については、人民銀行が個別的に規制している。
　　 2) 資金取り崩しと資金運用「中国の人民元国際化に向けた動きに関する調査」(財務省委託調査) 2009年、40頁。
(出所) 野村資本市場研究所「中国の人民元国際化に向けた動きに関する調査」(財務省委託調査) 2009年、40頁。Zheng, J. et al., "RMB cross-border trade settlement scheme: What are the potential implications?," *Economic Observatory*, BBVA Economic Research Department, Sept. 2009 を参考に作成。

231

市場に参加する商業銀行が受け入れた人民元建預金を支払準備とし，いわゆる信用創造によってマネーストック増大を図ることは認められない。

（2）　膨張する人民元建香港オフショア市場の矛盾

　しかし，この間の市場急拡大に対応するには，上記二つの人民元建資金ソースでは大いに不足する局面もみられた。特に，上記2010年7月の措置により，人民元と香港ドルとの交換額の上限が撤廃されたことで，自由交換通貨＝香港ドルを経由した巨額の外資が人民元建預金に転じていくことになった。そこで人民銀行―HKMAは，香港オフショア市場での巨額の人民元需要に対し，二つの資金ソースを追加することで対応したのである。

　一つは，HKMAによる人民元建預金準備率引き下げである。香港の人民元建預金市場がオフショア市場である以上，上記の通り，預金の裏付けとなる人民元は100％カバーされていなければならない――事実上のナロー・バンク――はずである。実際，香港に預託された人民元建預金は，中国銀行（香港）経由で全額人民銀行に再預金せねばならなかったのである。

　ところが，2009年7月，HKMAは上の100％準備規制を緩和し，香港ドル建預金と同じく25％の準備率規制へと転換した。このことは，人民銀行の金融政策のおよぶ領域外の商業銀行に倍率4倍の人民元建信用創造を許可したことと同義であった。[26]

　もっとも，この措置によって，香港上海銀行等，香港オフショア市場に参加するいわゆる多国籍銀行には，中国側輸入取引の人民元建化に積極的に関与するインセンティブが働くことになった。[27]なぜなら，中国側の人民元建輸入取引決済を香港側で取り扱うことにすれば，預け入れられる人民元1単位につき，その4倍相当額人民元建預金を貸付によって創設することができるようになるからである。

　もう一つは，人民銀行とHKMAのスワップ資金協力である。2010年10月末，同年中の使用枠として香港に割り当て（quota）られた人民元建貿易決済の資金枠80億元（約12億ドル）が「枯渇」する事態が発生し，香港所在の関係銀行には衝撃が走った。そこでHKMAは，急遽人民銀行と協議し，既存のスワッ

プ枠2000億元の内，100億元までの使用枠を追加設定した。つまり，香港を基点とした人民元建貿易決済は，人民銀行とHKMAとの公的金融を通じた人民元融資によって応急処置されたのである。

　これら二つの措置はまさに異例といわざるを得ない。だが，かかる措置が講じられなかった場合，人民元建預金に対する巨額の超過需要を背景に，香港ドル／人民元の為替相場は，管理変動相場制下の人民元／米ドルと対米ドル固定相場制下の米ドル／香港ドルのクロス・レートで建てられる香港ドル／人民元の為替レートを容易に突破して急激な人民元高に招いたことであろう。その結果，人民元の対米ドル為替相場は二重価格制に陥り，人民銀行の為替相場政策はいっそうの困難を極めていたであろう。

　その上で問われるべきは，この間新規発行が続いてきた人民元建債券市場，いわゆる点心債券市場，ひいては人民元建株式市場の意義である。人民元建資本市場を支える人民元建流動性は，確かに中国側輸入取引の人民元建化等に端を発し香港オフショア市場に流入した人民元をベースにしてはいる。しかし，今日香港所在銀行には信用創造倍率４倍のレバレッジが与えられている以上，貸出により創設された人民元建預金もまた，人民元建新規発行債券・株式の購入資金に回っていると考えるべきである。しかも，調達された人民元建資金・資本は，証券投資・直接投資としてオンショア・ルートで大陸内のマネタリーストックに加わるとことになっている。このことは，オンショアとオフショアとの「内－外分離」規制に事実上大穴が空いているに等しく，中国内の過熱化する投資ブームにさらに油を注ぐ恐れが十二分にあるといわねばならない。

　その一方で，人民元建点心債券市場での起債の許認可は，国務院証券監督管理委員会にある。それ故，この点からみれば，金融秩序・金融政策を回避した「自由」なオフショア市場といったイメージとは異なり，同債券市場は政治的裁量性をかなり反映したものとならざるを得ない。

　このように考えれば，人民元建香港資本市場とは，いったん国境外に流出し，人民銀行－HKMA管理下のもとに膨張した人民元建預金を，同じく政策管理のもとに国内還流を許可する「管理・貯水センター（the manager and pooling of offshore RMB funds）」としての役割を果たしているとみるべきであろう。

4 人民元「国際化」の限界と展望

　以上，人民元「国際化」の現状についてみてきた。特筆すべき点は，人民元建為替取引が厳しく規制されている以上，非居住者の取得・保有した人民元は大陸からの輸入支払い等決済には自由に使えないことである。そのため，非居住者の人民元建決済勘定保有動機は極めて限られているといってよい。そこで中国は，輸入取引に重点を置いた人民元建貿易取引を行い，人民元を香港オフショア市場に流出させて国内流動性の削減を図ろうとした訳である。

　だが，こうした跛行的為替取引策からは直ちに綻びがみえてこよう。なぜなら，かかる政策の結果，上海為替市場では対外支払い目的の人民元売・米ドル買需要が減じ，対中支払いに基因する人民元買・米ドル売需要のみが現れてきて，人民元にはさらに上昇圧力が加わることになるからである。そのため，中国人民銀行は，人民元売・米ドル買介入の一方的な介入を余儀なくされ，人民元建過剰流動性は国内にいよいよもって溢れ返ることになる。

　しかも，流出先はハード・カレンシーたる香港ドル建の金融市場である。人民元の対米ドル為替相場上昇を当て込んだ海外投機筋の思惑は渦巻き，香港市場では巨額の米ドル売・人民元買の需要が発生した。これに対し，HKMA は，足元の香港金融市場において人民元建信用創造を許可し，人民元建信用の膨張を許容してきた。しかも，これでも人民元建流動性供給が不足する場合には，人民銀行―HKMA の中央銀行スワップまで動員して，人民元を香港オフショア市場に供給してきたのである。

　他方，「内―外分離」規制という表看板とは違い，当局管理のもと，香港証券市場での人民元建債券・株式の発行によって調達された資金・資本は，証券投資・直接投資の形態で国内一般銀行勘定に流入している現実も見逃すことはできない。[35]

　もっとも，アメリカの実体経済の回復が遅々と進まないばかりか，欧州危機が改めて深刻化する中で，中国内各地の槌音とともに高騰してきた不動産価格が下落に転じ，バブル崩壊も懸念される。そうなると，むしろ不良債権を抱え

第14章　人民元「国際化」の現状と限界

た大陸系銀行・企業が資金調達のために今後オフショアの点心債市場にすでに殺到するやもしれない。

　だが、金融危機の震源地ともなった欧米地域向けの輸出が減速し、人民元の対米ドル相場の上昇圧力にブレーキがかかり始めるや、香港為替市場での人民元相場上昇期待もかなり沈静化している。そうなると、人民元の対米ドル為替相場の先々の上昇に期待する投資家にとって、人民元建債券購入の妙味は減じる。そのため点心債市場での新規債券発行利回りは、今後大きく上昇する懸念もある。実際、国内の金融情勢は次第に逼迫し始めたのか、2011年10月、中国政府はついに非居住者による人民元建対内直接投資を認可した。これによって、非居住者は、自らが債券発行者となって香港点心債市場で調達した人民元を、大陸内企業投資に向けることができるようになった。内外資本交流の一歩前進と評価すべきであろうが、別面では、中国国内投資リスクの全てを非居住者が背負うようになっている点に留意が必要であろう。

　このようにみれば、人民元「国際化」とは何か改めて問わねばならない。現状をみる限り、人民元「国際化」とはいっても、所詮それは内向きの「国際化」に過ぎない。もっとも、世界第2位のGDP大国に躍り出た中国である。中国と相手国との2国間貿易取引が米ドル建から人民元建に替わることは、これまで米ドル建であった第3国間取引が人民元建に替わることであり、その分だけ米ドルの貿易取引・決済通貨としての流通領域が狭まっていることだけは確かである。したがって、今後貿易・経常取引に関わる為替取引が広く第3国間取引にまで開放され自由化されることにでもなれば、人民元が米ドルに替わる国際通貨として機能し得る可能性は大いにあり得よう。この点で人民元の「国際化」は、東アジア地域を越えて、21世紀の国際通貨体制を決する大きなテーマではある。現に、2011年9月、ユーロ・ダラー発祥の地であるロンドン金融市場に人民元建オフショア市場を創設すべく中英当局間で合意をみただけでなく、年明けの2012年1月末には、上海市場に人民元オフショア市場を2015年までに創設するための作業が開始されたという。人民元建国際的金融資本取引と為替取引の自由化が、上海市場を頂点とする中国国内金融資本市場の足元で始まろうとしているのである。

235

だが、そのためにも、バブル崩壊を懸念して IMF が最近公表した中国金融経済システムの改革は避けて通ることはできない課題であろう。その場合、政治改革とも連動するかもしれない金融経済システム改革と「国際化」に向けた改革が、どれだけのタイム・スパンでいかなる帰結を導くことになるか、今後も注視される必要がある。

もっとも、人民元「国際化」という、一国国民通貨の国際通貨化アプローチを超え、SDR 等人口通貨による対称的国際決済制度の構築といった方法も検討される必要があろうかと考えるが、この点については他日を期したい。

注
(1) 2009年6月12日中国の証券監督委員会は、マレーシアの中央銀行である Bank Negara Malaysia を QFII 機関として認定し、上海・深圳B株市場に上場されている中国企業株の売買取引を許可した（McMahon, D., "Malaysia Looks to Invest in China," *The Wall Street Journal*, June 22, 2009, Oster, Shai, "Malaysia, China Consider Ending Trade in Dollars," *The Wall Street Journal*, June 4, 2009）。
(2) McMahon, D., "Yuan Ascendant: Cross-Border Trade Uses Chinese Currency," *The Wall Street Journal*, July 7, 2009, Poon, A. and Chester, Y., "Beijing Expands Yuan Use for Trade," *The Wall Street Journal*, June 30, 2009.
(3) Stein, P. "From Hong Kong, a Yuan Song," *The Wall Street Journal*, July 10, 2009.
(4) さもなくば、人民元の買い手となった非居住者たる海外の為替銀行が、決済勘定が置かれた中国の商業銀行（あるいは現地法人支店）に人民元建コルレス勘定を有することを意味し、その自由な処分は、中国当局の与り知らない所で、人民元の為替相場に変動要因を加えることになる。これが人民元建為替取引が自由化され、広く第3国間取引にまで人民元が利活用された場合の影響である。
(5) しかも、この点では、長年大陸への「入り口 (entrepot)」として位置してきた香港においてさえ、すでにしてそうである。すなわち、香港の対大陸貿易構造は、対大陸輸出の商品価格よりも、大陸で加工され付加価値が加わった分だけ、香港が大陸から輸入する商品価格の方が大きく、したがって対大陸貿易において、香港側は恒常的に支払い超過という関係に立つといわれてきた（野村資本市場研究所「中国の人民元国際化に向けた動きに関する調査（財務省委託調査）」2009年、44頁）。
(6) Chan, N. T. L., "Briefing on the latest developments of RMB business in Hong Kong," *Hong Kong Monetary Authority*, Dec. 23, 2010.
(7) この考え方は、中国人民大学金融証券研究所所長・呉暁求の見解といわれている（呉暁求「国際通貨体制改革――一極型の維持か多極型への移行か」『季刊 中国資本市場研究』冬号）。
(8) 人民銀行は、人民元建貿易決済の目的について、「企業の為替リスク管理を容易にし、

第 14 章　人民元「国際化」の現状と限界

為替差損を減じ，もって中国と近隣諸国との間の経済及び貿易の発展に資するため」とした（Peoplés Bank of China, *China Monetary Policy Report Quarter Three*, Dec., 2009, p. 15）。

(9)　すなわち，2005年 7 月の管理変動相場制移行を契機に，人民元の対米ドル為替相場を相次いで引き上げ，貿易面で多大な為替差損が発生したことである。特に2008年 9 月の世界金融危機以降においては，人民元の為替相場制度の運営のあり方と為替相場水準に対し，アメリカ側から猛烈な批判が改めて寄せられたことが影響していよう，と中国人民銀行金融政策委員李稲葵が FT 誌とのインタビューにおいて語ったという（Cookson, R. and Dyer, G., "Yuan direction," *Financial Times*, Dec. 15, 2010）。

(10)　これには大陸側の製造業および貿易企業365社（広州・珠江・東莞の広東省内182社，深圳91社，上海92社）が当初指定された（木村爽「加速する元建てクロスボーダー決済——人民元国際化へ向けて」（三井物産戦略研究所レポート），2010年，李婧「人民元の台頭とアジア化・国際化戦略」上川孝夫・李暁編著『世界金融危機　日中の対話——円・人民元・アジア通貨金融協力』春風社，2010年。

(11)　2009年 9 月段階では，次の銀行が人民元建貿易決済業務のライセンスを取得していた。大陸側は中国銀行，中国工商銀行，中国農業銀行，中国建設銀行，交通銀行，中国民生銀行，興業銀行，招商銀行，深圳発展銀行，平安銀行の10行，香港側は HSBC，スタンダード・チャータード銀行，東亜銀行の 3 行である。その際中国銀行（香港）は，これら香港側銀行の決済銀行としてだけでなく，台湾との人民元建貿易取引の決済銀行となっている（Zheng, J. et al., "RMB cross-border trade settlement scheme: What are the potential implications?," *Economic Observatory*, BBVA Economic Research Department, Sept. 2009）。

(12)　試行開始から2010年 6 月末までの累計決済額は706億元に上り，うち中国本土と香港およびシンガポールとの間の決済が最も多く，両者合計で全体の87％を占めた（中国人民銀行「2010年第一季度貨幣政策執行報告」2010年，11頁）。

(13)　数字は中国人民銀行，2010，11頁。

(14)　稲垣博史「急増する香港の人民元預金——香港への影響は限定的」『みずほアジア・オセアニアインサイト』2008年。

(15)　表 14-3 の小切手の規定にしたがえば，この人民元建預金勘定を用いて他人名義銀行口座への支払いはできないこととなり，第 3 国間の貿易等取引決済にも使えないことになる。

(16)　つまり海外の銀行が，貿易等許可された取引以外の人民元建為替取引を行う場合，大陸内銀行の為替清算取引所である上海・中国外匯交易中心にアクセスできないのである（村瀬哲司「香港人民元オフショア市場と中国経済へのリスク」『News Letter』第40号，2010年。

(17)　ちなみに，BIS が 3 年に 1 回実施している世界主要外国為替市場での為替取引実態調査（ 4 月期間中の 1 日の取引調査として実施される）によれば，香港為替市場で米ドルを代価とした人民元取引（取引規模は107億ドル，シェア4.5％）が初めて登場した。人民元の取引規模は，米ドルを代価とした対ユーロ331億ドル（13.9％），対日本円271億ドル（11.4％），対豪ドル246億ドル（10.4％）に次ぐ規模で，英ポンドの取引規模

100億ドル（4.2%）よりも大きかった（Hong Kong Monetary Authority, *Hong Kong Foreign Exchange and OTC Interest Rate Derivatives Market Turnover*, Sept. 2010）。

(18) 自由交換通貨＝香港ドル売・人民元買が大きく進み，中国当局の管轄外である香港為替市場では，米ドルに対する為替相場は人民元高となる傾向がある。他方，金利については，規制金利下の大陸と比べてオフショア市場金利は低くなっている（Hong Kong Monetary Authority, *Signing of Memorandum of Co-operation on Renminbi Business,* July 19, 2010, 植田賢司「人民元国際化の課題」『News Letter』第29号, 2010年, 4頁。

(19) オフショア市場であるため，自由交換通貨＝香港ドル売・人民元買が大きく進み，大陸の為替市場と比べて，米ドルに対する為替相場は人民元高となる傾向がある。金利については，規制金利下の大陸と比べてオフショア市場金利は低くなっている。

(20) 人民元建貿易決済，特に中国側の輸入決済業務において人民元建が多く，そのことが香港オフショア市場の人民元建預金の原資となっている点で，大陸と香港との間で「内外分離」規制が厳格に設定されている訳ではない。このようにいえば，香港居住者による人民元建銀行預金においてさえ，その原資の出自を質せば，およそ「内外分離」原則は当初より厳格に適用されていたわけではないのであって，こうした側面において人民元建香港オフショア市場の背景にある中国政府による香港支援策という人為性を強調する議論もある（Leung, T. K., "Hong Kong's Offshore Renminbi Market —— Its Characteristics, Functions and Development Prospects," *Economic Review*, Bank of China〔Hong Kong Limited〕, March, 2010, pp. 3-4）。

(21) 香港の商業銀行（Licensed Banks）の2011年9月末預金総額は約7.3兆香港ドル（内，香港ドル建分3.6兆香港ドル，外貨建預金3.7兆香港ドル）であったから，1人民元＝0.81香港ドルの為替相場で計算すると預金総額約5.9兆元，内外貨建預金3兆元で，2011年9月末段階で，香港の預金総額の10%，外貨預金の約20%が人民元建であることがわかる（数字はHKMA等の資料より）。

(22) 最初の起債者は米マクドナルドで，その後もキャタピラー，HSBC, Citi Corpが人民元建債券発行を実行あるいは計画している（Oster, S. et al., "Offshore Trading in Yuan Takes Off," *The Wall Street Journal*, Dec. 12, 2010）。

(23) 念のために記せば，従来外国人投資家は外貨建株式市場であるB株市場（上海市場は米ドル建，深圳市場は香港ドル建）に限れていたが，QFII制度によって，外国人投資家は投資信託形式で人民元建A株市場（上海・深圳市場）に取引参入が可能となった。

(24) 例えば，青島ビール，東風汽車集団，中国東方航空，中国国際航空，中国南方航空，平安保険，長城汽車等が上場している。

(25) オンショア勘定とオフショア勘定との資金振替について簡潔まとめたものとして，吉田真「人民元の国際化と中国の国際金融市場整備」福井県立大学編『東アジアと地域経済　2010』京都大学学術出版会, 2010年を参考にされたい。

(26) He, D. and McCauley, R. N., "Offshore Markets for the Domestic Currency," *BIS Working Paper*, Sept. 2010, p. 11.

(27) 香港所在の英系旧植民地銀行であるHSBSやスタンダード・チャータード銀行は，

東南アジアを越えて中東・アフリカ地域まで中国との間での人民元建貿易決済を仲介するビジネスを展開している。「米ドル本位制」を支えてきた多国籍銀行のこうした動きとその影響については，今後も注視していく必要があろう (Law, F., "Standard Chartered: Yuan Will Be as Important as U. S. Dollar," *The Wall Street Journal*, Jan. 7, 2011)。

(28) Steger, I., "Quota? Yuan Trade Hits Limit in Hong Kong," *The Wall Street Journal*, Nov. 3, 2010. 併せて，2011年の人民元使用枠の増枠が人民銀行とHKMAとで協議された。

(29) なお，人民銀行は，香港以外にも，韓国（チェンマイ・イニシャティブの一環として）・マレーシア・インドネシア・アルゼンチン等の各中央銀行との間でも，人民元と相手国通貨とのスワップ協定を締結しており，2009年9月段階で総額は8035億元に達した。また，2011年11月，韓国中央銀行とのスワップ協定額は1800億元から3600億元へと倍増されている（中国人民銀行 「积极推动双边货币合作」，「中韩两国央行续签双边本币互换协议并提高互换规模」）。

(30) 例えば，2011年4月末，香港の Tycoon（大君）である李嘉誠（Li Ka-shing）率いる長江実業有限公司（Cheung Kong Holdings Ltd.）が，香港株式市場で112億人民元建 IPO に踏みきったが，調達された資本は大陸内の不動産投資に向けられた (Oster, S., "Hong Kong Plans for Yuan-Denominated Stocks," *The Wall Street Journal*, Jan. 11, 2011, Yiu, E., "First yuan IPO likely to launch this year," *South China Morning Post*, Jan. 12, 2011)。

(31) こうして，人民元建債券市場のみならず，今後は人民元建株式市場も香港証券取引所に併設される計画がある。そのため人民元建金融資本取引が香港金融市場で量的に拡大すればするほど，ハード・カレンシーとはいえ香港ドルの流通領域は，所得流通・一般流通領域に限定されざるを得なくなる。しかも，そうした流通領域の内，生活必需品の多くが大陸からの輸入商品であることを考えれば，香港ドルの生き残る道はいよいよ厳しくなるもと予見される。もっともこの予見は，中国経済が危機に陥らないことを前提にしての話であることを付言しておく。

(32) 中国政府は，投資を目的とした大陸の資金流出入を管理しており，人民元建貿易決済取引とは違って，資本移動についてはケース・バイ・ケースで承認作業を行っているといわれている (Rahul, J. et al., "Hong Kong used as lab in currency experiment," *Financial Times*, Jan. 17, 2011)。

(33) ユーロ・ダラー市場の生成・発展の根底にはアメリカの経常収支赤字が存在していた。これに対し，貿易・経常収支下の中国の場合，香港オフショア人民元市場における「内─外分離」の原則を政治的裁量性に委ねてしまうという特徴を備えている (Jian, Y., "Hong Kong's Unique Role in the Internationalisation of the Renminbi," *Economic Review*, Bank of China 〔Hong Kong Limited〕, Aug., 2010, pp. 1-2)。

(34) Leung, *op. cit.*, p. 3.

(35) Orlik, T., "Digesting 'Dim Sum' Bonds," *The Wall Street Journal*, Nov. 17, 2011.

(36) Wei, L. and Law, F., "Yuan Bet Losing Its Luster," *The Wall Street Journal*, Nov. 10, 2011.

(37) これに先立って，2011年8月，李克強副総理の香港訪問の際には，人民元建QFII（Renminbi FII）——中国国内証券市場向けに香港で募集される人民元建投資信託ファンド——創設が打ち出された。
(38) Blitz, J., "China to back London as offshore renminbi centre," *Finanicial Times*, Sept. 7, 2011, Parker, G., "Renminbi deal aims to boost City trade," *Finanicial Times*, Jan. 16, 2012.
(39) 国家発展和改革委員会 「国家发展改革委，上海市政府有关负责人就《"十二五"时期上海国际金融中心建设规划》答记者问」2011。

索　引

あ　行

ISDS条項　*107*
アイゼンハワー, D.　*73*
ITバブル　*6*
IPCC　*61, 70*
ASEAN　*108, 109, 152*
ASEAN自由貿易地域　*141*
アフリカ財政共同体フラン　*170*
アフリカ財政協力フラン　*170*
アマタナコン工業団地　*146-149, 154*
アメリカの世界戦略　*76*
イースタンシーボード工業地帯　*146*
EPA　*105, 108, 109*
イギリス炭鉱ストライキ　*61*
イギリス病　*64*
一般特恵関税制度（GSP）　*133*
茨城県・東海村　*74*
ウイリアムズバーグサミット　*61, 71*
埋め込まれた自由主義　*111, 112*
営業・販売職　*49, 56-58*
FTA　*105, 108, 109*
LG電子　*162*
援助　*196, 197*
エンベッデド・リベラリズム　*99*
大阪府の中小製造企業　*44*
OTA TECHNO PARK（大田テクノパーク, OTP）　*149, 150, 153*
ODA　*192*
オバマ, B.　*76*
オフショア　*219-222, 227-230, 232-234*
オンショア　*233*

か　行

外資導入政策　*145*
開発（拠点）　*156, 197*
過剰流動性　*219, 222, 223, 230, 234*
化石燃料　*75*
化石燃料のCO_2説　*61*
過疎地　*76*
GATT　*104, 108-110*
GATT第II部　*98*
金型メーカー　*155*
関税交渉に関する作業部会　*96, 97, 99, 100*
完全雇用（政策）　*96, 101*
官民連携　*192*
キー・カントリーズ　*92, 96, 97, 99-101*
基軸通貨　*13, 14*
技術力向上　*45*
北朝鮮　*133*
キッシンジャー, H.　*73*
京都議定書　*61, 75*
京都プロトコル（議定書）締結　*70*
寄与率　*118, 126, 128*
銀行の決済制度　*214*
金融規制　*7*
金融恐慌（危機）　*1, 2, 10, 14*
金融サービス機構　*214*
金融資本主義　*6*
空調機　*155*
クズネッツ・サイクル　*9*
グリーンスパン, A.　*40*
クルーグマン, P.　*39*
グローバリゼーション　*21*
グローバル生産拠点　*156*
経営戦略・企画立案職　*49, 57, 58*

経済統合　141
ケインズ，J.M.　30,37,83,92,114
研修生　130,134,137,141,142
原子力の平和利用　73
『原子力白書』　74,75
原子力発電所　76
原子力平和利用調査　73
現地調達率　156
原発　76
原発プラント　77
原発誘致　76
原油入着価格　118,120,121,126,128
公開市場操作　209
公共事業　74
高付加価値　136,142
コールダー，N.　62-65
顧客　136,138,142,143
国際決済　220,228,236
国際原子力機関（JAEA）憲章　74
国際通貨　221,235,236
国際通貨基金（IMF）　2,13,14,83,84
国際通商同盟案　84,85
「国際貿易機構設立に関する提案」（原則声明案）　83,85,86,88
「国際貿易雇用会議による考察に関する提案」　83
「国連国際貿易機構憲章草案」（ITO憲章アメリカ草案）　89
国連貿易雇用会議（ハバナ会議）　83,88,89
国連ミレニアム開発目標（MDGs）　187
互恵通商協定法　86
COP　70
COP3　75
COP会議　75
コミッション・マーチャント　19,22,25,28
COMECON　110
コンセッション　193
コンドラチェフの波　9

さ 行

サッチャー，M.　61,62,64,69-71,73-75
サブプライム・ローン　6,7,11,203
サプライチェーン・マネジメント　22
サポーティングインダストリー　149
サミット　76
三星電子　162
三低景気　161
暫定適用に関する議定書　92,96,98-100
サンフランシスコ講和条約　73
CIPP　75
CO_2による地球温暖化　73
地震多発地帯　76
下請システム　44
社会的生産分業構造　47
収益性確保　45
シューマッハー，E.F.　197
熟練技能の継承　54
商社斜陽（論）　19,20
使用済み核燃料　72
消費者物価指数（CPI）　31
シンガー，F.　63,65
新自由主義　196,197
新成長戦略　190
新日米原子力協力協定　75
人民元「国際化」　220,222,223,229,230,234-236
信用秩序の維持　215
垂直的チェーン・システム　24,25
水道事業民営化　189
スカーギル，A.　64,67,68
スタグフレーション　2
ストット，P.　63,64
スパゲティ・ボウル現象　111
スリーマイル島（TWI）発電所　72
スワップ　232
成功経験　142,143
生産技術職　48,57,58

索引

生産現場技能職　49, 58
製造小売業態　23
整理解雇制度　167
世界金融危機（恐慌）　10, 162
世界景気循環　2, 9, 10, 14
世界同時不況　9, 11
設計・開発職　49, 56, 57
CFAフラン　170
相互援助協定第7条　82, 83
ソブリン・リスク　8

た　行

第1次石油危機　3
第1次流通革命（論）　19
第1回貿易雇用準備会議（ロンドン会議）
　83, 89, 92, 93
タイ企業　148
ダイキャスト用金型　154
大西洋憲章の第4, 5パラグラフ　82
第2回貿易雇用準備会議（ジュネーブ会議）
　83, 89, 93, 97-100
多角的2国間（交渉）方式　86, 88
田中角栄　74
田中角栄戦略　76
WTO　81, 100, 105, 108-110, 112
ダブリン声明　189
単位労働コスト　30, 34, 37
炭鉱スト　66, 68
チェルノブイリ原発事故　74
地球温暖化　69, 75
地球環境問題　76
チャイナ・ドリーム　131, 142
チャイナ・プラス・ワン　130, 131, 133, 140, 142
中核国　85-89, 93, 97-99, 101
中堅層社員の能力向上　54
通貨価値　215
通貨危機　166, 167
ツー・トラック・アプローチ　83, 86-89, 96

TPP　105, 108, 113
ディマンドチェーン・マネジメント　21
電源三法　74
点心債券市場　228, 235
東京電力福島原発事故　61, 76
東西ドイツの統一　4
投資奨励　146
鄧小平　141
洞爺湖サミット　76
ドミノ効果　109, 110
取引慣習　135, 142
ドル不足　206

な　行

内需獲得　156
中曽根康弘　61, 71, 72, 74-76
NAFTA　109
ナロー・バンク　232
日米原子力協定の改定　72
日本列島改造（論）　74, 76
ニューヨーク起草委員会会議　93
認証（Authentication）　98
ノーベル平和賞　70, 75

は　行

バーナンキ，B.　38-40
バイイング・パワー　25
パッケージ型インフラ海外展開　191
服部民夫　165
バリューチェーン（垂直的価値連鎖）　26, 27
販売統括拠点　156
PFI（Private Finance Initiative）法　193
BOI（Board of Investment：タイ国投資委員会）　145
ヒース，E.　62
ヒース保守党内閣　64
東アジア生産ネットワーク　130, 134, 142
東日本大震災　130, 137
ビジネス慣行の共通性　140, 143

243

ビジネス上の親近感　134, 140, 143
ファイナル・アクト　92, 98-100
福島原発事故　75
プライベート・ブランド　23
ブランド　136-138, 142
フリードマン, M.　38, 39
フルコスト・プライシング　189
プルトニウム　72
ブレトン・ウッズ会議　84
ブレトン・ウッズ体制　84
ヘアカット　210
米英金融・通商協定　88
ベローズ（じゃばら状）成形パイプ　153
ベン, T.　68
変動為替相場制　2
貿易協定　104
貿易雇用準備委員会　89
ポーター, E.M.　26
補助金　76
ホワイト, H.D.　83

ま 行

マーチャンダイジング　22, 25
マクレガー, I.　64, 67, 68
マザー工場　153
マネーサプライ　216
ミード, J.　84, 92
水野順子　165
水ビジネス　187, 194, 195
水メジャー　188
ミンスキー, H.　1
ムーア, P.　64

ものづくりの競争力　44

や 行

油圧シリンダ　150
USTR　108
輸出型経済発展　145
輸出指向工業化　159
輸入依存度　118
予備貿易会議　88, 89

ら 行

ラギー, J.G.　99
リース契約　193
リーマン・ショック　9, 81, 161, 203
流動性リスク　209
量産機能　154
量産品　156
量的緩和（政策）　30, 31, 33, 38, 205
リンゼン, R.　65
冷戦　76
レーガノミックス　3
レーガン, R.　61, 71, 72, 74, 75
レディ, J.M.　92
労働コスト　130, 135, 136, 143
労働市場の規制緩和　36, 37
ローソン, N.　62, 64

わ 行

若手人材の確保　54
ワシントン会議　84, 85
渡辺利夫　164

執筆者紹介（所属，執筆分担，執筆順，＊は編者）

＊嶋田　巧（同志社大学商学部教授，はしがき）
内田　勝敏（同志社大学名誉教授，序章）
近藤　和明（広島修道大学商学部教授，第1章）
田淵　太一（同志社大学商学部教授，第2章）
須永　努（大阪府商工労働部大阪産業経済リサーチセンター主任研究員，第3章）
＊山﨑　勇治（北九州市立大学名誉教授・特任教授，はしがき，第4章）
山本　和人（福岡大学商学部教授，第5章）
柴田　茂紀（大分大学経済学部准教授，第6章）
保田　明子（日本貿易会調査グループマネージャー，第7章）
佐々木純一郎（弘前大学大学院地域社会研究科教授，第8章）
前田　啓一（大阪商業大学経済学部教授，第9章）
遠藤　敏幸（同志社大学商学部専任講師，第10章）
木村　公一（第11章）
山本　勝也（山口大学経済学部講師，第12章）
松浦　一悦（松山大学経済学部教授，第13章）
鳥谷　一生（京都女子大学現代社会学部教授，第14章）

《編著者紹介》
山﨑勇治（やまさき・ゆうじ）

  1945年　生まれ
　　　　同志社大学大学院経済学研究科博士課程単位取得退学
  現　在　北九州市立大学名誉教授，特任教授，博士（経済学）
  主　著　『石炭で栄え　滅んだ大英帝国――産業革命からサッチャー改革まで』（博士論文）
　　　　　　ミネルヴァ書房，2008年
　　　　『世界経済史』（共著）ミネルヴァ書房，1997年
　　　　『国際化の中の日本』（共著）ミネルヴァ書房，1995年
　　　　『経済学辞典　イギリス資本主義：第2次大戦後』（共著）岩波書店，1992年
　　　　『イギリス経済――サッチャー革命の軌跡』（共著）世界思想社，1989年
　　　　『貿易政策論』（共著）晃洋書房，1985年
　　　　『講座　西洋経済史』（共著）同文館，1980年

嶋田　巧（しまだ・たくみ）

  1949年　生まれ
　　　　同志社大学大学院商学研究科博士後期課程中退
  現　在　同志社大学商学部教授
  主　著　『世界経済（増補改訂版）』（編著）八千代出版，2009年
　　　　『グローバル経済のゆくえ』（編著）八千代出版，2001年
　　　　『グローバリゼーションとアジア』（共著）ミネルヴァ書房，2007年
　　　　「GATT/WTO体制と地域協定」『同志社商学』第56巻第2・3・4号，2005年

　　　　　　　　　　　　　　　　MINERVA 現代経済学叢書⑫
　　　　　　　　　　　　　　　世界経済危機における日系企業
　　　　　　　　　　　　　　　――多様化する状況への新たな戦略――

　　　　　　　　　　　2012年11月10日　初版第1刷発行　　〈検印省略〉

　　　　　　　　　　　　　　　　　　　　　　　　定価はカバーに
　　　　　　　　　　　　　　　　　　　　　　　　表示しています

　　　　　　　　　　編 著 者　　山　﨑　勇　治
　　　　　　　　　　　　　　　　嶋　田　　　巧
　　　　　　　　　　発 行 者　　杉　田　啓　三
　　　　　　　　　　印 刷 者　　田　中　雅　博

　　　　　　　　発行所　株式会社　ミネルヴァ書房
　　　　　　　　　　607-8494　京都市山科区日ノ岡堤谷町1
　　　　　　　　　　　　　　　電話代表　(075) 581-5191
　　　　　　　　　　　　　　　振替口座　01020-0-8076

　　　　　　©山﨑・嶋田ほか，2012　　　創栄図書印刷・新生製本

　　　　　　　　　　　　ISBN978-4-623-06281-2
　　　　　　　　　　　　　Printed in Japan

EU 経済論
―――――――――内田勝敏／清水貞俊 編著　**A5判　404頁　本体3600円**
●**拡大と変革の未来像**　経済統合の現在へ至る経緯を跡づけ，主要課題の詳細な現状分析と未来像を探る。

EU 通貨統合とユーロ政策
―――――――――松浦一悦 著　**A5判　280頁　本体3500円**
統一通貨がもたらした影響と，とりわけ欧州中央銀行（ECB）の政策と各国の関係性から分析する。

石炭で栄え　滅んだ大英帝国
―――――――――山﨑勇治 著　**A5判　400頁　本体5000円**
●**産業革命からサッチャー改革まで**　資本主義経済の栄枯盛衰と現代資本主義社会が抱える根源的な問題を解明。

多国間通商協定 GATT の誕生プロセス
―――――――――山本和人 著　**A5判　358頁　本体3800円**
米英戦時貿易交渉段階から原資料を徹底調査，主要関係国の思惑とその背景を明らかにする。

国際通貨体制と東アジア
―――――――――鳥谷一生 著　**A5判　344頁　本体5000円**
●**「米ドル本位制」の現実**　アメリカ主導の国際通貨体制を見直し，歴史的・理論的視座から将来のシステムを展望。

グローバリゼーションとアジア
―――――――――布留川正博 編著　**A5判　396頁　本体5000円**
●**21世紀におけるアジアの胎動**　地域統合・経済・財政・貿易・投資・労働力移動等の諸側面から実態を示す。

――――――― ミネルヴァ書房 ―――――――
http://www.minervashobo.co.jp/